LONGSHENG HANYUYAN XUEXI WENTI JI GEXUEKE
HANYUYAN NENGLI PEIYANG

北京市教育科学"十二五"规划重点课题《针对高中听力障碍学生的
汉语语法教学策略研究》（课题编号：ABA13016）

北京市教育科学规划"十一五"规划自筹经费类重点课题《高中聋生
汉语言学习困难研究》（课题编号：BJ115ACB06061)

聋生汉语言学习问题
及各学科汉语言能力培养

王玉玲　　王晨华◎主编

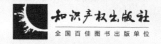

知识产权出版社
全国百佳图书出版单位

图书在版编目（CIP）数据

聋生汉语言学习问题及各学科汉语言能力培养/王玉玲，王晨华主编. —北京：知识产权出版社，2018.5

ISBN 978 – 7 – 5130 – 5219 – 1

Ⅰ.①聋… Ⅱ.①王…②王… Ⅲ.①中学语文课—教学研究—高中—聋哑学校 Ⅳ.①G762.2

中国版本图书馆 CIP 数据核字（2017）第 259695 号

内容提要

本书收录了北京市第四聋人学校及北京启喑实验学校十余年聋校语言教学课题研究成果。包括三部分内容：聋校高中语言教学调查等基础研究、适用于高中聋生的词语教学和语法教学研究、其他各学科汉语言环境创设及能力培养研究。

北京市教育科学"十一五"规划自筹经费类重点课题"高中聋生汉语言学习困难研究"侧重词句理解，研究了高中聋生汉语言学习困难的表现及特点，从教材、手语、环境、策略四个角度探讨了教学影响因素和教学对策。

北京市教育科学"十二五"规划重点课题"针对高中听力障碍学生的汉语语法教学策略研究"侧重书面语表达，研究了高中听力障碍学生的汉语语法偏误表现及手语影响、聋校高中语法教学现状、适用于高中聋生的汉语语法教学课型及具体策略。

责任编辑：冯 彤	责任校对：潘凤越
装帧设计：刘 伟	责任出版：孙婷婷

聋生汉语言学习问题及各学科汉语言能力培养
王玉玲　王晨华　主编

出版发行：知识产权出版社有限责任公司　　网　址：http：//www.ipph.cn
社　址：北京市海淀区气象路 50 号院　　邮　编：100081
责编电话：010 – 82000860 转 8386　　责编邮箱：fengtong@ cnipr.com
发行电话：010 – 82000860 转 8101/8102　　发行传真：010 – 82000893/82005070/82000270
印　刷：北京九州迅驰传媒文化有限公司　　经　销：各大网上书店、新华书店及相关专业书店
开　本：720mm×1000mm　1/16　　印　张：21.25
版　次：2018 年 5 月第 1 版　　印　次：2018 年 5 月第 1 次印刷
字　数：380 千字　　定　价：89.00 元
ISBN 978 -7 -5130 -5219 -1

序

　　语言是人类最重要的交际工具，是一种特殊的社会现象。语言对促进社会的政治、经济、科技、文化和教育的发展起着十分重要的作用。人们的日常生活、工作和学习都离不开语言。然而，因聋所致，聋人的言语活动存在常人难以体会的困难。助听器与人工耳蜗的不断改进使聋人获取有声语言变为可能，电脑与智能手机的普及给聋人获取文字信息带来了极大方便。科技进步无疑给聋人学习与运用语言有效助力，但它们替代不了聋人掌握语言；相反，在海量信息铺天盖地而来的当下，"时代的进步要求人们具有开阔的视野、开放的心态、创新的思维，对人们的语言文字运用能力和文化选择能力提出了更高的要求"（2016 版聋校语文课标前言），时势倒逼聋人不仅要掌握手语，更要努力学好、运用好汉语书面语。

　　培养聋生学好语言是聋校的一项基本任务，聋生身心特点和学习发展具有特殊的规律，需要特殊的教育方式、方法和途径，这项艰巨任务落在了聋校教师身上。纵观北京启喑实验学校（其前身是北京第二聋人学校和北京第四聋人学校）校史，该校一代代教师在聋生的语言教学研究方面取得了可喜的成绩，由王晨华校长和王玉玲老师主编的《聋生汉语言学习问题及各学科汉语言能力培养》可谓又一丰硕成果。它不是一般意义上的一本论文集，它以其鲜明的特点给聋校教师带来有益的启示和思考。

　　这本书的特点之一是该书的作者们很好地将聋校高中语言教学实践中的突出问题提炼成教育科研课题并做步步深入的探索性研究。启喑学校高中学段包括普通高中和职业高中，教师们在每天的教育教学实践中都会发现聋生运用语言的一些问题，这些问题呈现的状态是庞杂的。他们恪守质疑、合作、研究的学风，将这些庞杂的问题在理论指导下梳理提炼，形成"高中聋生汉语言学习困难研究"科研课题，重点研究高中聋生汉语言学习困难的表现及特点、教学影响因素与教学对策。其中，教学影响因素与教学对策具体落实在语言教学策略、教师手语技能、语文教材编写、各学科环境创设四个方面。完成此课题研究后，他们又以"针对高中听力障碍学生的汉语语法教学策略研究"为题，聚焦高中听力障碍学生汉语语法偏误表现及手语影响、聋校汉语语法教学现状、适用于高中听力障碍学生的汉语语法教学策略三个方面，从而使课题研究进一步深化，直指有效提升高中聋生汉语运用能力的干预策略及方法。这种在聋校语言教学领域坚持实践—认识—再实践—再认识的研究行动是值得提倡的。

这本书的特点之二是该书作者们自愿结成合作团队，为了达成课题研究目标默契配合形成合力，呈现出高质量的集体研究成果。仅以组建"针对高中听力障碍学生的汉语语法教学策略研究"课题组为例，该课题建立了"聋校高中理科教学中的汉语言问题""职高聋生专业课学习中的汉语言问题的研究""建设数字化校园资源库，以信息技术促进学科教学"等5个子课题联系群，涵盖了几乎所有教研组，尤其是语文教研组、数学教研组、职高教研组、美术教研组、手语研究组、班主任研究组，吸引了几乎全部高中教师（包括聋人教师）关注汉语言问题研究，积极地进行汉语言环境创设实践。书中辑入的44篇研究报告、调查报告和论文从语言教学理论研究、语文学科聋生汉语言能力培养研究、其他学科聋生汉语言能力培养研究三个方面展示了研究成果。由于研究者们置身在聋生真实的生态环境中探索规律性认识，生成鲜活的成功经验使该书贴近广大聋校教师，具有较高的可读性。

这本书的特点之三是该书作者们历经十载跬步千里锲而不舍的研究精神令人赞叹。2006～2009年完成"高中聋生汉语言学习困难研究"之后，他们在教学实践中检验研究成果，深刻反思，聚焦后续研究点，于2013年又开始了"针对高中听力障碍学生的汉语语法教学策略研究"，这两个课题均被立项为北京市教育科学规划的重点课题。身为一线教师，每日繁重的教育教学工作不言而喻，课题组成员们还要搞科研，其艰辛可想而知。数万字的文献研究，9次大修调查问卷，为了研发《聋生汉语言能力测试》工具暑假中去北京语言大学进修，为了探索聋生汉语语法偏误和语料库建设承担繁重的标注工作和频繁的研讨任务，为了做比较研究下到普校高中进行调查、组织上百节研究课现场研讨、编写教材、撰写论文报告等，无不饱含研究者们的砥砺奋进与信念追求，折射出他们对聋教育事业的忠诚与对聋生深切的爱。

聋校语言教学研究是一条漫漫长路，一代代专家学者和聋校教师犹如铺路石使这条路渐渐向光辉的前方延伸。启喑学校课题组的教师们以甘愿铺路的奉献精神、精诚合作的团队精神创造出接地气的研究成果，也留下了他们励志做研究型教师的成长足迹。

叶立言

2017 年 7 月 21 日

目　录

·I·

第一章

聋生汉语言学习问题及聋校汉语教学现状

"高中聋生汉语言学习困难研究" 课题研究报告

"高中聋生汉语言学习困难研究" 课题组

一、问题的提出

（一）研究背景

汉语言问题是高中聋校教育教学的基本问题之一。高中聋生的汉语言能力不但直接影响其语文学科的学业成绩，还影响其他学科的学习效果，并对其日后进入高等院校继续深造或就业后与主流社会的沟通产生较大影响，同时又间接影响其思维的深刻性和情感的丰富性。

但是，高中聋生的汉语言能力却不理想。在北京第四聋人学校组织的LHSK（聋生汉语言水平考试）中，高中聋生平均分为 54.30 分，某普校初一学生平均分则为 76.88 分。

在充分吸纳前人研究成果的基础上，本研究重点如下。

（1）以 "高中聋生" 为研究对象。目前关于聋校语言问题的研究多以学前语训和九年级义务教育阶段聋生为研究对象，且义务教育阶段形成 "医教结合，强化口语，学用并举" 的基本对策，但 "医教结合" "强化口语" 显然不适用于高中阶段了，"高中聋生" 汉语言问题有待进一步研究。

（2）以 "词句" "理解" 为研究重点。目前，高中学段的相关研究多侧重 "篇章阅读" 或 "句子表达"，对 "词句理解" 关注较少。词句是篇章的基础，理解是表达的基础，而且，随着高中聋校学习内容的更为复杂深入，高中聋生的 "词句理解" 问题已经成为影响其进一步学习的一大障碍，需要研究。

（3）以 "教学对策" 开发为主要目标。聋生汉语言学习问题的影响因素和大体的研究方向早有论述（如叶立言的专著《聋校语言教学》和陈军主编的《聋校语言教育研究》等），在前人研究基础上，本研究进一步聚焦于 "教学" 范围，将教学对策的开发作为研究主要内容。

（二）相关概念

"高中聋生" 是指完成九年义务教育后就读于高中聋校的听障学生。

包括职高（职高一、职高二、职高三）和普高（预科、普高一、普高二、普高三）聋生。本研究对象为北京第四聋人学校学生，生源来自全国各地，具有较广的代表性。

"汉语言"指的是现代汉民族共同语，就是以北京语音为标准音、以北方话为基础方言，以典范的现代白话文著作为语法规范的普通话。汉语言三要素是语音、词汇和语法，本研究关注其中的词汇和语法问题。

"学习困难"有"残疾类型"说、"认知异常"说、"学业不良"说、"方法不当"说等，本研究取"学业不良"说。本研究中的"高中聋生汉语言学习困难"是指智力正常的高中聋生由于生理、心理等主观因素和家庭、学校、社会等客观因素所致的汉语言学习状况不良。本研究着眼于客观因素中的学校因素研究，重点是课堂教学方面的研究。

二、研究的内容和方法

（一）研究内容

（1）高中聋生汉语言学习困难的表现及特点。

（2）高中聋生汉语言学习困难的教学影响因素。

（3）减少高中聋生汉语言学习困难的教学对策。

（二）研究过程及方法

（1）第一阶段：文献整理、方案设计（2006 年 8 月~2007 年 2 月）

运用文献研究法，梳理相关问题，制订并调整研究方案。

（2）第二阶段：调查测试、现状研究（2007 年 3 月~2008 年 2 月）

运用访谈法及问卷调查法，对北京第四聋人学校高中聋生语文教材复习情况、教师对教师手语技能的看法等进行调查。

运用测试法，对北京第四聋人学校高中聋生和普校健听学生的汉语言水平进行测试，对高中聋生汉语词语及句子理解进行测试，对高中聋生自然手语翻译为汉语的能力进行测试。并完成相关分析。

行动研究，分析高中聋生汉语言问题产生的教学因素，并进行初步总结。

（3）第三阶段：带题授课、探索对策（2008 年 3 月~2009 年 2 月）

行动研究，基于前期教学四因素进行相应的实践及对策研究：

①语文教研组以课例研究的方式，进行语言教学实践，总结策略；

②职高教材编写，探讨适合聋生的语文教材特点；

③搜集教学手语并分析存在的问题，给出相应建议；

④各学科进行汉语言环境创设的实践与初步总结。

（4）第四阶段：成果整理、成果推广（2009 年 3 月 ~ 2009 年 6 月）

撰写研究报告，整理论文、教学录像、教材等研究成果。

以讲座、论坛发言、论文发表等方法推广研究成果。

三、研究成果

（一）高中聋生汉语言学习困难的表现及特点

1. 高中聋生汉语言学习困难的表现

在对北京第四聋人学校进行"预习语文课文常常碰到哪些情况"的调查中，160 名在校学生中，22.5% 的学生选择"不认识的词太多"，41.25% 的学生选择"每个字都认识，但是句子还是看不懂"，24.375% 的学生选择"前后内容连贯不起来，看了后面忘了前面"。

采用"依文填空"的方式（在文段中将某词用横线标出，空出一个字由学生填写），调查全校高中聋生对职高新编语文教材中"携带""全神贯注"等 10 个词语的理解与积累情况，正确率仅为 35.89%。

采用"句子缩写"法（保留句子主要意思的情况下对句子进行缩写，允许与汉语语法规则稍有出入，如"最明显的是站在公交车站旁边的那位协管员"缩写为"最明显那协管员"也算理解正确），调查全校高中聋生对普高语文课本中的 10 个包括动词谓语句、连动句、双宾语、是字句等多种句子的理解情况，平均正确理解率仅为 42.26%。

2. 高中聋生汉语言词句理解的特点

（1）词义误解。即对词义一知半解，错误理解词义。情况一，仅凭词语中某些熟悉的汉字误解词义（如仅凭"临危不惧"中"危""不"二字误解为"不危险"）；情况二，将词语中的汉字简单相加导致错误理解（如误认为"断后"的意思是"弄断以后"）。这主要体现了高中聋生词语掌握准确性和巩固性较弱的问题。

（2）切词不准。即理解句子的时候不能正确切分词语（如将"大街上/车来人往"理解为"大街/上车/来人往"）。这体现了高中聋生词语积累不足和语境意识薄弱的问题。

（3）先词后句。即理解句意时，缺乏语法意识和整体观念，随意挑出熟悉或感兴趣的词语，将其进行拼合与联想（如将"古代流传下来的许多农谚就包含了丰富的物候知识"理解为"古代流传丰富知识"等）。这主要体现了一些聋生语感欠佳，或者说语法意识不强。

（4）宾语优势。即有一定语感的高中聋生倾向于首先注意宾语。统计发现聋生对宾语的关注要远高于谓语和主语（宾语 85.88%，主语

67.59%，谓语 54.63%）。这主要体现了聋生在汉语句子理解时受到了手语思维的影响。

（5）表象滞留。即在理解词句时容易注意到直观形象的内容并滞留于表象，忽略深层内涵的体察。将句子缩写 10 个参考答案中的词语分为 18 个具体词语和 16 个抽象词语，统计其出现的次数，分别为 76.39% 和 56.52%，即学生在句子理解中更容易关注具体词语，而忽略抽象词语。再如绝大多数聋生在学习《孔乙己》时认为"青白脸色"说的就是一种脸色而已，没有结合上下文领悟营养不良这一暗示。这主要体现了聋生直观形象思维占优势的特点和抽象词语学习难度更大的问题。

（二）高中聋生汉语言学习困难的教学影响因素

高中聋生汉语言学习的影响因素包括聋生自身的生理、心理等内部因素和家庭、社会、教学等外部因素。本项研究分析其中的教学影响因素，重点锁定为以下四个方面。

1. **策略因素**

聋生不能在自然的环境中自发地学习语言，所以聋校语言教学成了"聋学生获得语言能力的主要途径"。[1]

高中聋生虽然在低年级学习了一定量的词汇和句子，但这远不能满足学生运用语言的要求。然而，目前高中聋校对聋生词句理解问题的教学干预不足，主要表现为：对聋生词句是否理解了解不够；没有形成有效的干预策略。

2. **手语因素**

教师手语技能不足导致教学信息大量阻滞和流失。据研究，聋校语文课教师手语信息能够被聋生准确接收的平均率仅为 39.87%[2]。

聋生看手语并翻译为汉语的能力参差不齐。测试北京第四聋人学校高中聋生浅显自然手语翻译为汉语的能力，结果，关键词翻译正确率为78.3%，量词正确理解率仅为 41.1%，语序调整正确率最低的句子仅为 39.7%。

3. **教材因素**

目前高中聋校一般采用普校中学语文教材，聋生与普校语文教材之间的差距很大。主要表现为五个方面：①语文教材字面障碍多，与高中聋生语言基础差距较大。这包括生词量大，句式复杂，篇幅较长等问题；②语

---

[1] 叶立言. 聋校语言教学 [M]. 北京：光明日报出版社，1990：16.
[2] 何文明. 聋校教学语言效率研究 [J]. 中国特殊教育，2003（1）：36.

文教材内容难度大，与高中聋生理解能力差距较大。普校语文教材含有大量名家经典，这些文章的理解需要较深刻复杂的思维情感活动，这与聋生的词语积累与思维能力产生较大的矛盾；③语文教材语言练习少，与高中聋生语言积累需求差距较大。高中聋生仍需要词句的积累，但普校教材更关注文意的理解和写法探讨，很少涉及语言训练；④语文教材信息提示少，与高中聋生信息需求差距较大。听力原因导致高中聋生对一些常识性内容都不了解，学习起来困难重重；⑤语文教材作文指导少，与高中聋生表达基础差距较大。普校高中语文教材的作文指导重在思路和写法的启发，而高中聋生往往在理解作文题目和要求时就存在一些问题，需要特别的提示和指导。

4. 环境因素

与健听学生相比，聋生语言问题的根源在于听力残障导致的汉语言学习环境的缺失。因此，为聋生创设汉语言学习环境至关重要。"聋校各科教师应该具有为聋学生学好汉语而尽责的强烈意识。"❶

目前，高中聋校各学科教学在汉语言能力培养上的主要问题有二：不注重汉语环境创设；不知道如何结合本学科培养聋生汉语言能力。不知道如何"把学知识与学语言统一起来"❷。

（三）减少高中聋生汉语言学习困难的教学对策

针对聋生汉语言学习困难的表现、特点及教学相关因素，本研究的教育对策包括以下四方面内容。

1. 开发高中聋校语言教学策略

（1）词句理解策略：多元描摹

目前高中聋校教师大多偏爱运用汉语口语或书面语进行解释词句，但高中聋生汉语本身就存在较多的障碍，因此在解释的过程中容易产生新的障碍，导致词句难以最终理解透彻。"多元描摹"指运用适合高中聋生的多种方式来解释词句。针对聋生形象思维发达的特点，可尽量使词句的解释方式"形象化"，主要方法有画图法、图片法、实物法、动作法、表情法、自然手语法等。

"图片法""实物法"适用于解释名词，直观易懂（如用来解释《中国石拱桥》中出现的"陡坡""弧形""拱桥""桥墩"等；用图片及笤帚等实物来说明"秫秸"）。"画图法"除上述作用外，还可借助聋生的绘画

❶ 叶立言. 聋校语言教学［M］. 北京：光明日报出版社，1990：97.
❷ 朴永馨. 特殊教育学［M］. 福州：福建教育出版社，1995：164.

才能突破大段文字理解的障碍（如通过绘画《故乡》中闰土捕鸟的场面帮助学生理解相关文段）。

"动作法"和"表情法"适用于解释动作及表情等语句，还能以惟妙惟肖的情态动作模仿有效突破聋生表象的桎梏，领会课文深层含义（如《孔乙己》中穿长衫的"踱"这一动作体现其高人一等的傲慢）。

"自然手语法"在解释词句时用处很大，且还有助于判断聋生是否准确理解了词句（如"旋涡"一词，若聋生用汉语说出词典上的标准解释"水流遇低洼处所激成的螺旋形水涡"，未必理解，但若用双手配合做出旋涡的形状则能确定他理解了）。

（2）词句巩固策略：语言训练

低年级聋校教学注意词句巩固，高中阶段因任务繁重等原因较少关注，而多数高中聋生并不能自主地巩固消化词句。"语言训练"指加强对高中语文学科重点词句的巩固练习，可借鉴对外汉语教学的经验，结合高中聋生特点采用具体方法。

词语巩固方法如"剖析类比法"，注意剖析生词中的每一个字，并通过类比的方法强化记忆、扩大认知范围（如"惊恐万状"解释"恐"的意思是害怕，并组词"恐惧"）。它可"大大提高学生学习词汇、掌握词汇、扩大词汇以及正确运用词汇的能力"❶。再如"词汇场教学法"，"不是孤立地生词讲解，不是简单地积累"，而是"注意讲解词与词之间的联系，要让学生融会贯通，形成词汇场的学习"❷。又如"语境练习法"，让高中聋生在语境中进行语言的仿真练习。如造句法、选择填空、判断对错、连词成句、选词成文等，让学生在快乐的游戏氛围中潜移默化地掌握词语。

句子训练方法则可借用高考"语言应用"题型对课文中的重点句子进行训练。如仿写法、提取关键词法、扩写法、缩写法、改写法、句子衔接法、句子选用法等。课堂教学、课后练习、单元测试等环节都可施用。

（3）词句积累策略：学情测试

目前，高中聋校还很少做到有意识、有计划地引导学生积累词句，与高中聋生需求相去甚远。为避免这一问题，应该进行"学情测试"，即对聋生词句学习情况进行考查，包括学前测试和学后测试，可辅以"过关考试"策略（规定一定的过关标准，并对学生的达标情况进行追踪）。

---

❶ 孙德金. 对外汉语词汇及词汇教学研究［M］. 北京：商务印书馆，2006：276.

❷ 周小兵，李海鸥. 对外汉语教学入门［M］. 广州：中山大学出版社，2004：173.

具体方法运用得当是发挥测试效果的关键。对高中聋生来说，语文教材中的生词量太大，有理解障碍的句子多，学生之间差距又大，所以，对这些字面障碍，无论是完全忽略还是逐一解决，都不利于教学的顺利开展。需要探索出一套高效的测试策略，为词句有效积累提供依据。

词语理解的学情测试建议运用"依文填空法"。"依文填空法"即在文段中将一个词空出一部分，让学生填写汉字的方法；若空出的部分可有多种答案，则辅以选择提示。其优势在于便于统计，为词语教学重难点的确定提供科学参考；照顾差异，让所有学生准确了解自己的具体学情；联系语境，使高中聋生养成先句后词的正确习惯。当然，长期使用可能出现个别学生死记词语的情况，需要在教学中注意甄别与引导。

句子理解的学情测试则建议运用"句子缩写法"，即保留句子主要意思的情况下对句子进行缩写，允许与汉语语法规则稍有出入的一种测试方法。这种方法可以用于书面检测，也可以用于课堂上的临时检测，快速有效。其他的方法也可以辅助性地运用，如背诵默写等。

（4）词句认知策略：提要猜测

"提要猜测"策略是指词句理解中首先提取词句的要点，忽略次要内容，并根据科学的方法对原本"不知"的内容进行猜测。这是对高中聋生进行的学习方法和语言规律上的引导。

首先，强化"整体意识"。一些高中聋生在阅读中常受到局部内容的干扰，如根据词语中的某个字误解词义，根据句子中的几个词误解句义，根据篇章中的某几个句子误解段义。导致他们即使理解了每一个局部的意思仍然未必准确理解整体含义。因此，高中阶段要格外关注"整体意识"的培养。以句子理解为例可简单告知聋生主谓宾知识，采用"句子压缩法"让聋生提出基本含义，若遇到难以理解的情况才采用表意浅显的例子辅助说明，并注意强调"先句后词"和"谓语中心"两点（分别针对聋生句子理解中"先词后句"和"宾语优势"的特点而提出），以此作为树立语法规则观念的突破口。

其次，养成"忽略习惯"。一些高中聋生在阅读时过于关注细节，分不出主次，难以分辨主要意思。让其养成对次要内容的"忽略习惯"，需要提供方法支持，可引导学生用"的""地""得"等标志词语辨识句子修饰成分。

最后，学习"猜测技巧"。能够把握句子主干后，常会有陌生的词语，这时可用组词策略和偏旁策略。组词策略就是将词语的构成汉字分别组词辅助理解；偏旁策略是根据汉字偏旁猜测词的大致含义。高中聋生已有一些偏旁知识，可在此基础上依托文本继续渗透，引导其根据汉字偏旁猜测词义，并最终确定文中主要内容。

如一些聋生将"戏台在灯火光中漂渺得像一座仙山楼阁"缩写为"戏台像楼阁"，忽略了关键谓语"漂渺"。首先，教师提示浅显句子"他高兴得像中了五百万"，聋生很快能明白"他高兴"是主要内容，"像中了五百万"是次要内容。以此类推，得出"戏台漂渺"是主要内容。然后，运用组词策略（"飘动""渺小"等）和偏旁策略（与动态、水相关）大致猜测出"漂渺"为若隐若现的含义。

2. 提高高中聋校教师手语技能

目前有关手语的研究很多，但针对教师手语技能的问题却鲜有或没有人深入涉及。在对我校教师进行调查后发现，聋校教师对什么是好的聋校教学手语的认识分歧很大，实践中教师手语技能差距也很大。在大量的观察与访谈的基础上，本研究分析出目前高中聋校教师手语技能存在的主要问题并提出相应建议。

问题一：不准确。即教学手语表达出来的内容和想要表达的内容之间有出入，主要包括误打、遗漏、手形不正确、单手打手势等几种情况。其中"误打"情况最为突出，也最容易被教师忽略。误打主要是教师手语词汇量有限，错误地自创手语造成的（将汉语以汉字为单位分解，再用手语一一对应汉字表达）。错误的根源在于汉字有多个义项，错误采用义项。建议：手语的准确表达要建立在对汉语义项准确选择的基础上。比如美术教学中的"明度"的"明"，应该用"明暗"中的"明"的手语打法，而不是"明天"的"明"。

问题二：不清晰。即教学手语让人难以看清，主要包括手形不到位、动作幅度不恰当、动作速度不合适等几种情况。访谈中发现教师知道自己存在这些情况，但认为有学生可以看懂，没有加以重视。其实，"可以看懂"的大部分学生是兼靠听力、口型获取信息的，而单纯靠手语获取信息的聋生则难以理解。所以建议重视手语清晰的问题。

问题三：不形象。即教学手语死板生硬，缺乏表情。此问题上存在误区：表情不丰富，不影响沟通，是小问题；表情太丰富有损教师形象。"手语中的表情及身体姿态，国外学者称之非手控特征（nonmanual feature）"，"非手控特征及其特定组合有不可或缺的系统化固化的语法功能"❶。所以缺乏表情并不是小问题，更不应认为表情夸张"有损形象"。

---

❶ 刘卿. 聋人自然手语中非手控特征研究 [J]. 语言文学研究，2014（28）：44.

建议聋校教师注重提高自身手语的形象性解决教学难点。如"柏油路一里一里铺过去"一般的表达是"柏油路 + 一 + L + 一 + L + 铺路（方向向前方）+ 过来"；形象的表达是"柏油路 + 铺路（'铺路'方向朝向自己表示'过来'；'铺路'这一动作重复几次表示'一里一里'）"。

问题四：手口不一致。即教师的手语和口语不一致。由于手语和汉语语序不同，健听教师的手语很容易手口不一致。但因为手语兼代的特点，聋生主要靠口型区分不同的词语，教师的手口不一致容易造成信息的含混甚至误解。因此，需加以重视。建议：如果是用手语解释文意，最好以形象生动的手语为主，手口不一致处不妨只打手语不张口；在朗读课文或组织教学时，则一定要注意手口的一致性。

问题五：节奏不合理。即教师的手语没有按照合适的节奏来打，容易使聋生产生视觉疲劳。建议：注意手语的节奏变化，调动学生的兴趣和注意力，并给聋生适当间歇做笔记。

3. 缩小语文教材与学生的差距

叶立言老师早在20世纪90年代就提出编写聋校高中教材的想法，但较难落实。考虑到学生的汉语言基础和发展方向，我们认为聋校普高仍可运用普校教材，主要在如何使用教材上下功夫；而聋校职高则迫切需要编写新的语文教材。在聋校职高语文教材的编写中我们形成了如下经验。

第一，控制生词，选取适当篇幅。避免运用普校教材时生词大量堆积的情况，保证一篇课文的生词在20个以内，篇幅2000字左右。

第二，精选内容，配合读本练习。内容理解难度要适合职高聋生；内容选择加强应用性（如积极人生观、沟通技巧、求职简历等）；单元安排可兼顾文体和题材（强化聋生对文体的认识和对主题的理解）；配合读本扩大职高聋生的阅读量，为职高聋生语文课堂学习和课外阅读之间搭建一个过渡的桥梁。

第三，重视积累，加强语言训练。语言训练可兼顾语言的工具性和文学性两个方面，如借鉴对外汉语教学的经验，在"字词点滴"环节，多角度地对文中字词进行训练；在"细读细品"环节，引导学生对文中重点词句进行语言的品味和赏析。

第四，针对缺陷，增加信息容量。聋生的信息量远不如健听学生，在新教材中，将文学常识、难点知识等分散在阅读提示、注释和课后知识等内容里，帮助聋生及时了解必要信息，并在轻松愉悦的氛围中积累信息。

第五，读写结合，加强作文引导。将写作与阅读紧密配合，并且加强对作文的指导。如"知识讲解"环节帮助学生理解写作内容，"美文欣赏"提供浅显有趣的例文，"写作热身"启发学生的写作思路，"写作要求"规范指导学生的写作方向。

4. 创设聋生汉语言学习的环境

环境创设问题也早有专家提出，但现状调查和方法总结却还很少涉及，本研究做了具体研究工作，结论如下。

（1）高中聋校各学科需要重视汉语言问题。首先，高中聋校各学科普遍存在汉语言学习障碍带来的问题。2008 年问卷调查中北京第四聋人学校仅有15.22%的普高学生表示没有在数学、物理、历史等学科中遇到不懂的汉语，27.27%的职高学生表示没有在职业课中遇到不懂的汉语。其次，聋生各学科的学习与汉语言存在关联。从北京第四聋人学校高中聋生汉语言水平与各科高考成绩的相关度分析来看，计算机、语文、物理三科都比较高（分别为0.914、0.805、0.704）。另外，从各学科教学实践来看，汉语障碍也普遍存在，例如英语教学中若汉语译文讲不好会直接影响英语教学效果；美术课上抽象概念的讲解在一定程度上影响聋生美术理念的深入发展。

（2）高中聋校各学科教学还不够重视汉语言环境创设问题。主要表现有三点。第一，重直观，轻语言。高中聋校教学难度更大，教师更偏爱直观的教学方式，但却常常忽略辅以文字说明。而不少聋生根本就不知道用汉语如何表述这些图片、录像、动画演示等直观信息，甚至不知道这些直观信息对应教材上的哪些内容。第二，重意会，轻表述。意会是指聋生可以运用动作、表情、自然手语等多种方式表达其理解，这是非常重要的考察聋生理解与否的方法。但这种理解未必建立在已对严密的言语表达掌握的基础上，需要进一步指导以巩固理解。但对汉语的严密表述或者教师不做要求，或者只是简单地要求聋生记住而不予以方法的指导。第三，重教授，轻阅读。高中阶段的教学只能陪伴学生几年，但汉语阅读的能力与习惯却能使学生获益终生。即使面点、服装、烹饪等以实操为主的学科是否重视培养聋生的阅读能力和信息搜索能力，教育成效将是模仿与创新、工匠与专家的天壤之别。但目前，很多情况下各学科都是重视知识的教授，轻阅读能力的培养。

（3）高中聋校各学科教学具有汉语言环境创设的共通方法。现有的高中聋生汉语言学习环境不良的问题并不都是因为教师不知道而导致的，而多是知道了却无能为力。其实，各学科总有一些方法在减少聋生汉语言学习障碍问题上是相通的，可以研究获得。如对重要词语一定要运用

"阐释法"保证真正排除障碍（如英语中的"频度副词"、数学概念中的"弦"、物理中的"功"等）；对复杂句子可运用"切词法"（如数学概念"从左边第一个不是零的数字起／到这个数最右边一个数字止／的所有数字／都叫作有效数字"）；对抽象内容可辅以"图示法"（如分析物理应用题画出简要图示）；对聋生不熟悉的内容可以补充"示例法"等。

四、研究的主要结论及效果

（一）研究主要结论

（1）高中聋生词句理解上仍然存在较大困难，并具有切词不准、词义误解、先词后句、宾语优势、表象滞留等特点。相应的教学策略有词句理解上的多元描摹、词句巩固上的语言训练、词句积累上的学情测试、词句认知上的提要猜测。

（2）目前，高中聋校语文教师教学手语主要存在不准确、不清晰、不形象、手口不一致等问题。建议手语表达要建立在对汉语义项准确选择的基础上；手形到位、幅度适当、速度适中；多掌握一些自然手语；注意手口一致，实在不能兼顾，以一方为准；注意手语的节奏变化。

（3）教材方面建议普高尝试有效的教学策略，职高则新编语文教材，以降低教材与聋生之间的差距。职高教材编写经验为：控制生词，选取适当篇幅；精选内容，配合读本练习；针对缺陷，增加信息容量；重视积累，加强语言训练；读写结合，加强作文引导。

（4）环境创设方面高中聋校各学科需要重视汉语言问题，但目前，高中聋校各学科教学还不够重视汉语言环境创设问题，高中聋校各学科教学具有汉语言环境创设的共通方法。

（二）研究效果

其一，为学生提供了更为优质的教学，提高了高中聋生的汉语言能力。本项研究编写职高语文教材共 12 册，获国家特教评比一、二等奖，教材缩小了与学生之间的差距，受到学生的喜爱与欢迎，从教材方面为职高聋生的语言学习排除了一大障碍。语文组响应西城区"课例研究"的倡导，极大提升了教师教研的积极性和质量，研究课多次在各级比赛中获奖，既得到学生的认可，又提高了教学效率。研究的核心成员所带班级与平行班相比，无论是高考成绩还是语言水平测试，都有较大幅度的提升。

其二，为教师提供了更为适宜的科研平台，提高了教师的科研能力。课题由校长牵头，语文组为主体，兼纳各学科，共 22 位成员，占我校一线教师人数近 1/2。三年来，"以写促研"极大提高了课题组教师的研究能力，共完成论文30篇并全部获得区级以上奖励。并且2篇发表在特教唯一的一份国家级核心期刊《中国特殊教育》中，4篇收入第二届北京特殊教育国际论坛论文集。大部分教师在这一过程中完成自己第一篇高质量论文，并走上研究发展的道路。在课题申请之前，全校还没有独立承担过校级以上的课题，而课题结束到现在，仅语文组就已经有3人独立承担了市级重点课题，1人独立承担了区级课题。

其三，为"高中聋生汉语言学习困难"的研究提供了有益参考。本课题是在全面搜集前人研究资料的基础上进行的，填补了多项研究空白。如LHSK的编写与实践，对高中聋生词句理解特点的调查研究、词句教学策略的研究、聋校教师手语技能问题的研究、聋生手语翻译为汉语的调查研究、各学科创设聋生汉语言环境等研究都具有不同程度填补空白或率先尝试的价值。本课题成果在广西特教骨干教师培训班、第二届北京特殊教育国际论坛、北京市盲聋学校教学研讨会上都做了交流。并且这些研究成果在我校被不同程度地加以应用。比如LHSK形成每学期的常规测试，现已进行到第十二届，"依文填空"和"句子缩写"被作为词语和句法的重要教学策略并广泛应用，其他研究成果也成为语文教师的教学手段或教学思想。

五、有待深入研究的问题及未来研究方向

（1）研究内容可进一步"拓展"或"聚焦"。"汉语言学习困难"是一个非常庞杂的问题，家庭因素、社会因素等内容可在今后继续研究。另外，我们还可以聚焦某一问题，进行更为深入的研究，比如专门聚焦高中的语法教学，高中阅读教学，等等。

（2）研究对象可继续扩充。本研究对象仅限于北京第四聋人学校学生，虽然生源来自多个省市，作为高中聋校具有一定的代表性，但是作为研究对象毕竟还是有一定的局限性。今后可扩大到其他学校的高中聋生和其他学段的聋生，从而充实、检验本研究过程。

（3）需要编制语言教材。我们已经给职高聋生编排了兼顾语言学习的语文教材，而普高聋生仍使用和他们差距甚远的普校教材。在访谈、测试、调查中，师生都希望能够有一本满足高中聋生语法需求的教材。

（4）研究成果可继续挖掘。三年来我们做了大量工作，本报告完成时只挖掘了其中与本报告密切相关的一部分，至今我们的研究成果还在陆续推出，比如LHSK和调查问卷各个角度的分析。

（执笔人：王玉玲）

参考文献

［1］叶立言．聋校语言教学［M］．北京：光明日报出版社，1990.

［2］朴永馨．特殊教育学［M］．福州：福建教育出版社，1995.

［3］何文明．聋校教学语言效率研究［J］．中国特殊教育，2003（1）.

［4］周小兵，李海鸥．对外汉语教学入门［M］．广州：中山大学出版社，2004.

［5］孙德金．对外汉语词汇及词汇教学研究［M］．北京：商务印书馆，2006.

［6］刘卿．聋人自然手语中非手控特征研究［J］．语言文学研究，2014（28）.

"针对高中听力障碍学生的汉语语法 教学策略研究" 课题研究报告

课题组

一、问题的提出

由于听力残障，自然语言习得环境受限，多数高中障碍学生依然存在汉语言问题。这对其各科学习、思维逻辑发展、主流社会融入都产生巨大影响。其中，语法问题具有一定的规律性，且是教学干预较为困难的部分，有深入研究的必要。

对高中听力障碍学生汉语语法习得特点与规律进行深入研究是有效教学的前提。目前，对听力障碍学生的语法问题分析"过于宏观，缺少针对性"。❶ 听力障碍学生多手语口语并用，对一部分学生而言，"只能选择聋人手语为他们的第一语言，再以聋人手语为基础学习健听人书面语"❷。他们在学习汉语（第二语言）的过程中同样受到手语（第一语言）的影响，"按照母语的思维定式将其表达习惯套入目的语"❸ ——即将手语的表达习惯套入汉语学习——产生"语际偏误"。分析语法偏误表现及手语的具体影响，并借助语料库的客观数据统计，能将听力障碍学生的语法习得研究引向深入。

汉语言是聋校教学的重要部分，语法教学是其中一个重要环节。但目前聋校高中与普校一样，忙于应对高考。学生有严重的语法问题，学校却没有课时用于语法教学，更谈不上系统的语法课程设置与有效的语法教学策略。如何针对高中听力障碍学生的特点，在不额外增加课时与教学负担

---

❶ 梁丹丹，王玉珍. 聋生习得汉语形容词程度范畴的偏误分析——兼论汉语作为聋生第二语言的教学 [J]. 中国特殊教育，2007（2）：23.

❷ 刘永萍. 聋人手语在听力残疾人语言学习中的地位 [D]. 江西师范大学硕士论文，2004：摘要.

❸ 周小兵，等. 外国人学汉语语法偏误研究 [M]. 北京：北京语言大学出版社，2007：81.

的情况下，进行有效的高中语法补偿教学，成为迫切需要解决的问题。

二、课题研究的内容、方法与过程

（一）课题研究内容

（1）高中听力障碍学生汉语语法习得现状。

（2）聋校高中各学科语言环境创设及语法教学现状。

（3）高中聋生汉语言学习相关因素分析及语法教学启示。

（4）适用于高中听力障碍学生的汉语语法教学（原则、流程、课型等）。

（二）课题研究方法与研究过程

（1）第一阶段：文献收集与方案设计阶段（2013年7月~2014年2月）

运用文献研究法，完成文献综述的写作与研究方案设计。

（2）第二阶段：现状调查与学习准备阶段（2014年3月~2015年2月）

运用访谈法及调查法，编制"聋校各学科汉语言环境创设现状""聋校汉语语法教学现状"调查问卷，对"聋校各学科汉语言环境创设现状"和"聋校汉语书面语法教学现状"进行课程、理念、行为、建议等几个维度的调查与分析。

（3）第三阶段：学情分析与实践研究阶段（2015年3月~2017年2月）

在借鉴"HSK动态作文语料库"和"全球汉语中介语语料库笔语子库"标注规范的基础上，建设"高中听障生书面汉语中介语语料库"。运用二语习得研究的偏误分析方法，对语料库中的53277个字语料进行数据统计与偏误分析。

用SPSS22.0对学生的调查数据与汉语言水平成绩做相关因素分析，探讨高中阶段语法教学的侧重。

针对高中听力障碍学生进行汉语语法补偿流程、课型等行动研究。

（4）第四阶段：成果整理与推广验证阶段（2017年3月~2017年12月）

整理研究成果，撰写研究报告。通过教研、讲座、论坛交流、论文发表等方式推广研究成果。

三、课题研究结果

（一）高中听力障碍学生汉语语法习得现状

1. 母语为手语的高中听力障碍学生汉语语法偏误表现

（1）虚词偏误表现

母语为手语的高中听力障碍学生词语使用中缺词或多词共1108处，其中"虚词增缺"（746处/67.33%）比例远高于"实词增缺"（362处/32.67%）。

虚词增缺中"助词"（528 处/70.78%）最突出，其他依次为副词增缺（97 处/13%）、介词增缺（82 处/10.99%）、连词增缺（38 处/5.09%）。叹词增缺只有 1 处，拟声词为零。助词增缺中以"了"（200 处/37.88%）和"的"（174 处/32.95%）比例最高；副词增缺中关联副词（45 处/46.39%）和程度副词（23 处/23.71%）比例最高。介词增缺中，"在""对""为""和"问题相对集中。

（2）成分残缺或赘余偏误表现

高中听力障碍学生"句子成分残缺或赘余"共 747 处，成分残缺偏误（592 处/79.25%）明显多于成分赘余偏误（155 处/20.75%）。句子成分残缺中，述语残缺（161 处/27.2%）和主语残缺（155 处/26.18%）远远多于宾语残缺（54 处/9.46%）。

（3）语序偏误表现

高中听力障碍学生"语序偏误"存在 12 种类型：定语后置、定语前置、状语后置、状语前置、宾语后置、宾语前置、补语后置、补语前置、谓语前置、状语顺序、定语顺序、其他。此处的"前置""后置"是指和正确的位置相比，放在了更靠前或者更靠后的错误位置。以定语为例，汉语的正常语序是定语在中心语之前；"定语后置"指定语出现在紧邻中心语的后面，如"我选择专业美术"；"定语前置"指定语出现在正确语序更前的位置（述语之前），如"去一件做事"。状语"顺序"和定语"顺序"分别指多种状语和定语内部顺序有误，如"他给我亲自剪头""享受着美好的一切事物"。

其中比例较高的 4 种有：定语后置（67 处/21.61%），如"选择专业美术"；状语后置（47 处/15.16%），如"我训练用自己的方式"；谓语前置（38 处/12.26%），如"是值得的这份快乐"；宾语前置（32 处/10.32%），如"给我们例题讲"。

2. 母语为手语的高中听力障碍学生汉语语法偏误的手语影响

（1）虚词残缺或赘余的手语影响

自然手语中几乎没有与汉语虚词对应的词汇。《中国手语》（2003 年版）收录的虚词（74 个）比实词（5512）少得多。从高中听力障碍学生虚词残缺或赘余的情况来看，其偏误比例与手语和汉语对应程度成正比。

第一类汉语虚词在文法手语中有对应手语词汇，实际生活中也会使用，在汉语学习时能起到正迁移作用。以介词、连词和关联副词为主，如"在""对""就""因为……所以"等。第二类汉语虚词与自然手语中的

"非手控"特征对应，以程度副词为典型代表。"手语中的表情及身体姿态，国外学者称之非手控特征"，"非手控特征及其特定组合有不可或缺的系统化固化的语法功能"。❶听障学生在写汉语时，更容易转写手语词汇部分，而"忽略了表情、动作、姿态等非手势语言所转达的信息"❷。第三类汉语虚词对应的手语表达比较复杂，以虚词中表示频率的副词和表示"体"概念的"着""了""过"等助词为代表。"体""表达动作或事件的完成、进行、起始、重复、惯常等"，"手语体标记手段主要借助停顿、重复、动作路径、具语法化倾向表完结义的附缀，以及非手控特征等"❸来表达。第四类汉语虚词在手语实际运用中很少或几乎没有对应（与介词连词平时也会打手语不同）。比如"的""地""得"以及口语儿化音标志"儿"、拟声词等。

（2）句子成分残缺或赘余的手语影响

"聋人自然手语句子具有主语、谓语、宾语、定语、状语、补语六大成分。"❹ 但"'省略'是聋人手语中另一常见的独特语法现象"，"主要是为提高手语沟通效率"❺。"聋人手语句子中省略主语的现象十分常见"，"相对于省略主语和省略谓语来说，省略宾语的情况较为少见"。❻ 这些与听障学生汉语偏误中残缺多于赘余、述语和主语省略情况类似。

手语由手形、方向、运动、位置四要素构成，"以视觉为载体、多个发音器官共同发音、表情体态带有语法意义"❼，"可以将汉语中的动词和宾语""甚至所有的句子成分都在一个手势中出现，这是由它的空间特性所决定的"❽。受到手语"同时性"影响写汉语时容易"只记录手形，而忽略方向、动作和位置所表示的意义"、忽视"姿态等非手势语言所转达的信息"，❾ 而写出缺少述语的句子。另外，非具体、不可视的抽象动词在手语中不好表达也无须表达，如"产生""显出""表现"等。

自然手语中，"眼神注视和身体转动可以叙述不同人物"，如果"只关

---

❶ 刘卿. 聋人自然手语中非手控特征研究［J］. 语言文学研究，2014（28）：44.
❷ 吴铃. 手语语法和汉语语法的比较研究［J］. 中国特殊教育，2006（8）：53.
❸ 刘鸿宇. 上海手语动词的"体"语法范畴研究［J］. 中国特殊教育，2015（5）：33.
❹ 毛赛群. 西安聋人自然手语句法研究［D］. 陕西师范大学硕士学位论文，2015：44.
❺ 毛赛群. 西安聋人自然手语句法研究［D］. 陕西师范大学硕士学位论文，2015：13.
❻ 毛赛群. 西安聋人自然手语句法研究［D］. 陕西师范大学硕士学位论文，2015：51－52.
❼ 陈秀君. 汉语动宾结构在上海手语中的表达［D］. 复旦大学硕士论文，2012：54.
❽ 倪兰. 手语动词调查报告［J］. 中国特殊教育，2013（7）：46.
❾ 吴铃. 手语语法和汉语语法的比较研究［J］. 中国特殊教育，2006（8）：53－54.

注手语手上的动作你就会觉得聋人手语省略了很多信息"❶。比如"老人坐椅子旁边时，（站着的人）不高兴地看坐椅子的人"。这个句子应有三方人物：老人、坐椅子的人和站着的人。其中，"站着的人"可以手扶公交吊环的身体姿态来表达，受手语影响，容易将这汉语中必要的主语省略。还有一些汉语中的主语和谓语含在同一手语中表达，受手语影响写汉语时容易丢失主语。如手语中没有抽象的"照"，只有手电筒的照、阳光的照、照镜子的照、照相的照等。写"阳光照"时丢掉主语写成"把内蒙古照得更加美丽"。

（3）语序偏误的手语影响

"手语作为一种视觉模块的语言，其在语序方面与有声语言有很大不同。"❷ 相对汉语更为灵活。比如表达去做一件事，可有三种打法："去/做/一/件/事"，"去/做/事/一"，"去/一/做/事"。按照这种语序写成的汉语正好是听力障碍学生常见的三种汉语表达：正确的汉语语序表达，定语后置，定语前置。

手语语序灵活但并非随意。"中国手语的简单小句大多是 SOV 或者 OSV 顺序，与汉语口语有所不同。"❸ 动宾结构除前文提到的同时性表达外，"序列性中以'宾语＋动词'为最主要语序"❹。"定语状语一般都具有放在中心语的前面用来修饰或限定中心词的特性。聋人有时为了强调这种特性总是把它放到后面。"❺ 习惯"将语言中最重要的信息，焦点信息、新信息最先呈现出来"❻。相应地，高中听力障碍学生汉语语序偏误中比例最高的是宾语前置、定语后置、状语后置、谓语前置。

（二）聋校高中汉语言环境创设及语法教学现状

1. 各学科汉语言学习环境创设现状及语法相关问题

（1）汉语对学科影响的认识

高中教师选择"口语对教学影响大"的比例为 75.3%，"书面语对教学影响大"的比例则高达 92.1%。各学段教师均认为"书面语"对教学的影响高于"口语"对教学的影响。并且"书面语对教学影响大"随着学段

---

❶ 刘卿. 聋人自然手语中非手控特征研究［J］. 语言文学研究，2014（28）：45.

❷ 吕会华，王红英，巩卓. 国内外手语语序研究综述［J］. 中州大学学报，2014（6）：73.

❸ 吕会华. 中国手语和汉语句法比较——以两类简单句和关系从句为例［J］. 北京联合大学学报，2017（1）：24.

❹ 陈秀君. 汉语动宾结构在上海手语中的表达［D］. 复旦大学硕士论文，2012：摘要.

❺ 林水英. 浅论手语对聋生学习汉语的影响［J］. 现代特殊教育，2007（1）：22.

❻ 倪兰. 手语动词调查报告［J］. 中国特殊教育，2013（7）：46.

的升高比例增高，高中阶段比例最高。

（2）汉语在各学科的问题"表现"与"处理"

聋校高中各学科汉语言问题具体"表现"为语音、词汇、语法、阅读、写作、语用等各个方面。其中，"表现"最为突出的是"语法"（76.3%）和"语用"（79%）问题。但语用问题处理较多（表现比例79%，处理比例66%），语法问题处理最少（表现比例76.3%，处理比例50%）。全学段平均来看，语法问题表现最突出但处理最少（表现比例76.8%，处理比例41%）。

访谈得知，因为语法问题的有效处理需要教师具备系统的语法知识，而作为非语言专业的教师来说，帮助聋生解决这方面的问题存在困难。

（3）处理汉语言问题的具体方法

聋校高中各学科使用最多的两种方法为"（教师）手语与口语相结合"（高中阶段86.8%，全学段平均88.4%）和"举例子"（高中阶段86.8%，全学段平均82.6%）。同时，无论哪个学段，相对忽视自然手语（高中阶段60.5%，全学段平均57%）。访谈中得知，一些教师认为自然手语语序常与汉语不同，干扰聋生汉语的学习，虽然形象生动，比文法手语易懂，也依然采取谨慎使用的态度。

（4）对汉语言问题处理效果的满意度

聋校绝大多数教师对本人的教学效果持乐观态度，但学段越高，教师对效果的判断越不乐观。认为自己处理聋生语言问题效果非常好或比较好的比例从1~3年级的100%降到高中阶段的73.7%。访谈得知，高中学段满意度的降低与知识难度加深和语法处理问题的突出有关。

（5）对汉语言环境创设专业支持的需求

在汉语言环境创设中是否需要专业支持上，92.1%的高中各学科教师选择"需要"。在所需要支持的具体内容上，前5位依次为"语言教学研究技能"（高中阶段76.3%，全学段平均62.3%）、"聋生语言习得特点和规律"（高中阶段73.6%，全学段平均79.7%）、"汉语言知识"（高中阶段60.5%，全学段平均56.5%）、"语言教学知识"（高中阶段60.5%，全学段平均53.6%）和"师生手语表达能力"（高中阶段55.3%，全学段平均56.5%）。

2. 聋校高中语文教师对聋生语法学习的认识及语法教学现状

（1）对汉语语法教学重要性的认识

在对听力障碍学生语法学习必要性的认识方面，高中语文教师100%认为语法作用大，其中"非常大"23.1%（高于全学段平均水平的16.7%）；

"比较大"76.9%（高于全学段平均水平的73.3%）。

（2）聋校高中汉语语法课程设置及实践

就全国范围来看，高中聋校都没有专门的汉语语法补偿教材与课时设置，北京启喑实验学校也是如此，但教师自发地进行不同程度的语法教学实践。

在语法补偿方式上，100%的高中教师会"在全班讲课涉及语法知识"，61.5%的教师会"给个别生辅导涉及语法知识"。但"从教材提取语法点给全班讲解"（高中阶段53.8%，全学段平均63.3%）、"自定语法点，给全班进行系统的语法教学"（高中阶段23.1%，全学段平均30%）这两项在各学段中比例都最低。

其中绝大部分教师的语法讲解只是简单提及，但已有两位高中教师（本课题组成员）将语法作为常规课程来做。将每一篇课文中的语法点提取出来，制作语法学案，进行全班或个别生的专题性的语法补偿教学。

（3）聋校高中语文教师汉语语法教学行为

①是否主动进行语法补偿

在是否有意识地进行汉语语法补偿方面，100%的高中语文教师都在做。其中23.1%的教师"经常"做；53.8%的教师做得"比较多"；23.1%的教师偶尔做。各学段比例与其大致相同。

②对目前语法教学效果的判断

在对现在的语法教学状况的满意度方面，高中教师"不很满意"比例为75%（高于全学段平均水平的62.07%），"比较满意"16.7%（低于全学段平均水平的24.14%）。

③语法补偿的具体方法

各学段语文教师处理语法问题的办法有所差异。以处理"写不通"为例，高中语文教师最常使用的两种方法是"让学生多读多写"（84.6%）和"单纯帮助学生修改"（84.6%）。最少用的两种方法是"帮学生修改，并让学生抄写"（53.8%）和"讲语法并请学生自己修改"（30.8%）。

（4）不处理语法问题的原因

在不处理语法问题的原因上，各学段都最突出的是"课时不够"（高中阶段84.6%，全学段平均83.3%）。高中阶段相比较其他学段，在"不属于本学段的主要教学任务"选项上比例最低（高中阶段7.7%，全学段平均13%），而在"问题太多，不知道如何系统解决"（高中阶段76.9%，全学段平均53.3%）选项上则高很多。

（5）聋校高中语文教师对语法教学的建议与期待

①对是否需要进行系统的汉语语法教学的认识

在听力障碍学生是否需要进行系统的汉语语法教学方面，高中教师100%认为需要。其中"非常需要"38.5%（在各个学段中比例最高），"比较需要"61.5%，"不太需要"为0（各个学段中比例最低）。

②对有效汉语语法教学中教师因素的认识

在"教师应提升哪些素质以胜任汉语语法教学"的认识上，高中语文教师认为最重要的三项为汉语教学知识（100%）、汉语语法知识（100%）、汉语表达能力（92.3%）。"文法手语技能"排在第4位（76.9%），但"自然手语能力"则排在最后（38.5%）。各学段的认识与高中阶段语文教师认识基本相同。访谈得知，对自然手语的态度与各学科教师类似。

3. 聋校高中各学科汉语言环境创设及语法教学现状基本表现

（1）汉语无论口语还是书面语对聋校各学段、各学科教学都有影响，汉语书面语对高中学段的影响更大。其中，"语法"是各学段、各学科更为突出也处理最为不足的问题。原因在于教师缺乏语法问题解决的专业技能。

（2）在汉语言问题的解决方法上，各学段、各学科教师所用方法还较为初步。需要聋生汉语学习特点、汉语知识、汉语教学、汉语教学研究等方面的专业支持。

（3）聋校高中没有语法教学的专门课时与课程设置。高中和各学段语文教师大都重视汉语语法的作用，主动进行汉语语法教学实践，但对目前汉语语法教学效果并不满意，高中相对其他学段不满意的比例更高。

（4）目前高中语文教师语法教学还缺乏系统性和专业性，只是零散地偶尔提及语法点。教师都认为需要进行系统的汉语语法教学，高中语文教师意见更为集中，愿望更加迫切。

（5）聋校各学段、各学科教师（包括高中语文教师）都重视"教学手语"的作用，但相当比例的教师对"手语"的认识存在误区，他们强调手口一致、符合汉语语法规范的文法手语，相对忽略自然手语。

（三）适用于高中听力障碍学生的汉语语法教学

1. 适用于高中听力障碍学生的汉语语法教学原则

（1）精讲多练，及时反馈

作为第二语言学习，其困难不在于"懂"，而在于"用"。所以要"精讲多练"。

"精讲"不是不讲，不是像对健听学生一样不需要讲解；也不是全讲，不是将语法知识全部呈现给学生。对第二语言学习者而言，教师"教的是语法规则，而不是语法知识，所以应该淡化语法教学，最好不露痕迹地教语法，让学生在不知不觉中掌握语法规则"。❶

"多练"不只是单纯的数量的"多"，更是教师精心挑选不同语境下质量的"足"，是针对错误及时反馈的效果的"好"。课堂时间多数放在学生的练习上，形式要丰富，内容要贴近学生，数量要充足。设计要充分考虑聋生的优势信息通道和"最近发展区"，且每次练习及时反馈。

（2）真实有趣，交际性强

2016 年《聋校语文课程标准》指出语法修辞知识"在教学中应根据语文运用的实际需要，从所遇到的具体语言实例出发进行指导和点拨"。第二语言同样把汉语"作为一种交际工具来掌握，是为了使用而学习"。❷让学生学真实的话、学有用的语法，学了能够迁移，能够用于交际。

让学生感觉语言学习是有趣的，学习氛围是愉悦的，学习过程是建构生成的。学生不用去猜老师想让自己说什么，而是学生自己想说什么就说什么，怎样说有趣就怎样说。不知不觉中进行充分的语言练习。

（3）听说读写，多元渠道

聋校低年级教学强调口语练习，第二语言教学也强调口语。高中阶段的听力障碍学生语言状况复杂，有些学生已经不可能再发展口语，有些学生还需要多进行口语的练习，因此，高中的汉语语法补偿教学需要注意的是多元渠道的发掘。

听力障碍学生的"听"包括听汉语、看唇语、看手语。听力障碍学生的"说"包括说汉语、打手语。要满足全班高中听力障碍学生"听"与"说"的需求，需要教师"手口并用"。但"手口并用"并不是"手口一致"，应该注意自然手语的运用。

"读"与"写"针对书面语而言，无论哪类学生，汉语书面语是他们共通的语言，无论是打手语还是说汉语，书面汉语的辅助都是很有必要且有效的。同时，书面汉语尤其适合前情的检测。

2. 适用于高中听力障碍学生的汉语语法教学流程

（1）学情诊断

学情诊断是在正式教学之前对学生汉语语法掌握情况的诊断。

首先，不把学生书写的有别于汉语的文字仅仅看作"语病"，而是看

---

❶ 孙德金. 对外汉语语法及语法教学研究［M］. 北京：商务印书馆，2012：322.
❷ 张和生. 对外汉语课堂教学技巧［M］. 北京：商务印书馆，2012：53.

作第二语言所说的"中介语",即"学习者在二语习得过程中构建的既不同于母语,又不同于目的语的一种语言知识系统,是逐步接近目的语的发展阶段"。❶ 诊断需要关注偏误部分,同样也要关注正确部分。

其次,诊断方式根据课型不同而不同,有传统常用的出题检测,有"依文填空"式语法测试,更多的是进行语法偏误分析。偏误分析(Error analysis)指"对学习者在第二语言习得过程中所出现的偏误进行观察、分析和分类,从而了解学习者本身的语言习得障碍,揭示第二语言习得的过程和规律"。❷具体分为 5 个步骤:语料选择、偏误识辨、偏误分类、偏误解释和偏误评估。❸

(2)课堂教学

课堂教学环节包括语法点的"引入""讲解""操练"。

"引入语法点"就是将要学的语法点介绍给学生,"让学生对它的形式、意义、功能有一个初步印象,这是语法点教学的第一步"。❹ "讲解"语法点具体"可以从形式、意义、功能几个方面进行"。❺"操练"语法点是语法教学的主要环节,包含 4 种练习:机械练习、有意义的练习、交际练习、语法点归纳练习。

(3)效果检测

效果检测的基本要求是需要学生独立运用课上所学的语法点进行语言表述,教师可把所学的几种用法分别出题检测,出题时注意可以有课堂上说过的句子,但一定要增加课堂上没有说过的句子,这样才能检测出学生是否能够迁移所学。

3. 适用于高中听力障碍学生的汉语语法课型及特点

适用于高中听力障碍学生的汉语语法课型主要有"随课"专题语法补偿课、"跨级"专题语法补偿课和"网络"专题语法补偿课。后两种课型同样适用于同班就读听力障碍学生。这几种课型具有基本类似的教学环节与教学方法。以下只就其独有的特点进行补充说明。

(1)"随课"专题语法补偿

"随课语法补偿"是聋校语法补偿教学中的一种,指的是从聋校语文教材中选取语法知识点、随堂进行语法补偿,并以此促进聋生对教材内容

---

❶ 周小兵. 外国人学汉语语法偏误研究 [M]. 北京:北京语言大学出版社,2007:16.
❷ 张如梅. 偏误分析述评 [J]. 云南师范大学学报,2003 (6):37.
❸ 周小兵,李海鸥. 对外汉语教学入门 [M]. 广州:中山大学出版社,2004:50.
❹ 周小兵,李海鸥. 对外汉语教学入门 [M]. 广州:中山大学出版社,2004:222.
❺ 周小兵,李海鸥. 对外汉语教学入门 [M]. 广州:中山大学出版社,2004:224.

理解的一种语法教学形式。

其一，学情诊断适合采用"依文填空"式语法检测。即在正式学习课文前，把课文中的语法点隐去请学生填写，注意给学生留下足够的线索。同一份测试卷中，词语和语法可一同施测。此方法快速便捷，结合语境，便于学生复习备用，便于教师分析学情。如"他镇定自____，仿佛他不____给人而是在给灾难下达命令"。

其二，语法点的选取要综合考虑错误率、学习难度、与课文理解的相关度、文中出现的频次。即错误率较高，学习难度大（不通过专门的语法点教学难以掌握），有助于促进课文理解，出现频率较高的适合选为随课语法点。

其三，语法点引入从课文开始，效果检验再回到课文。引入语法点最基本的方式是展示全班语法学情，展示本课含有语法点的句子，说明此语法点的重要性，展示教学目标（兼有语法和理解）。最后再回到课文，进行理解层面的检验，经常用的方法是让学生用语法点描述课文。

（2）"跨级"专题语法补偿

"跨级"指的是教学对象，包括跨班级或跨年级；"专题"指的是教学内容，具体为一些和语文教学进度不匹配，但又具有不同班级、年级共性的教学内容。因为高中聋生语言水平差异很大，同一班级的学生未必有相同的需要，而不同年级学生反而可能存在相同的汉语语法补偿需要。

其一，教学对象的确定需兼顾其语法及其他需要。如通过日常观察、考试情况、日记分析等了解到普高三和职高三一些学生存在"比"字句的问题，他们又都即将面临人生的重要选择和转变。具有共同的学习目标："比"字句语法学习，职业（专业）选择意识的加强。

其二，效果检验可对应复合型教学目标。"比"字句语法补偿检验时，教师展示某网站招聘广告信息，请学生比较后说出应聘某岗位的理由，尽量用到本课所讲的各种格式。可选的角度有专业匹配度、单位和家的距离、工资待遇等，比如"A 比 C 离我家更近""A 给出的工资比 D 多一万"等。在语法学习的过程中，引导学生选择的角度，建立自我决定的信心。

（3）"网络"专题语法补偿

"网络语法补偿"是指以"网络笔谈"的形式对听力障碍学生进行"专题"指导的语法补偿课。网络语法补偿也是有计划的专题授课，教学环节与面授语法补偿课类似。

其一，网络语法补偿课具有独特的优势。网络语法补偿课可打破时空的局限，施教更为便利灵活；全程笔谈，营造良好的书面语沟通环境；允许多人同时发言，利于重复阅读浏览；可随时借助网络辅助学习。

其二，网络语法补偿课带来新的挑战。笔谈主题和交流内容容易出现跑题现象，需教师迅速而巧妙地引导。网络环境中暴露出的聋生语法问题比面授环境多得多，若不及时纠正，容易一错再错；若平均用力，易偏离主题、完不成教学计划。需教师把握好处理的尺度与层次：对本课语法教学目标重点处理；对非本课语法教学目标，但关系较密切的，纠正但不一定深入解释；其余的只要不太影响沟通，都可以暂不处理。

其三，网络语法补偿课需要特殊的沟通技能。网络语法补偿课则直接使用目的语来学习目的语，即全程使用汉语书面语来学习汉语书面。要求教师教学语言更加简洁清晰，尽量避免歧义；要求教师具有一些网络环境下的沟通技能，包括网络表情的使用、直观信息的呈现等。

四、课题研究的主要结论

（1）高中母语为手语的听力障碍学生汉语语法偏误表现：虚词增缺远多于实词；句子成分残缺远多于赘余，述语和主语残缺多于宾语残缺；语序偏误以定语后置、状语后置、谓语前置和宾语前置为主。其语法偏误受到手语一定的影响。

（2）聋校高中各学科教师能意识到汉语言对本学科的影响并进行环境创设实践，但所用方法还较初步，"语法"是各学段、各学科都更为突出且处理不足的问题，需更多专业支持。聋校高中目前没有语法教学专门的课程设置。语文教师重视汉语语法，多主动进行汉语语法教学实践，但对效果并不满意。语法教学还欠缺系统性和专业性。各学科教师对"手语"的认识存在误区，相对忽视自然手语。

（3）与高中听力障碍汉语言能力相关较显著或极显著的有：口语能力，阅读量、阅读速度、阅读兴趣，写作速度，家庭和学校的汉语言沟通环境，足够的语言教学，汉语言学习态度与习惯等。聋校高中语法教学应注意学生后天努力、汉语言环境创设、系统的语法教学、语法练习量及兴趣态度激发等。

（4）适用于高中听力障碍学生的汉语语法原则有：精讲多练，及时反馈；真实有趣，交际性强；听说读写，多元渠道。教学流程包括：学情诊断（以偏误分析为主）、课堂教学（引入语法点、讲解语法点、操练语法点）、效果检验。课型主要有"随课"专题语法补偿课、"跨级"专题语法补偿课和"网络"专题语法补偿课。后两种也适用于普校同班就读听力障碍学生。

五、课题研究效果与展望

（一）课题研究价值与效果

（1）在高中听力障碍学生的汉语语法特点的研究上，采用了第二语言习得研究中的偏误分析法，并借鉴目前最为科学的语法标注标准建成了"高中听力障碍学生中介语语料库"。基于这一语料库对高中听力障碍学生的汉语语法偏误进行了量的统计与类的分析，相对于以往主观经验判断多了客观数据的依据。

（2）在对聋校高中各学科汉语言环境创设和汉语语法教学现状的研究上，设计了调查问卷，对包括学前、小学、初中、高中（含普高和职高）各个学段的北京启喑实验学校全校教师进行调查，得出相对具有代表性的结论。类似调查在已公开发表的文章中还没有看到。

（3）在聋校高中汉语语法教学实践研究上，课题组成员学习第二语言教学的理论和方法，在个人实践层面将语法教学当作常规课程来做，探索出适用于高中听力障碍学生的汉语语法教学课型、流程与原则。其方法在聋校和普校都针对听力障碍学生进行了实践，效果明显，具较强的操作性。

（4）本研究成果通过论文发表、论文集出版、远程网路课程、讲座交流、北京市教研活动等形式与聋校教师与普校资源教师等进行交流与推广。

（二）研究局限与展望

（1）本研究依托北京启喑实验学校而成，将来研究对象可扩充到更多地区和学校的听力障碍学生，进一步扩充语料。

（2）本研究以"高中"听力障碍为对象，而学段越低，干预效果越好。期待将来本研究进一步扩展到其他学段。

（执笔人：王玉玲）

参考文献

［1］张如梅．偏误分析述评［J］．云南师范大学学报，2003（6）.

［2］刘永萍．聋人手语在听力残疾人语言学习中的地位［D］．江西师范大学硕士论文，2004.

［3］周小兵，李海鸥．对外汉语教学入门［M］．广州：中山大学出版社，2004.

［4］吴铃．手语语法和汉语语法的比较研究［J］．中国特殊教育，2006（8）.

［5］林水英．浅论手语对聋生学习汉语的影响［J］．现代特殊教育，2007（1）.

［6］周小兵，等．外国人学汉语语法偏误研究［M］．北京：北京语言大学出版

社，2007.

［7］梁丹丹，王玉珍.聋生习得汉语形容词程度范畴的偏误分析——兼论汉语作为聋生第二语言的教学［J］.中国特殊教育，2007（2）.

［8］孙德金.对外汉语语法及语法教学研究［M］.北京：商务印书馆，2012.

［9］张和生.对外汉语课堂教学技巧［M］.北京：商务印书馆，2012.

［10］陈秀君.汉语动宾结构在上海手语中的表达［D］.复旦大学硕士论文，2012.

［11］倪兰.手语动词调查报告［J］.中国特殊教育，2013（7）.

［12］刘卿.聋人自然手语中非手控特征研究［J］.语言文学研究，2014（28）.

［13］吕会华，王红英，巩卓.国内外手语语序研究综述［J］.中州大学学报，2014（6）.

［14］刘鸿宇.上海手语动词的"体"语法范畴研究［J］.中国特殊教育，2015（5）.

［15］毛赛群.西安聋人自然手语句法研究［D］.陕西师范大学硕士学位论文，2015.

［16］吕会华.中国手语和汉语句法比较——以两类简单句和关系从句为例［J］.北京联合大学学报，2017（1）.

聋校学科教学汉语言问题现状调查报告

李若南　　王玉玲　　赵小红

一、研究背景

聋生由于听力残障，缺少天然的汉语言学习环境，汉语学习存在特殊困难。而汉语言对聋生沟通能力的提高、心智发展、主流社会的融入至关重要。因此汉语言教学在聋校处于非常重要的地位。聋教育专家叶立言指出："聋校语言教学不等同于语文教学，各科教学中都有语言教学的任务，如忽视对聋学生的语言教学，各科教学也是难以顺利进行的。"❶

聋校各学科教师究竟如何看待其教育对象的汉语言水平？他们在教学中遇到了哪些方面的问题，又是如何解决的？教师们在汉语言问题的教学中存在哪些困惑，期待得到何种形式的帮助？本研究就以上问题对北京启喑实验学校各学科教师进行了调查。

二、研究方法

本研究采用问卷调查和访谈相结合的方法进行。

（一）研究工具

根据相关研究采取自编的《聋校学科教学汉语言问题现状调查报告》和《聋校学科教学汉语言问题现状访谈提纲》进行调查。问卷和访谈提纲围绕聋校各学科教师对聋生汉语言问题的认识、行为、需要三个维度进行调查。其中，第1～14题为"认识"维度。第15～19题为"行为"维度，调查教师针对聋生汉语言问题所采用的相应对策及教学的效果。第20～21题为"需求"维度，调查教师在解决汉语言问题方面的相关需求。

（二）研究对象

北京启喑实验学校是一所涵盖学前教育、义务教育，普通高中和职业教

---

❶　叶立言. 聋校语言教学［M］. 北京：光明日报出版社，1990：80－83.

育的 15 年一贯制聋校，本次研究的调查对象是该校全体在职教师，调查对象在性别、年龄、学历背景等分布与其他地方聋校具有相似性，因此，本调查可以在一定程度上反映当前聋校学科教学中汉语言问题现状，数据具有一定的代表性。本调查共发放问卷 77 份，回收问卷 69 份，其中有效问卷 67 份。

教师的学历分布：大专及以下 2 人（2.9%），大学本科 55 人（79.7%），研究生及以上 12 人（17.4%）。

教师的学段分布：义务教育阶段 1~3 年级 12 人（17.4%），4~6 年级 12 人%（18.8%），7~9 年级 19 人（27.5%），预科 – 高三（含职高）38 人（55.1%）。

（三）统计方法

调查获得的数据运用 SPSS19.0 统计处理分析。对开放性问题兼用质性分析方法。

三、研究结果及分析

（一）聋校教师对聋生汉语言水平的认识

1. 教师对聋生目前汉语口语、书面语水平的认识上，绝大多数教师认为聋生比健听学生"差很多"（口语 79.7%，书面语 81.2%）

该校的 9 名聋人教师中有 7 人参加了本次的问卷调查，他们对聋生汉语口语及书面语的认识与健听教师相比更为乐观。71.4% 的聋人教师认为聋生口语水平与健听学生相比只是"差一些"，只有 28.6% 的聋人教师认为是"差很多"（见图 1）。

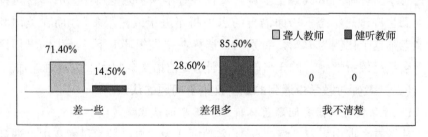

图 1

在书面语方面，有 83.9% 的健听教师认为聋生与健听学生相比"差很多"，而只有 57.1% 的聋人教师这样认为；有 42.9% 的健听教师认为聋生书面语与健听学生相比"差一些"，而只有 12.9% 的聋人教师这样认为（见图 2）。

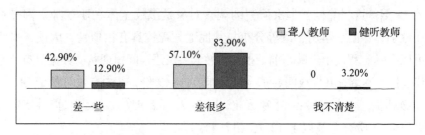

图 2

2. 教师对理想教育条件下聋生汉语言发展情况的预期

在对理想教育条件下，聋生汉语言能力发展预期上，"略逊于健听人"的比例最高：认为"口语"略逊于健听人的比例为 47.8%，认为"书面语"略逊于健听人的比例为 44.9%。

其中，42.9% 的聋人教师认为在"理想状态下聋生的口语水平将与健听学生相当"，健听教师在这一问题上的比例为 14.5%，没有聋生教师在"认为在理想状态下聋生的口语将与健听学生差很多"，健听教师在这一问题的比例为 25.8%。

在书面语发展预期方面，57.1% 的聋人教师认为在"理想状态下聋生的书面语水平将与健听学生相当"，健听教师在这一问题上的比例为 12.9%，没有聋人教师"认为在理想状态下聋生的书面语将与健听学生差很多"，而健听教师在这一问题的比例为 25.8%。

该校共开设除职业课外 17 门文化课，其中，语文、数学两大主科的教师占总学科教师的 40% 以上。调查发现在数学和物理老师中，81.5% 选择了"聋生在理想状态下书面语言的水平将略逊于或差很多"，而在英语和语文老师这个比例为 76%。特别的，选择在"理想环境下，聋生的书面语水平会超越健听学生"的 3 名教师分别是 2 位语文老师和 1 位英语老师。

（二）教师对教学中遇到的聋生汉语言问题的认识

1. 对聋生的汉语言问题总体情况、类型的认识

从调查数据中可以了解，有 31 名教师认为在自己的学科教育中，遇到学生汉语言问题的情况"非常多"，占总数的 44.9%，选择比较多的有 32 人，占总人数的 46.4%。教师认为学科教学中，聋生的汉语言问题主要表现在以下几个方面，教师认为问题较为集中的三个方面分别是"语用"（83%）、"词汇"（76.8%）、"语法"（76.8%）（见图 3）。

· 32 ·

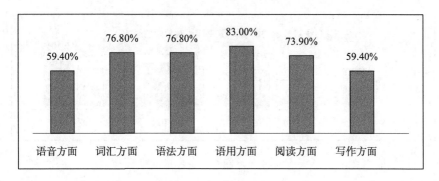

图 3

通过对数据的深入分析，发现不同学科教师对此问题认识存在一定的差异，如100%的职业课教师认为聋生的汉语言问题表现在词汇方面，而只有25%的信息技术教师持相同观点（见图4、图5）。

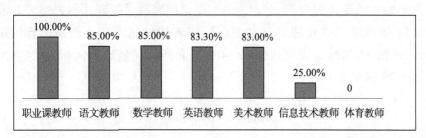

图 4

图 5

2. 教师对聋生汉语言水平与学科学习关系的认识

通过调查了解，在"聋生口语（书面语）对我教学的影响"的这个问题上，不同学段教师的认识存在差异。总的来看，学段越高，认为聋生口语（书面语）对教学"影响非常大"比例越高，书面语的影响始终大于口语对学科学习的影响（见图6）。

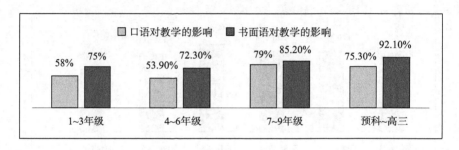

图 6

（三）各学科教师针对聋生汉语言问题的教学行为

1. 各学科汉语言问题的"处理"与"发现"

通过调查了解，教师在教学中处理问题的比例与发现问题的比例存在差距，其中"处理"与"发现"二者差距最大的是语法问题（处理的比例为 41%，发现比例为 76.8%），其次是语用问题（处理比例为 49%，发现比例为 83%）。"处理"与"发现"二者相差比例较小的是语音问题（处理比例 43.50%，发现比例 59.40%）和阅读（处理比例 63.80%，发现比例 73.90%）（见图 7）。

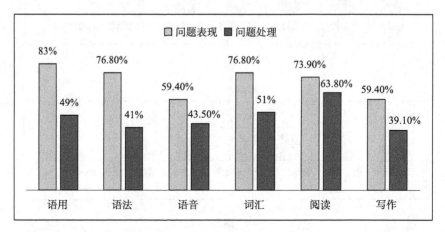

图 7

调查数据显示，"不在课上进行汉语言问题处理"的原因中，很少有教师认为"与我无关"（5.8%）或"没有问题"（7.2%）。不解决的最主要的原因是"课时不足"（52.2%），其次是"问题太多，处理不过来"（27.5%）和"缺少解决的方法"（21.7%）。

2. 各科教师为聋生汉语言学习创设的条件及学段学科差异

虽然存在"课时不足""不知如何指导"等方面的问题，但绝大多数教师还是注重为聋生的汉语言学习提供条件，"多种方式创设汉语言学习环境"达到 100%，大多数教师也做到了注重"口语的规范性"（84%）和"书面语的辅助作用"（75%）。"少用手语，多用口语"（43.5%）的比例相对较低。

数据显示，教师在为聋生汉语言学习创设的条件上体现一定的学段和学科差异。以利用"书面语的辅助作用"为例，高学段教师对书面语辅助作用的重视程度要高于低学段（见图 8），文科老师的重视程度要高于理科教师（见图 9）。

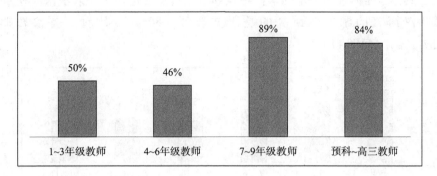

图 8

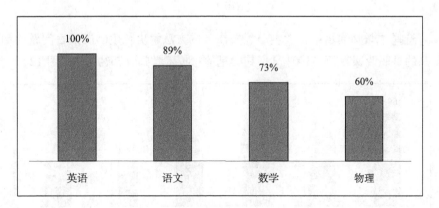

图 9

3. 各科教师处理聋生汉语言问题的具体策略及学科差异

调查显示，在教学中，教师们处理聋生汉语言问题的方法是多样的。其中，最常用的三种方法为"手语口语结合"（88.4%）、"举例子"（82.6%）、"直观信息"（73.9%）（见图 10）。

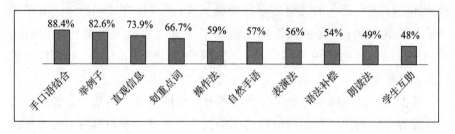

图 10

　　具体策略体现出一定的学科特点和学段特点。选择用"表演法"解决聋生汉语言问题比例最高的是语文教师（80%），其次是美术教师（57.1%）（见图 11）。

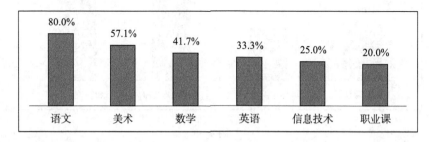

图 11

　　选择"教师演示结合学生动手操作"的方法解决聋生的汉语言问题比例最高的是职业课教师（100%），其次是信息技术教师（75%）（见图 12）。

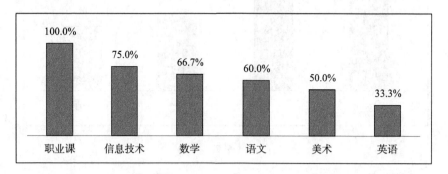

图 12

　　选择"利用表格、线条、图示等、运用图片、实物等直观信息"解决聋生语言问题比例最高的是数学教师（91.7%），其次为英语教师（83%）（见图 13）。

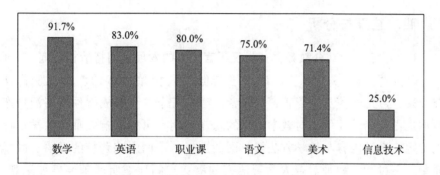

图 13

4. 教师对处理聋生语言问题的效果的认识

在判断语言问题处理效果上,75.4%的教师选择了依据练习检测来判断,65.2%的教师请学生复述答案,63.8%的教师直接问学生是否明白,甚至还有21.70%的教师会选择依靠直觉(见图14),在访谈中也有教师提到自己是通过日记或笔谈等方法了解聋生的掌握情况。在对语言问题处理效果的评价上,随着学段增高而评价逐渐降低。1~3年级的教师100%认为自己的处理效果非常好或比较好,而在预科至高三年级的任课教师中,这一比例降为73.7%。

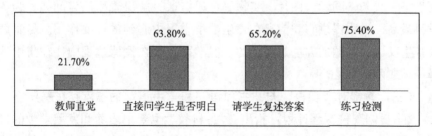

图 14

(四)教师寻求解决聋生汉语言问题支持的角度和方式

所有参与调查的教师都希望获得相关方面的指导以提高自身解决聋生汉语言问题的能力,其中选择希望获得"聋生学习汉语言的特点及规律"方面支持的教师占总数的79.7%,为各项中比例最高。从希望获得的支持方式上看,76.8%的被试选择希望在通过以"教研组活动"的方式获得提升,所占比例最高。其次的方式为"具体的科研项目中学习相关知识"和"获得专家的指导"。"向聋人教师和语文老师请教语言教学方法和手语"的比例为66.7%,其他的支持方式也都超过了60%。

四、结果与分析

（一）相当一部分教师对聋生汉语言能力的发展预期持消极态度

认为聋生的书面语和口语水平与健听人相差很多的教师比例都达23.2%，可见即使身为聋教育工作者，对其工作本身的成就预期持消极态度的也占相当的比例。对教学效果的悲观预期有可能影响教师在教学目标的确定、教学内容与教学方法等方面的选择，进而影响聋校的汉语言教学质量。不过聋人教师对聋人学习语言的潜在空间比健听教师要更加乐观，这些聋人教师自身接受过高等教育，具备相当高的汉语言水平，所以，他们对聋人的汉语言水平和将可能达到的程度都比健听教师要更加自信。

（二）教师选择处理汉语言问题的方法学科特点明显，同一学科的教学方法趋于单一

调查显示在方法的选择上，体现出一定的学科特点。例如语文老师选择用表演法解决聋生的汉语言问题，为各学科中比例最高。可见，表演法是聋校语文教学所常用且有效的教学法；100%的职业课教师选择了"教师演示结合学生动手操作"的方法，这一比例远高于其他学科教师，体现了"动手操作"在这一学科教学中的重要性；91.7%的数学教师选择"利用表格、线条、图示、图片、实物等直观信息"解决聋生语言问题，为各学科最高，说明提供直观信息在聋生数学学习中起到的重要作用。尽管解决聋生汉语言问题的方法是多样的，但学科教师在授课过程中往往集中选择一种或两种方法。

（三）教师对"口语"与"书面语"和"手语"的态度存在差异

《全日制聋校课程计划》指出："各科教学也要把培养和发展学生的口语、书面语能力列为教学任务之一"。但调查结果显示，各学科，各学段的教师对书面语的重视程度却存在明显的差异，总的来说，高学段教师对书面语辅助作用的重视程度要高于低学段，文科教师高于理科教师。最为重视"少用手语，多用口语"的是物理老师。这可能是为了弥补手语在词汇量和准确性、科学性上的不足，物理教师更倾向于引导学生用准确的口语进行准确的科学表达。

（四）教师对教学效果持乐观态度，但对教学效果的评价依据还不够科学

绝大多数的教师对自己的教学效果持乐观态度。但有相当一部分教师是依靠直觉或直接询问学生是否明白判断教学效果，不够科学。另外，学段越高，教师对教学效果的判断越不乐观。这可能是由于随学生所学知识

难度加深、广度的拓展，高年级段教师面对的汉语言问题更复杂，解决难度更大。

（五）学科教学中呈现的汉语言"问题"和"处理"存在不同程度的差距

调查显示，教师在教学中处理汉语问题的比例总体上低于其发现问题的比例。分析原因，有些汉语言问题处理难度大，如语法问题，需要教师具备系统的语法知识，而作为非语言专业的教师来说，帮助聋生解决这方面的问题存在困难，所以尽管教师发现的问题多，但处理的相对较少；有的汉语言问题尽管处理起来难度小，但因为对学科学习效果影响较小，也出现了问题多而处理少的情况。与之相对，尽管阅读问题处理难度大、耗时长，但因为它直接影响学生对学科知识的理解，影响学习效果，因此，教师在发现问题和处理问题上的比例也是最为接近的。

（六）教师解决聋生的汉语言问题的态度积极，但需要各方面支持

调查显示，教师总体上重视聋生的汉语言问题，在教学中也有所尝试，希望提高自身解决聋生汉语言问题的能力。但或因缺乏有效的教学方法，或因缺乏相关的语言方面的专业知识，或因局限于有限的教学时间，课上出现的汉语言问题无法得到有效解决。例如有的教师说："我知道学生的这句话说得有问题，但是我不知道怎么帮他修改。"

五、结论与建议

（1）聋校要注重各学科教师的汉语言教学能力的专业化支持，为教师们提供更多样的培训方式以满足不同类型教师的需求。

（2）聋生汉语言问题的研究，要跨学科、跨学段在更大范围内进行，学科教师不仅要了解本学科好的教学方法，还要向其他学科学习，提高自身的教学能力和教学效果。

相信在不远的将来，聋校的各个学科都将可以探索出一套更为有效提高聋生汉语言水平的教学方法，为聋生提供更优质的语言教学、更全面长远的发展可能。

参考文献

［1］叶立言. 聋校语言教学［M］. 北京：光明日报出版社，1990.

［2］刘全礼，等. 实用聋校问题教学法［M］. 长春：东北师范大学出版社，2016.

［3］王业梅. 浅谈聋生书面语学习的有效途径［J］. 新华教育导刊，2011（1）.

［4］王强红. 聋生看话能力的调查［J］. 现代特殊教育，2010（1）.

聋校汉语书面语语法教学现状调查报告

唐万洁　　王玉玲　　王　楠

一、研究背景

从 20 世纪 90 年代开始，受到国际上"淡化语法"思想的影响，再加上之前的语法教学本身存在的诸多问题，我国语文届也发出"淡化语法"的呼声，教学大纲和语文课本对语法教学内容做了相应的调整，语法内容大量减少[1]，聋校语文教学也不例外。

然而，在最新发行的《聋校义务教育语文课程标准》中，语法与语音、文字、词汇、修辞、文体、文学等知识内容一同被列为"学段目标与内容"中的重要部分。[2] 从听力障碍学生学习语言的特点来看，在国外已有研究结果中，语法知识被普遍认为极大地影响聋人的书面语学习。[3] 中国语文教师也越来越认可，一些语法知识的缺失影响了听力障碍学生语言的学习。于是，一些问题亟待了解。是否需要在聋校语文教学中加入适当的语法知识？应该如何在聋校语文教学中进行语法教学？语文教师目前都做了什么？都有什么样的困惑与期待？本研究就以上问题对北京启喑实验学校曾经教过语文和现在正在教语文的教师进行了调查。

二、研究对象、内容及方法

北京启喑实验学校是一所集学前康复、小学、初中、高中为一体的 15 年一贯制聋人学校，这是一所具有丰富科研经验的学校，近十年来一直都

---

[1] 康连霞. 淡化语法背景下的高中文言语法教学研究 [D]. 东北师范大学硕士学位论文，2013：42.

[2] 中华人民共和国教育部. 聋校义务教育课程标准 [S]. 2016.

[3] 任嫒嫒. 聋人学生汉语书面语语法研究综述 [J]. 中国特殊教育，2011 (3)：16-19.

在做关于聋生汉语言教学的课题研究。由于语文是聋校中尤为重要的一门科目，所以，很多教师都有从事语文教学的经历，凡有从事语文教学经历的教师都是本次调查的对象。本研究发放调查问卷31份，收回30份，有效问卷30份。

参加此次调查的均为女性教师，其中有1位聋人老师（3.3%）；目前仍然从事语文教学的18人（60%），其他12人（40%）改教其他科目；从事聋教育10年以下5人（16.7%），10～20年16人（53.3%），20年以上9人（30%）；教授语文学科10年以下10人（33.3%），10～20年16人（53.3%），20年以上4人（13.3%）；从所教学段来看，小学段10人（33.3%），初中段7人（23.3%），高中段（含职高）13人（43.3%）。

初始学历为专科及以下的19人（63.3%），本科10人（33.3%），研究生1人（3.3%）；目前学历本科25人（83.3%），研究生及以上5人（16.7%）。

本调查共设21个小题，从聋校语文教师对语法教学的认识、行为、期待等三个维度进行调查，所采集数据运用SPSS19.0统计处理分析。

三、研究结果及分析

（一）聋校语文教师对语法教学的认识

1. 对听力障碍学生语法学习必要性的认识

绝大多数语文教师认为语法对于听力障碍学生汉语学习作用大（比较大73.3%，非常大16.7%），另有3人（10%）则认为不太重要。与此同时，初始学历越高的教师越认为语法在聋生汉语言学习中很重要（见表1）。

表1

			语法在聋生汉语学习中所起的作用			合计
			非常大	比较大	不太大	
初始学历	大专及以下	计数（人）	3	14	2	19
		初始学历中的百分比	15.8%	73.7%	10.5%	100.0%
	大学本科下	计数（人）	1	8	1	10
		初始学历中的百分比	10.0%	80.0%	10.0%	100.0%
	研究生及以上下	计数（人）	1	0	0	1
		初始学历中的百分比	100.0%	0	0	100.0%
合计		计数（人）	5	22	3	30
		初始学历中的百分比	16.7%	73.3%	10.0%	100.0%

2. 对于听力障碍学生语法学习特殊性的认识

从表 2 可以看出，有 21 人（72.4%）认为听力障碍学生在汉语书面语中所表现出来的语法问题和健听学生所表现出的问题有很大的不同，甚至有 4 人（13.8%）认为是完全不同的。而这样的认识是随着在聋校教授语文学科的年限增长而加强的。这个可以理解，聋校语文教师通过教学经验，逐渐认识到听障学生的汉语语法特点是有别于健听学生的。所以，如果我们在日常教学中忽略这种差别设计教学内容，其效果不尽如意也是可以预见的。

表 2

			听障学生所出现的汉语语法问题与健听学生相比			合计
			完全不同	有很大不同	有些不同	
教语文年限	10 年以下	计数（人）	1	6	2	9
		教语文年限中的百分比	11.1%	66.7%	22.2%	100.0%
	11~20 年	计数（人）	2	12	2	16
		教语文年限中的百分比	12.5%	75.0%	12.5%	100.0%
	20 年以上	计数（人）	1	3	0	4
		教语文年限中的百分比	25.0%	75.0%	0	100.0%
合计		计数（人）	4	21	4	29
		教语文年限中的百分比	13.8%	72.4%	13.8%	100.0%

3. 对于听障学生出现语法障碍相关因素的认识

由图 1 可以看出，对于听力障碍学生出现语法问题的相关因素中，听力损伤程度（90%）、早期语言康复效果（86.7%）、手语表达能力

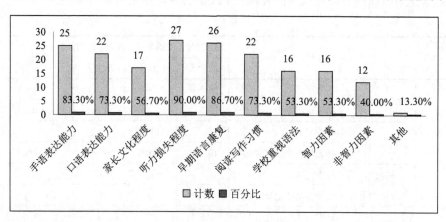

图 1

（83.3%）排在最前面，而且，对于手语表达能力的强调超过了口语表达能力（73.3%）。只有16人（53.3%）认为学校是否重视语法教学与听力障碍学生出现汉语书面语语法障碍有关。从另外一个角度来看，由于现在学校的汉语言教学中并不重视语法教学，所以大家认为是否重视与产生障碍没有关系。

4. 对于影响听力障碍学生语法补偿的教师因素的认识

在影响教师对听力障碍学生进行语法补偿的问题上，教师的汉语语法教学知识及技能（86.7%）被认为是最重要的因素。这是符合常识的，因为教师的专业水平是影响教学效果的重要因素。而教师自然手语能力（36.7%）被认为是最无关紧要的因素，值得关注的一个现象是，在从业聋校语文教育超过20年的人中有一半人认为，教师的自然手语能力也是重要的因素；而10年以下的，则没有人认为教师的自然手语是重要因素。这个问题值得研究（见图2）。

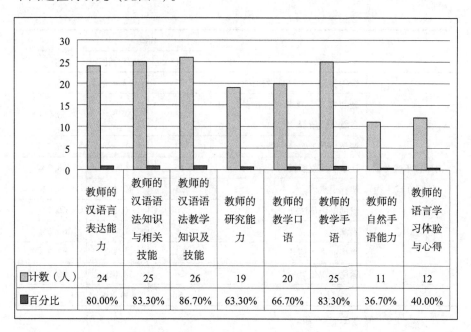

	教师的汉语言表达能力	教师的汉语语法知识与相关技能	教师的汉语语法教学知识及技能	教师的研究能力	教师的教学口语	教师的教学手语	教师的自然手语能力	教师的语言学习体验与心得
计数（人）	24	25	26	19	20	25	11	12
百分比	80.00%	83.30%	86.70%	63.30%	66.70%	83.30%	36.70%	40.00%

图2

（二）教师语法补偿行为维度

无论大家认为什么因素影响教师的语法补偿，语文老师在课堂上都会有意识地进行语法补偿，其中有5人（16.7%）经常做，19人（63.3%）做得比较多，6人（20%）偶尔做，没有人不做语法补偿。

然而，当教师通过"练习检测的结果"（85.7%）、"请学生用自己的语言复述的情况"（67.9%）、"直接问学生是否理解"（53.6%）、"自己的直觉"等方式，对补偿的效果进行反思，只有 1 人（3.4%）认为效果非常好，16 人（55.2%）认为效果比较好，12 人（41.4%）认为效果一般。

1. 处理"读不懂"和"写不通"情况方法

由表 3、表 4 可以看出，当学生出现"读不懂"的情况时，用得最多的方法是"运用直观信息"（86.7%）和"举生活中的例子"（83.3%）；然后是"教师以手语和口语相结合的方式进行解释"（76.7%）与"解释重点词"（76.7%）；借助"自然手语"（60%）和"表演"（60%）也是比较常用的方法。各个年级的语文教师在以上所用的方式中没有明显差异。然而事实上，在实际的教学中，运用自然手语解释、表演都是非常好的教学策略❶。但有些教师本身不善于表演，对自然手语的掌握不够好，所以忽视了这些策略的运用。

表 3

		响应		个案百分比
		N	百分比	
对于读不懂的处理方式[a]	教师解释，手语口语相结合	23	12.4%	76.7%
	教师解释，教师有意识的运用自然手语解释	18	9.7%	60.0%
	请学生帮助解释或翻译	17	9.1%	56.7%
	让学生反复朗读句子	16	8.6%	53.3%
	解释重点词	23	12.4%	76.7%
	借助汉语语法知识	20	10.8%	66.7%
	表演	18	9.7%	60.0%
	举生活中的例子	25	13.4%	83.3%
	运用直观信息	26	14.0%	86.7%
总计		186	100.0%	

注：a. 值为 1 时制表的二分组。

❶ 黄昭琼. 浅谈聋校语文视觉情境教学策略［J］. 科技资讯，2007（4）：114.

表4

		响应		个案百分比
		N	百分比	
对于写不通的处理方式[a]	帮助学生修改	24	22.4%	80.0%
	帮助学生修改，并请学生抄写一遍	20	18.7%	66.7%
	给学生讲解句子中犯的语法错误	19	17.8%	63.3%
对于写不通的处理方式[a]	给学生讲解相关语法点，并请学生自己修改	15	14.0%	50.0%
	推荐学生多看汉语语法书	4	3.7%	13.3%
	让学生多读多写	25	23.4%	83.3%
总计		107	100.0%	

注：a. 值为 1 时制表的二分组。

对于学生在写作中出现的"写不通顺"的情况，除了"让学生多读多写"（83.3%）以外，更多的语文教师选择了"帮助学生修改"（80%）的方式，这样的方式也许在纠错方面能够立竿见影，但是是否对听力障碍学生的语言学习有真正的效果，还是值得商榷的。

给学生讲解句子中犯的语法错误，给学生讲解相关语法点，并请学生自己修改所占比例很小。经访谈，原因在于老师不具备相关能力，不知道该如何给学生讲解语法点。这说明教师不使用的方法，并不是不好的方法，而是自己无法驾驭的方法，所以对于语文教师专业知识的培训，专业能力的提高也是非常重要的。

当然，并不是所有的语法问题都会得到处理，不处理的原因主要集中在"课时不够"（83.3%）和"语法问题太多，不知道如何系统解决"（53.3%）。

2. 语法教学的形式与具体方法。

从目前语文教师在课堂上进行的语法教学情况来看，大部分（96.7%）是针对所有学生讲解语法知识，其次（63.3%）是"从教材提取语法点，给学生进行专门的语法教学"，使用最少的（16.7%）是"自定语法点，给个别学生进行系统的语法补偿教学"，这一点对于一般语文教师而言还是有难度的。

从语法教学的具体方法上看，运用最多的是"让学生压缩句子，提取主干"（80%）和"直接告知或使用一些术语"（76.7%），而使用最少的是"采用小组讨论让学生发现语法现象和规律"（20%）和"采用口诀"（26.7%）。

对于目前的语法教学效果非常满意的有 1 人（3.3%），比较满意的 7 人（23.3%），不太满意的 18 人（60%），很不满意的 2 人（2%）。由此可见，聋校语文教师在语法教学方面存在一些困惑，对于目前的语法教学情况满意度比较低。

（三）教师语法教学期待维度

1. 对现行教材的评价及对语法课程改革的期待

在听力障碍学生是否需要进行系统的汉语语法学习的问题上，66.7%的人认为比较需要，23.3%的人认为非常需要，只有10%的人认为不太需要。而且所教年级越高越认为需要系统的汉语语法教学，这与学生的学习需求是相吻合的。

对于现行教材对语法学习和语法教学的影响大家各执一词，不存在有明显差别的认识，其中 11 人（36.7%）认为"比较有利"，11 人（36.7%）认为"没有利"，还有 8 人（26.7%）表示说不清楚。这确实是一个很难说清楚的问题，无法量化测试。很多人只用过现行的教材，说有利或不利也都只能凭直觉。

在"认为需要一个针对听力障碍学生的语法教材""认为需要制作出一个语法大纲以指导教学""需要给学生建立语言数据库进行偏误分析"这三个问题上，大家的态度比较一致，"非常需要"和"比较需要"的累计百分比均为93.3%。所以，可以认为，要解决聋生的语法问题还是需要针对听力障碍学生的专业指导。

除此以外，在课程革新方面，还有 22 人（73.3%）提出可以和聋人老师合作上语法补偿课，19 人（63.3%）提出增加课时以解决学生的语法问题。

2. 对个人发展以及对语法问题的期待

从表5可以看出，教师们对于汉语方面接受培训（86.7%）和参与研究（83.3%）的需求更为迫切，而且教授语文 20 年以上的教师在每一项上的需求都高于其他两个阶段的教师，在教授语文少于 10 年的语文老师中，对专业的学习（90%）迫切于同侪互助（50%）。

表 5

			语文			总计
			10 年以下	11～20 年	20 年以上	
教师需要的帮助[a]	汉语方面的培训	计数（人）	9	13	4	26
		教语文年限内的百分比	90.0%	81.3%	100.0%	
	手语方面的培训	计数（人）	7	10	4	21
		教语文年限内的百分比	70.0%	62.5%	100.0%	
	参与研究	计数（人）	8	13	4	25
		教语文年限内的百分比	80.0%	81.3%	100.0%	
	同侪互助	计数（人）	5	10	4	19
		教语文年限内的百分比	50.0%	62.5%	100.0%	
	课程衔接	计数（人）	6	12	3	21
		教语文年限内的百分比	60.0%	75.0%	75.0%	
	信息方面	计数（人）	7	7	3	17
		教语文年限内的百分比	70.0%	43.8%	75.0%	
总计		计数（人）	10	16	4	30

注：百分比和总计以响应者为基础。

a. 值为 1 时制表的二分组。

四、结论

从此调查的情况来看，聋校语文教师普遍认为语法知识对于听力障碍汉语书面语的学习有重要的意义，而且老师们在语法教学中确实存在一些困惑。同时，他们也认识到如果要解决这些困惑，势必需要一些专业的指导，需要对学生进行专门的语法训练。

（1）绝大多数语文教师都能认识到语法对于听力障碍汉语言学习的作用和意义，而且，他们也认为听力障碍学生在汉语书面语中表现出的语法问题与健听学生大为不同。对于听力障碍学生出现语法障碍的原因被调查者将其更多归结为听力损伤程度、早期语言康复效果、手语表达能力。在影响教师对听力障碍学生进行语法补偿的问题上，教师的汉语语法教学知识和技巧被认为是最重要的因素，这是符合常识的。

（2）在语文教学中，语文教师都会有意识地进行语法补偿，但是经常为之的并不多，对于补偿效果的检测也没有定法，很多时候是凭自己的直觉。具体遇到学生"读不懂""写不通"等情况时老师们会帮助学生修改，或者用多读多写的方法，这样的方法并没有显现聋校语文教学的特殊性。

（3）在语法教学的形式上，大部分是针对所有学生讲解语法知识，或者"从教材提取语法点，给学生进行专门的语法教学"；从语法教学的具体方法上看，运用最多的是"让学生压缩句子，提取主干"和"直接告知或使用一些术语"的方法。但就语法教学的效果而言，语文教师在语法教学方面存在困惑，对于目前的语法教学情况满意度比较低。

（4）大部分语文教师认为需要对听力障碍学生进行系统的汉语语法教学，并且认为需要编写出针对听力障碍学生的语法教材，制定出相应的语法大纲以指导教学，并给学生建立语法数据库进行偏误分析。

（5）教师们比较迫切地希望在汉语语法知识和在教学中开展研究两个方面得到相应的培训。

参考文献

［1］康连霞. 淡化语法背景下的高中文言语法教学研究 ［D］. 东北师范大学硕士学位论文，2013.

［2］中华人民共和国教育部. 聋校义务教育课程标准 ［S］. 2016.

［3］任媛媛. 聋人学生汉语书面语语法研究综述 ［J］. 中国特殊教育，2011（3）.

［4］黄昭琼. 浅谈聋校语文视觉情境教学策略 ［J］. 科技资讯，2007（4）.

高中聋生汉语"句子理解"调查研究

王玉玲　陈甜天

一、问题的提出

高中是聋生融入主流社会的重要阶段，但目前高中聋生的语言能力不但多难以达到同龄健听学生的水平，甚至严重影响他们的日常学习与交流，如"请在作文中运用三种人物描写的方法"，被误认为要写"三个人物"。对此，教师一般做法是强调多读多写，但缺少有效干预的读写障碍重重，进步甚微。高中阶段的聋生在阅读时是怎么理解一句话的？他们会遇到什么样的障碍？只有搞清这些问题才能"对症下药"。

而现有的一线教师对聋生句子问题的研究多从书写表达的角度进行，如让聋生"看图写话，写作文"❶，"从聋生写作本中，摘抄各种病句"❷，"统计聋生在日记写作中词语使用出现的偏误"❸ 等。从聋生语句"理解"角度进行的研究很少，这可能与测试操作的难度有关。在教学实践中，对句意理解的测试方法主要是选择题、主观问答题的方式，但这样的问题只能看出学生是否理解了句子，并不能了解是如何理解的。

心理学对句子理解的研究较多。注意到句子理解和词义、句法都有一定的关系。"在理解语言时，必须采用特定的方式将听到或读到的单词组合起来，构建一定的句法结构，以形成对句子的理解，即句法加工。句法加工是句子理解的重要组成部分。"❹ 句子理解的研究方法多为心理学的实验研究，"许多实验材料以句法违反、句法成分缺损为主，那么被试的任

---

❶ 刘杰，卢海丹. 聋生语法错误类型调查报告及分析 [J]. 中国听力语言康复科学杂志，2007（4）：60.

❷ 贾秀云，张海燕，王玉华. 聋童语法能力现状剖析与教学对策 [J]. 中国听力语言康复科学杂志，2005（9）：33.

❸ 梁丹丹，王玉珍. 聋生习得汉语形容词程度范畴的偏误分析 [J]. 中国特殊教育，2007（2）：24.

❹ 刘爱华. 汉语句子句法加工认知特征 [D]. 湖南师范大学硕士学位论文，2008：1.

务就不是对正常的句法结构进行加工，与正常的句法加工存在差异"❶。

那么，面对正常的汉语句子，聋生是如何进行句法和语意加工的？句子理解基本现状如何？有什么特点？本项研究尝试用一种特殊的调查法进行探索。

二、高中聋生语法现状调查对象与方法

（一）调查对象

本研究以北京第四聋人学校 2008 年 12 月在校的所有 125 名学生作为调查对象，包括预科、高一、高二、高三，职高一、职高二、职高三等年级。学生来自全国各地，高中学段齐备，有一定的代表性。

（二）调查工具与调查方法

调查工具为北京市第四聋人学校第三届 LHSK（基于 HSK 创建的"聋生汉语言水平考试"）中的 10 道"句子压缩法"题。"句子压缩"作为 LHSK 的一种固定考题，自 2008 年到 2017 年已经进行了 15 届，实践证明，能够准确具体地检测聋生的句意理解和语法加工。具体形式如下。

把句子进行压缩，要保留句子的主要意思，又要符合汉语语法规则。

例如：这个学期一开始，我们就迅速地进入了紧张的高考复习阶段。（不超过 9 个字）

我	们	进	入	了	复	习	阶	段	。
我	们	进	入	复	习	阶	段	。	

"句子压缩法"与一般考查学生句意理解测试相比优势在于，能体现学生句子理解的具体思维过程，能考查句子的整体理解而非局部信息提取。

考查的句子来自普高语文教材人教版八年级到高二年级，包括动词谓语句、连动句、兼语句、"是"字句、被动句等多种类型，关注到"的"字短语、双重否定、各种成分的复杂句。考查内容具有较广泛的代表性。考前此方法曾试用于健听教师、聋人教师和部分高中聋生，核对答案，选择一致性高的题目，删除一致性低的题目。具有较强的可信性。

---

❶ 刘爱华. 汉语句子句法加工认知特征 ［D］. 湖南师范大学硕士学位论文，2008：11.

三、结果与分析

（一）高中聋生句子理解整体情况

依据"语意"和"语法"两个维度对高中聋生的缩写句子进行分析，共分为 4 类：符合语意且表达符合汉语语法、符合语意但表达不符合汉语语法、不符合语意但表达符合汉语语法、不符合语意且表达不符合汉语语法。

具体以第 3 句为例，"我们已经向苏俄政府提供了力所能及的、可能对他们有用的技术援助和经济援助（不超过 7 个字）"。缩写为"我们提供援助"或"我们援助苏俄"都算"符合语意且表达符合汉语语法"；缩写为"我们对他们援助"则属于"符合语意但表达不符合汉语语法"，因为"对"字介词短语的后面一般需要加复杂谓语，即"我们对他们提供援助"可以，但"我们对他们援助"则存在语法错误。缩写为"苏俄政府提供了援助"或"我提供了援助"属于"不符合语意但表达符合汉语语法"。缩写为"我们技术和经济（或援助）""我们向苏俄政府"等则属于"不符合语意且表达不符合汉语语法"。

结果表明，125 名学生的 1250 个句子里有 190 个句子未作答，其余 1060 句缩写中，"不符合语意且表达不符合汉语语法"的有 433 句，比例为 40.85%；"符合语意且表达符合汉语语法"的有 404 句，比例为 38.11%；"不符合语意但表达符合汉语语法"的有 179 句，比例为 16.89%；"符合语意但表达不符合汉语语法"的有 44 句，比例为 4.15%。合计，"不符合语意"的比例达到 57.74%，"不符合语法"的比例达到 45%（见图 1）。

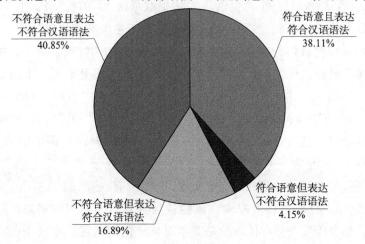

图 1

从比例可见，"语法"和"语意"二者一致的情况更多，即语法符合语意也符合（38.11%），语法不符合语意也不符合（40.85%）。还有21.04%语法和语意并不一致，具体情况如下。

"符合语法但不符合语意"共179句，兼语句就有73句，占到比例的40.78%。主要原因在于句中主语、谓语、宾语都各有两个（兼语既是主语又是宾语），聋生没有按照汉语语法规则理解句子就会造成语意理解不全，或者张冠李戴。

"不符合汉语语法但符合语意"的比例仅为4.15%。主要有两种情况，第一种情况是省略抽象性的谓语动词，如"民族救亡（成了）主题""我们对他们（提供）援助"分别省略了"成了""提供"。第二种情况是与汉语语法相比有些微差别，"在水禽中没（一个）不尊敬天鹅""空白使人感觉（到）"。访谈中了解到这些学生是理解语意的，但对汉语语法不够敏感。

（二）句子主干信息提取情况

句子主干信息提取指的是在阅读并缩写时，对句子主干提取的比例。只要某一词语出现在学生的答案中就予以统计，不考虑答案是否正确理解了这个词语的语法功能。目的是通过提取率看高中聋生对主干信息的关注度。比如"在国难当头，民族危机严重的时刻，救亡成了压倒一切的主题（不超过6个字）。"主干信息为"救亡成了主题"，有三个关键词"救亡""成了""主题"，被一些学生写成"国难当头主题"，提取了其中的一个关键词"主题"，其他两个没有被提取。

对10个句子主谓宾的提取频次进行统计，结果是9处"宾语"平均提取率为85.23%，11处"主语"平均提取率为61.97%，12处"谓语"平均提取率为60.55%。宾语的提取率远远高于主语和谓语成分。

从词语角度看句子主干信息的提取，体现为几个特点，第一，抽象名词提取率要低于具体名词、抽象动词的提取率低于实意动词。主语里"空白"（37.23%）、"救亡"（58.82）的提取率远低于"叔叔"（85.85%）、"鲨鱼"（83.67%）；宾语中"主题"（72.55%）、"援助"（78.30%）的提取率低于"飞机"（99.06%）、"协管员"（94.59%）；谓语中"提供"（41.51%）、"包含"（54.55%）的提取率要低于"找"（86.21%）、"窜"（77.55%）等。第二，提取率与词频有一定的关系。"知识"（90.08%）、"尊敬"（89.32%）虽然较为抽象，但使用频率高，提取率也很高。抽象程度与频率体现的是聋生对词语的熟悉度，也就是说熟悉度低的词语提取率低于熟悉度高的词语。"鲨鱼"（83.67%）、"农谚"

（71.07%）、"禽类"（58.25%）使用频率都不高，但提取率差别较大。可能与猜词策略与熟悉度有关。"鲨鱼"可知是一种鱼，还有的学生可能根据"鲨"字的知识猜到具体所指；"农谚"则不容易确切猜测，但可知和农业有关；"禽类"若不知"禽"的意思则完全猜测不到（见表1）。

表1

序号	主语（题号/百分比）		谓语（题号/百分比）		宾语（题号/百分比）	
1	张鹏或"叔叔"9	85.85%	尊敬7	89.32%	飞机（或"玩具"）9	99.06%
2	鲨鱼6	83.67%	找2	86.21%	协管员4	94.59%
3	我们3	81.13%	静止8	79.61%	天鹅7	93.20%
4	他2	79.31%	窜6	77.55%	知识1	90.08%
5	农谚1	71.07%	做9	72.64%	水手2	88.79%
6	救亡5	58.82%	感觉10	67.02%	张鹏（或"叔叔"）9	85.85%
7	禽类7	58.25%	引2	58.62%	援助3	78.30%
8	她8	57.28%	包含1	54.55%	主题5	72.55%
9	空白10	37.23%	提供3	41.51%	女儿女婿2	64.66%
10	最明显的4	35.14%	是4	36.94%		
11	我9	33.96%	成5	36.27%		
12			叫9	26.42%		
平均	主语	61.97%	谓语	60.56%	宾语	85.23%

（三）缩写分析及关键词提取的具体例子

如表2所示，连动句"他庄严地引着他两个女儿和一个女婿去找那个衣衫褴褛的老水手"和兼语句"我叫心灵手巧的张鹏叔叔给弟弟做一个漂亮的玩具飞机"字数相近，都有两个谓语、两个宾语。但两个句子主语的提取率相差很多，连动句中主语"他"提取率为79.31%，兼语句中的"我"提取率为33.96%。但共同点是最后一个宾语的提取率最高，不同的是主语和前宾语（或"兼语"）的提取情况不同。连动句中主语"他"（79.31%）的提取率高于前宾语"女儿女婿"（64.66%），兼语句中则是主语"我"（33.96%）低于兼语"叔叔"（85.85%）的提取率。访谈得知，部分聋生习惯先注意到宾语，然后寻找相关的动作及动作主体。

表2

句式	主语	谓语1	宾语1	谓语2	宾语2
02 连动句	他 79.31%（92）	引 58.62%（68）	女儿女婿 64.66%（75）	找 86.2%（100）	水手 88.79%（103）
	主语1	谓语1	宾语1/主语2	谓语2	宾语2
09 兼语句	我 33.96%（36）	叫 26.42%（28）	叔叔（或"张鹏"）85.85%（91）	做 72.64%（77）	飞机（或"玩具"）99.06%（105）

兼语句"我叫心灵手巧的张鹏叔叔给弟弟做一个漂亮的玩具飞机"是10个句子中不合语意比例（77.36%）最高，而不合语法比例（8.49%）最低的句子。句中没有词语障碍是语法问题少的主要原因，但虽然语法问题少，语意问题却最多。第一种情况是忽略了一个主语和谓语，只提取了一半信息，"张鹏叔叔做玩具飞机"。词类问题占到46.4%。另外还有22.47%虽然语法没有问题，但张冠李戴，语意错误："给弟弟做飞机"中的"给"是介词，有的学生当成动词谓语看，理解为"叔叔给弟弟玩具飞机"；还有的学生错误组合了主语，"我给弟弟做玩具飞机"。但是词法、句法上存在问题，导致理解不全面或者错误。

连动句"他庄严地引着他两个女儿和一个女婿去找那个衣衫褴褛的老水手"不合语意的比例低于上面的兼语句，但不合语法的比例则高很多（37.93%）如"他庄严地去那个衣衫褴褛""他引着女儿女婿找老水"。访谈中得知这些学生不太清楚"褴褛"和"水手"的含义，在一定程度上影响了整个句子的理解。

四、讨论

所考查的10个句子对健听学生来说，基本不存在问题，但是高中聋生"不符合语意"的比例高达57.74%，"不符合语法"的比例高达45%。"高中阶段聋人的语篇理解能力基本等同于三四年级的正常学生。"[1]

高中聋生的句子理解中依然存在词语理解的问题。"词汇是构成语句的最小意义单元，对语句的理解是以正确理解单个词汇意义为前提的。"[2]从句子主干成分提取率上可见抽象词、低频词提取率较低，访谈得知部分聋生并不理解这些没有被他提取出来的词语。因为聋生缺少在自然环境中

---

❶ 赵妍. 聋生词语语义加工研究［D］. 山西师范大学硕士学位论文，2014：13.
❷ 徐晓东，刘昌. 句子理解的关键——对句法和语义关系的再探讨［J］. 心理科学进展，2008（7）：532.

习得语言的条件，低频词接触少；"抽象思维能力较弱"❶，抽象词语不容易理解，所以抽象词语和低频词语是聋生理解的难点。还有些词语虽然被提取出来，但是，由于并不理解没有按照汉语语法规则来组合，也就无法正确理解语意。如不懂"褴褛"和"水手"的含义，而写出"他庄严地去那个衣衫褴褛""他引着女儿女婿找老水"等类似的缩写。

汉语语法意识不强也是造成句意理解问题的重要原因。"句法优先论"认为"人们在理解句子的过程中首先要对其进行句法结构的分析，然后才能进行意义的提取"。❷高中聋生在句意理解时汉语句法知识不足，大量句子是成分残缺的（主语和谓语的提取率只有60%左右），词语搭配有误的问题也较普遍（如"巨人空白使人感觉"），还有词法问题（如把"给弟弟做玩具飞机"中的介词"给"当作谓语动词）。高中聋生对语法缺乏基本认识，在句子理解时简单地将词语进行组合。比如8题"她在我父亲的一个眼色之下静止了"，正确答案应为"她静止了"。本句有明显的状语结构标志"在……之下"，但很多聋生并没有注意到，而将状语中的名词也提取出来，组成4种符合汉语语法规则但完全背离语意的句子："父亲静止了""眼色静止了""我静止了"，其中前两种错误答案人数为28人，占到27.45%。所考查的兼语句中都是聋生所熟知的词语，但是语意理解却是10个句子中问题最多的，其原因之一就是因为句子中主语、谓语、宾语最多，可随意组合的可能性更多，所以产生不完整或者错误的理解。从中也可发现，多数高中聋生有基本的主谓宾的概念，缺少的是更准确的语法知识与句法能力。

手语思维对高中聋生的句意理解有较大影响。手语的要素为手形、运动、位置、方向、表情、姿态等非手控特征，手语多具有空间性、同时性的特点。汉语则是线性的听觉语言，主要靠虚词和语序起到语法功能。"聋人从画面式的思维向线性的思维转换时常常导致词语、语序、句法上的偏误。"❸如学生将4题"站在""旁边""那位""协管员"等词语短语按照手语打法拆为单音节的"站""旁""位""员"，写出如"公交车站旁边的员"等语句。再如3题"我们向苏俄提供援助"按照手语语序自由的特点，随意颠倒汉语语序理解为"苏俄向我们提供援助"等。汉语语序是主谓宾，而"中国手语的简单小句大多是SOV或者OSV顺序"。❹受手

❶ 鲍永清. 聋儿与听力正常儿童智力测验的比较研究 [J]. 中国特殊教育，2000（3）：22.
❷ 陈蓉蓉. 认知角度下的句子理解 [J]. 商品与质量，2010（6）：134.
❸ 吴铃. 聋人书面语学习困难的研究 [J]. 中国特殊教育，2007（5）：34.
❹ 吕会华. 中国手语和汉语句法比较——以两类简单句和关系从句为例 [J]. 北京联合大学学报，2017（1）：24.

语思维影响，在看汉语时，可能也会更多关注宾语。表现之一是宾语的提取率远远高于主语，表现之二即为兼语句和连动句中兼语和前宾语提取率的不同。一些特殊句式也与手语有一定的关系，4 句主干为"最明显的是协管员"，"是"的提取率仅为 36. 94%。"中国手语中……常常省略表示判断和诠释意义的谓语'是'，一般语序为 SO。"❶

五、结论与建议

（一）高中聋生在句子理解上受词语、句法影响较大，需要专门的语言训练

虽然已到高中阶段，但多数聋生依然存在严重的汉语言问题。健听学生的语言"是在生活环境中口耳相传自然形成的，而聋童的语言主要是在教学情境中专门培养的"。❷ 即使高中阶段也应承担其语言教学的任务。词语的积累可通过增加阅读量获得，而句法习得则需要专门的语法教学。高中聋校的语法教学最好能依托课文，"73% 的人认为语文课堂教学中进行语法教学最好穿插在每篇课文的语言分析中"❸。注意"精讲多练"，避免目前聋校语言教学中容易存在的问题"忽略了有关用词造句的规则及方法的具体指导；自己讲的多，让学生练习机会少；讲解句子的意义多，分析句子语法结构规则或语言特点少"。❹ 最后要考虑到学生的差异，选用一定的"跨级"（跨班级、跨年级）的方式。

（二）手语对高中聋生句意理解有重要影响，建议开设手语汉语互译课程

以往研究已发现手语对聋生汉语表达产生较大影响，本研究可见手语对聋生的汉语理解存在影响。某些研究建议取消手语、纯口语教学，或者严格按照汉语的语序打手语，这些经过实践和研究证明是不可行或者错误的。手语和汉语一样，是一种独立的语言，聋生应该学会的是在两种语言之间进行转换。这样的课程已有尝试，并且取得非常好的效果，"该课程能使聋生具备区分两种不同语言的能力……从而在一定程度上有助于解决聋校汉语教学多年来的难题"。❺

---

❶ 陈亚秋. 北京地区自然手势语序特点的调查研究 ［J］. 中国特殊教育，2006（4）：27.
❷ 张宁生. 听觉障碍儿童的心理与教育 ［M］. 北京：华夏出版社，1995：86.
❸ 张先亮. 教学语法应用研究 ［M］. 北京：中国社会科学出版社，2006：99.
❹ 刘德华. 聋生书面语中动词及相关成分的异常运用 ［J］. 中国特殊教育，2002（2）：45.
❺ 郑璇，袁小勤. 聋校开设"手语汉语互译"课程的研究与实践 ［J］. 中国特殊教育，2012（5）：33.

参考文献

[1] 张宁生. 听觉障碍儿童的心理与教育 [M]. 北京：华夏出版社，1995.

[2] 鲍永清. 聋儿与听力正常儿童智力测验的比较研究 [J]. 中国特殊教育，2000 (3).

[3] 刘德华. 聋生书面语中动词及相关成分的异常运用 [J]. 中国特殊教育，2002 (2).

[4] 贾秀云，张海燕，王玉华. 聋童语法能力现状剖析与教学对策 [J]. 中国听力语言康复科学杂志，2005：(9).

[5] 陈亚秋. 北京地区自然手势语序特点的调查研究 [J]. 中国特殊教育，2006 (4).

[6] 张先亮. 教学语法应用研究 [M]，北京：中国社会科学出版社，2006.

[7] 刘杰，卢海丹. 聋生语法错误类型调查报告及分析 [J]. 中国听力语言康复科学杂志，2007 (4).

[8] 梁丹丹，王玉珍. 聋生习得汉语形容词程度范畴的偏误分析 [J]. 中国特殊教育，2007 (2).

[9] 吴铃. 聋人书面语学习困难的研究 [J]. 中国特殊教育，2007 (5).

[10] 刘爱华. 汉语句子句法加工认知特征 [D]. 湖南师范大学硕士学位论文，2008.

[11] 徐晓东，刘昌. 句子理解的关键——对句法和语义关系的再探讨 [J]. 心理科学进展，2008 (7).

[12] 陈蓉蓉. 认知角度下的句子理解 [J]. 商品与质量，2010 (6).

[13] 郑璇，袁小勤. 聋校开设"手语汉语互译"课程的研究与实践 [J]. 中国特殊教育，2012 (5).

[14] 陈秀君. 汉语动宾结构在上海手语中的表达 [D]. 复旦大学硕士学位论文，2012.

[15] 赵妍. 聋生词语语义加工研究 [D]. 山西师范大学硕士学位论文，2014.

[16] 吕会华. 中国手语和汉语句法比较——以两类简单句和关系从句为例 [J]. 北京联合大学学报，2017 (1).

高中聋生自然手语译书面汉语的调查研究

卢雪飞

一、问题的提出

早在 1990 年，特级教师叶立言就在其专著《聋校语言教学》中提出要重视培养聋生汉语与汉语手势语的互译能力，他提出"聋人使用的语言和聋学生言语行为的特点要求聋学生具备一定的翻译能力；具备一定的翻译能力是实现聋学生全面交流的需要；具备一定的翻译能力是聋学生学好汉语的需要"[1]。"一个聋学生应该学会在汉语手势语与汉语之间'自由往来'的本领。"[2] 只有这样，聋人才能真正成为"自由而符合规范地生活在聋文化与听文化两种文化的'双文化的平衡者'"。[3]

那么，我校聋生这种能力到底如何？他们在翻译中可能遇到哪些困难？为此，我们于 2007 年 6 月对北京第四聋人学校所有聋生进行了一次自然手语翻译为书面汉语的调查。

二、调查方法

（一）调查对象

参加调查的高中聋生共 99 人，其中职高学生 34 人（男生 22 人，女生 12 人），普高学生 65 人（男生 27 人，女生 38 人），有效调查对象共 99 人。年级分布为职高一年级、职高二年级、预科年级、普高一年级、普高二年级共五个年级；年龄在 15 ~ 23 岁，平均年龄 19 岁。

（二）调查内容及方法

施测者为聋人教师，她打 5 个自然手语的句子，每句话打两遍，聋生

---

[1] 叶立言. 聋校语言教学 [M]. 北京：光明日报出版社，1990：138 - 140.
[2] 叶立言. 聋校语言教学 [M]. 北京：光明日报出版社，1990：112.
[3] 江苏教育国际交流中心. 中国江苏省赴加拿大布劳克大学特殊教育培训团资料汇编 [G]. 1997.

看完后将其译写为书面汉语。所谓自然手语就是区别于手势汉语的具有聋人特有表达方式的手语。为使考察更具代表性，我们着眼于自然手语与汉语表达方式的不同，选取以下 5 个句子（见表1）。

表1

序号	自然手语表达	书面汉语参考答案	自然手语特点
1	我＋昨天＋洗澡＋有	我昨天洗澡了	手势"有"表示已经或刚刚做完某动作
2	车＋人＋倒＋走＋扶	车把行人撞倒了，过路人把他扶了起来	简洁动作表达丰富内容
3	我＋买＋裤子＋一	我买了一条裤子	无量词，词序与汉语不同
4	你＋光盘＋借＋我＋十	你借给我十张光盘吧	无量词，词序与汉语不同，动作方向表对象
5	爸爸＋穷＋借钱（反复几次"借"的动作）	爸爸穷，到处借钱	手语用动作反复表示"多"

三、调查结果与分析

（一）关键手势词（词汇）的把握（见表2）

表2

序号	书面汉语参考答案	关键词语	正确人数（人）	正确率
1	我昨天洗澡了	洗澡	72	72.7%
2	车把行人撞倒了，过路人把他扶了起来	车、汽车、轿车、公共汽车	95	95.9%
3	我买了一条裤子	裤子	77	77.8%
4	你借给我十张光盘吧	光盘	63	63.6%
	平均正确率			78.3%

具体分析发现，影响聋生把握关键词的因素可能有以下几点。

1. 手语不规范，手语兼代（见表3）

经访谈和分析，发现 24% 的学生误将"洗澡"理解为"感觉""舒服""温暖""觉得"等与手语的兼代现象有关。我校用图 1 这一个动作可表示"洗澡""感觉""舒服""温暖"四个汉语词汇，调查时施测者也是运用这个手语。可以说手语兼代是导致聋生对自然手语关键词判断失误的一个原因。

表3

正确答案	学生答案	句数（句）	百分比
洗澡	洗澡	72	72.7%
	感觉	12	12.1%
	舒服	9	9.1%
	温暖	2	2%
	觉得	1	1%
	服	1	1%
	夸	1	1%
	沐浴	1	1%

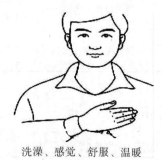

洗澡、感觉、舒服、温暖

图1

右手掌贴于胸部，在胸部转一圈。

而实际上，在《中国手语》中这几个词的动作明显不同，如图2、图3、图4、图5。因此，这里的手语兼代现象背后还存在聋校手语欠规范的问题。

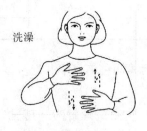

洗澡

图2

双手五指分开，掌心贴于胸部，上下交替擦动，如洗澡动作。

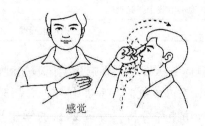

感觉

图3

（1）右手掌贴于左胸部。

（2）一手食指指在太阳穴处，同时头微微抬起，脸上表露出一种觉悟的表情。

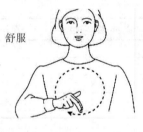

图 4

一手打手指字母 "SH" 的指式，在胸部转一圈。

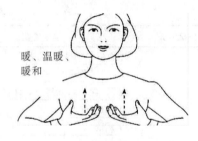

图 5

双手横伸，五指微曲，掌心向上，由腹部慢慢移到胸部。可根据实际情况模仿暖的状态。

2. 聋人思维的形象性特点

如表 4 所示，全校 96% 的学生都看懂了 "车" 这一手语，而有趣的是仅有 37.4% 的学生写为 "车"，却有 58.6% 的学生对车进行具体的想象：汽车、轿车、公共汽车。他们在理解手语时常将健听人忽略的细节具体化，这生动地体现了聋人思维形象性的特点。另外在第 3 句中还有学生将 "裤子" 具体化为 "牛仔裤" 或 "长裤"。

表 4

正确答案	学生答案	句数（句）	百分比
车	汽车	56	56.6%
	车	37	37.4%
	轿车	1	1%
	公共汽车	1	1%
	有人	3	3%
	空白	1	1%

3. 书面汉语词汇量少的影响

如表 5 所示，施测教师打 "光盘" 的动作如图 6 所示，有 20% 的学生将 "光盘" 错写成 "花盆" "碗" 等。"光" 与 "花" 手形相同，但方向不同，"光" 朝下，"花" 朝上。竞赛中学生可能因为紧张误看，可以理解。但 "碗" "盘子" 等则完全抛弃了 "光" 这一语素。经访谈发现，主要是因为这些学生大都没有 "光盘" 的词汇概念，他们认识实物 "光盘"，但不知道写为汉字 "光盘"，因此看到 "光 + 盘" 这样的手语就无法在头脑中形成概念。

表5

正确答案	学生答案	句数（句）	百分比
光盘	光盘63（光碟1、存盘1）	65	65.7%
	花盆9（花瓶1、花盘1、花1）	12	12.1%
	碗5，盘子1，碟盘1，碟盆1	8	8.1%
	拼盘1，拼1	2	2%
	10元钱	3	3%
	瓶	1	1%
	无关键词	3	3%
	空白	5	5.1%

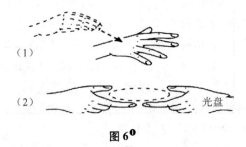

图6❶

（1）一手五指捏合，指尖朝斜下方然后张开五指。

（2）双手拇、食指搭乘一个大圆形，如光盘大小。

4. 手语词汇量少的影响

将"光盘"理解为"碗""盆"等还有一种情况就是手语词汇量少，难以准确辨析。将第3句"我买了一条裤子"中的"裤子"理解为"裙子"和"腿"也是这种情况。这些学生主要是随班就读于普校后来转到聋校的，共27人，占我校聋生的27.3%。随班就读的聋生又回到聋校读高中，他们的手语能力如何提高也是个重要的问题。

（二）自然手语转译为汉语之"语法"特点的把握

自然手语与汉语语法上有诸多不同。聋生是否能够注意自然手语和汉语不同的"语法"规则，并运用到自己的语言翻译实践中呢？

1. 量词的运用

从表6可见"一条裤子"句中没运用量词的仅4人，占全体被测的4.9%，其余77人全都填写了量词，占全体被测的95%，但能正确运用"条"这个量词的仅47人，占全体被测的58%。

---

❶ 图片选自中国聋人协会. 中国手语［M］. 北京：华夏出版社，2003：126，189，225，371，716.

表6

正确答案	学生答案	句数（句）	百分比
条	条	47	58%
	件	21	25.9%
	个	8	9.9%
	套	1	1.2%
	无量词	4	4.9%

注：仅统计准确理解"裤子"〔包括长裤、牛仔裤〕的81名学生量词的运用。

而"你把光盘借给我十张吧"句中"十张光盘"没写量词的达43%，写"十个光盘"的占46%，知道"光盘"论"张"的比例仅11%（见表7）。

表7

正确答案	学生答案	句数（句）	百分比
张（个）	张	7	11%
	个	29	46%
	无量词	27	43%

注：仅统计准确理解"光盘"的63名学生量词的运用。

这两个例子的共同点在于写了量词的人数远多于准确运用量词的，可见高中聋生有量词意识，即知道在什么情况下应运用量词，但并不清楚具体运用哪个量词，这可能与其缺少丰富的语言实践机会有关。"光盘"的量词运用情况差于"裤子"句，可能与学生对"光盘"的熟悉度不如"裤子"有关。

2. 自然手语句子译为书面汉语句子词序的调整

两种语言在译写时需对词序进行一定的调整，从表8、表9可见，句子3与句子4的词序调整情况不同，"我买了一条裤子"语法正确率高达91%，而"你借给我十张光盘吧"则仅有39.7%，相差悬殊。其原因可能与聋生对手语句子理解程度成正比。句子4有46（46.5%）名学生的句子完全不通，如"你碗给我10元钱""你送给我10了"，不理解的情况下也就顾不得语序的调整了。

表8

分类	小类	例句	句数（句）	百分比
调整词序	符合汉语表达习惯	你借给我10张光盘	25	39.7%
	不符合汉语表达习惯	你借给我光盘十	5	7.9%
没调整词序	与施测手语一致	你光盘给我十	23	52.4%
		你花盆借我10	10	

表 9

分类	小类	例句	句数（句）	百分比
调整词序	符合汉语表达习惯	我买了一条裤子	81	91%
	不符合汉语表达习惯	我裤子买一条	6	6.7%
没调整词序	与施测手语一致	我买裤子一件	2	2.2%

注：表8、表9的统计已忽略词汇误写等其他问题。

3. 自然手语句子的特殊表达

句子 1 "我昨天洗澡了" 的考点是应将自然手语中的 "有" 转译为书面汉语的 "了"，仅有 16.7% 的聋生注意到这一点并成功翻译。句子 5 "爸爸穷，到处借钱" 的考点是自然手语常用反复的动作表示 "多次"，有 41.1% 的聋生用 "到处" "常常" 等词表达了此意思，58.9% 的聋生则忽视了这一点。表10、表11 共同说明多数聋生不能准确把握自然手语中常见的这两种表达方式。

表 10

分类	小类及例句	句数（句）	比例
符合汉语表达习惯	我昨天洗澡了	12	16.7%
不符合汉语表达习惯	我昨天洗澡过了	7	9.7%
	昨天我有洗澡了	37	51.4%
	昨天我有洗澡吗	16	22.2%

注：仅统计准确理解 "洗澡" 的 72 个句子。

表 11

分类		小类及例句	句数（句）	百分比
符合手语原意	到处	爸爸很贫穷，到处向人家借钱	28	41.1%
	常常、经常	爸爸家里很穷，常常借别人的钱	2	
不符合手语原意	许多	爸爸非常穷，借了许多钱	2	58.9%
		爸爸穷到向别人借钱。爸爸很穷，向别人借钱	41	

注：仅统计准确理解 "借钱" 的 73 个句子。

但通过访谈得知，学生的错误主要不是出在看手语的理解上，而是出在汉语的表达上。这正验证了 "正确地将汉语手势语言的意思变成汉语表达，这对聋学生来讲是最困难的一步"❶ 这个说法。

---

❶ 叶立言. 聋校语言教学 ［M］. 北京：光明日报出版社，1990：142.

四、原因的进一步分析

上文可见，我校高中聋生把手势语关键词翻译为书面汉语词的平均正确率为 78.3%；90% 的聋生有运用量词的意识；但把握自然手语特点并将其转译为准确、符合汉语表达习惯的正确率仅 41.1%。这种转化能力并不乐观，分析原因有三点。

1. 手语规范不足容易造成误解

虽然 2003 年《中国手语》就正式出版了，但实际交流和教学中并没按照书里的打法规范表达，这影响了手势语与书面汉语关键词间的正确转化。比如"洗澡"误写为"温暖"。

手语的规范既包括手形也包括表情等，比如"我昨天洗澡了"有 19 个学生写成了疑问句，查看录像时发现聋人教师打"我 + 昨天 + 洗澡 + 有"时略有皱眉，可能这小小的细节误导学生将陈述句写为疑问句。

2. 语言能力欠佳导致沟通不畅

这里的语言能力既包括手语能力也包括汉语能力。

手语能力不足的主要是学习手语时间较短、曾在普校随班就读的聋生，他们大多汉语表达能力很强，但看手语存在一定问题，没有正确的手语"输入"，也就无法正确进行汉语"输出"。

汉语能力不足是大多数聋生的弱点。因听力残障有声语言交流环境的缺失，导致他们熟悉身边的生活，能用自然手语彼此交流，却不能自然习得相应的汉语表达，面对手势语翻译成书面汉语时就无所适从。

所以，面对同一句手势语，有较强汉语言能力和手语能力的聋生能自如地在两种语言间转换，很容易理解手语的含义，并在丰富的汉语语库中选择更为贴切的语料，写出符合汉语表达习惯的句子。而手语能力不足或汉语能力较弱的聋生则捉襟见肘，障碍百出，更谈不上表现其翻译才华。

3. 翻译训练不足影响翻译效果

本文的翻译是指"把汉语手势语言所要表达的思想忠实而流畅地用汉语表达出来"。❶

自然手语与汉语存在较大差异，自然手语中基本没有量词，即使是《中国手语》书也仅收录 21 个量词；聋人自然手语中有特殊表达，如用"有"表示发生过，用反复的动作表示多次等。此外二者的语序差异很大。汉语是孤立语，没有词形等变化，主要靠语序、虚词等起语法作用，而聋

---

❶ 叶立言. 聋校语言教学 [M]. 北京：光明日报出版社，1990：137.

人自然手语句子的语序相对灵活。如手势语句子：（1）我＋买＋裤子＋；（2）我＋裤子＋买＋一；（3）我＋买＋一＋裤子；（4）我＋裤子＋一＋买；（5）裤子＋买＋一＋我……都符合聋人手语表达对词序的要求，但书面汉语要求必须写成"我买一条裤子"，因为人类"在使用任何一种语言交际工具时都不是任意的，必须遵循该种语言的种种规则和表达习惯才行"。❶ 聋生若懂得这两种语言各自表达习惯和它们的对应性，再加以语言翻译训练，聋健之间是可以准确沟通的，这正如英语和汉语、日语和汉语之间的翻译一样。

五、建议

1. 推广规范手语

以校为单位，让学生在日常的学习生活中养成规范运用手语的习惯。我校已于 2007 年 9 月以《中国手语》为教材给预科新生开设了手语课，此后聋生的手语能力和手语规范性有了较大的提高。

2. 夯实汉语基础

这次调查同时也发现了聋生汉语基础薄弱的问题，汉语基础薄弱，影响其准确理解与表达。我校一些聋人教师写书面汉语较通顺，其自然手语和书面汉语间的互译能力很强。因此学好汉语的聋人是能够在"自然手语"与"汉语"间自由往来的沟通者。

3. 教授转化规则

以往面对聋人书面汉语的颠三倒四，不少教师痛心疾首，提倡规范教师的手语，即严格按照汉语语序打手语词汇。可这种方式行不通，如果违背手语的规律和特点与聋人交流，那会不受欢迎，且坚持不了多久。聋人汉语句子的不足"罪"不在手语，而在于他们不懂得两种语言之间的转化规则。

参考文献

［1］叶立言. 聋校语言教学［M］. 北京：光明日报出版社，1990.

［2］中国聋人协会. 中国手语（修订版）［M］. 北京：华夏出版社，2003.

［3］江苏教育国际交流中心，中国江苏省赴加拿大布劳克大学特殊教育培训团资料汇编）［G］. 1997.

---

❶ 叶立言. 聋校语言教学［M］. 北京：光明日报出版社，1990：141.

基于语料库的母语为手语的高中听力障碍学生汉语语法偏误分析

王玉玲　张宝林　陈甜天　卢雪飞

一、引言

聋生汉语语法研究需借助第二语言学习理论。语言是聋教育的核心问题，汉语教学研究一直是我国聋教育实践和研究的重点，其中语法研究尤其关键。越来越多的研究表明，对聋生而言，手语是第一语言，汉语是第二语言。[1] 但目前对聋生汉语语法学习的研究还较少体现其第二语言特性，"分析过于宏观，缺少针对性"。[2]"关键的因素就在于特教工作者未能自觉运用语言学理论来分析这些语料，对有问题的句子只能碰到一个修改一个，不能从中总结出普遍规律。这与已经成熟的二语习得领域的工作比起来，显然存在较大差距。"[3] 借助我国较为成熟的第二语言学习理论与研究方法，对探究聋生汉语学习的规律和特点无疑将有巨大的推动作用。

聋生汉语语法研究需语料库的数据支持。以往聋生汉语语法研究大多是基于主观经验总结，而不是基于数据的客观分析，少有的一些数据分析也是基于纸质语料，不利于资源共享和重复利用。任媛媛强调"聋人汉语书面语语料库建设和基于语料库的语法知识习得研究应引起研究者的重视"[4]。目前，聋生汉语书面语语料库还处于设想和探索阶段，吕会华已经在进行尝试，并提出北京语言大学 HSK 动态作文语料库与其"聋人汉语书面语语料库"的设计思路大致相同……基本可以满足标注聋人语料的需

---

❶ 刘晓蓉. 聋生汉语学习性质的研究［D］. 沈阳师范大学硕士学位论文, 2013：摘要.

❷ 梁丹丹, 王玉珍. 聋生习得汉语形容词程度范畴的偏误分析——兼论汉语作为聋生第二语言的教学［J］. 中国特殊教育, 2007（2）：23.

❸ 梁丹丹, 王玉珍. 聋生习得汉语形容词程度范畴的偏误分析——兼论汉语作为聋生第二语言的教学［J］. 中国特殊教育, 2007（2）：23.

❹ 任媛媛. 聋人学生汉语书面语语法研究综述［J］. 中国特殊教育, 2011（3）：17.

要。❶ 但 HSK 的标注非常初步，用于语言研究尚显粗略。而且，与其他二语习得者汉语语法习得相比，聋人的汉语语法习得有其自身特点，语料库需结合其特点建设。

聋生汉语语法研究需借助手语研究成果。聋人多"手""口"并用。调查研究表明，听力损失严重的聋人"只能选择聋人手语为他们的第一语言，再以聋人手语为基础学习健听人书面语"❷。聋生在学习汉语（第二语言）的过程中同样受到手语（第一语言）的影响，产生"语际偏误"，即"由母语负迁移引起的偏误，具体而言是学习者在学习某一种语言时按照母语的思维定式将其表达习惯套入目的语而造成的表达错误"。❸ 中国聋人目前同时使用自然手语和文法手语。"文法手语，也叫手势汉语，是将汉语的词汇翻译成手势，然后按照汉语的语法规则来构建句子。"❹ 其实质是用手表达的汉语而非手语。"自然手语"则是"聋人群体的母语，是他们在长期相互交流中自然发展而来的一种复杂的视觉空间语言"，"是聋人交际的主要工具，是一种独立的语言"❺。母语为手语的聋人受自然手语的影响更深，其母语指自然手语。

总之，"目前聋生汉语教学领域亟待解决的问题有：积累语言事实建立相关语料库、提高聋校教师语言学素养和系统地对自然手语和汉语进行比较"❻。本研究团队在借鉴"HSK 动态作文语料库"和"全球汉语中介语语料库笔语子库"标注规范的基础上，结合前期调查的高中听障生易出现的语法类型，制定了"高中听障生书面汉语中介语语料库"标注标准，对母语为手语的高中听障生的 53277 字汉语书面语语料进行了人工标注与统计分析。

汉语缺少形态变化，它的语法关系主要通过虚词和语序表示。本文从虚词、语序和句子成分三方面统计分析高中听障学生书面汉语语法偏误表现。因为自然手语"是以手部动作、身体姿态及面部表情的变化作为表情

❶ 吕会华，吴铃，张会文. 聋人汉语书面语语料库建设研究［J］. 中国特殊教育，2010（3）：32 - 33.

❷ 刘永萍. 聋人手语在听力残疾人语言学习中的地位［D］. 江西师范大学硕士论文，2004：摘要.

❸ 周小兵，等. 外国人学汉语语法偏误研究［M］. 北京：北京语言大学出版社，2007：81.

❹ 吕会华. 第二语言习得理论与聋人汉语教学［J］. 毕节学院学报，2014（3）：50.

❺ 刘卿. 聋人自然手语中非手控特征研究［J］. 语言文学研究，2014（28）：44.

❻ 梁丹丹，王玉珍. 聋生习得汉语形容词程度范畴的偏误分析——兼论汉语作为聋生第二语言的教学［J］. 中国特殊教育，2007（2）：23.

达意的手段而进行语言交际的一种符号系统"❶。是一种空间的视觉语言，与时间的线性语言汉语之间存在较大的差异。这些差异对母语为手语的听障生汉语表达造成了较大的影响。本文着重从母语负迁移的角度进行偏误原因分析。

二、基于语料库的母语为手语的高中听力障碍学生书面汉语"虚词"偏误分析

（一）母语为手语的高中听力障碍学生书面汉语虚词偏误表现

母语为手语的高中听力障碍学生词语使用中缺词或多词共1108处，其中"虚词增缺"比例远高于"实词增缺"。"虚词增缺"共746处，占所有词语增缺问题的67.33%；"实词增缺"362处，占所有词语增缺问题的32.67%。

在虚词增缺中，"助词"问题最为突出，共528处，占虚词增缺总量的70.78%。其他依次为副词增缺（97/13%）、介词增缺（82/10.99%）、连词增缺（38/5.09%）。叹词增缺只有1处，拟声词为零（见图1）。

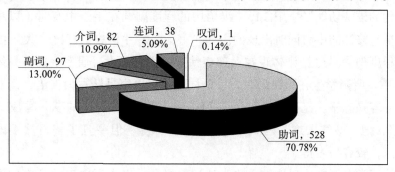

图1

528项助词增缺中偏误23处以上的有"了""的""地""儿""着""得"，其中偏误率最突出的两项为"了"（200/37.88%）和"的"（174/32.95%）。97项副词增缺中偏误率最高的两项为关联副词（45/46.39%）和程度副词（23/23.71%）。介词增缺中，"在""对""为""和"问题相对集中。连词增缺中，转折连词和因果连词问题相对集中。

（二）母语为手语的高中听力障碍学生书面汉语虚词偏误原因分析

语言间词汇不完全对应是语言学的通则。自然手语作为一种视觉空间语言，与有声语言有显著不同，"手语词汇是由手在空间的运动产生的，

空间维度和运动形式用来作为其语言变化的语法形式"❶。美国手语语言学家威廉姆·斯多基（Willian C. Stokoe）认为手语主要由四大视觉要素构成：手形、方位、运动和方向。❷ 汉语实词能够用手语词汇表达，但汉语虚词在自然手语中几乎没有对应词汇。文法手语中使用一些也不多，像《中国手语》（2003 版）共收录手语词语 5586 个，而虚词仅有 74 个，并且这些手语词汇实际运用得更少。

第一类汉语虚词在文法手语中有对应手语词汇，并在实际生活中也会使用。以介词、连词和关联副词为主。比如"（在）北京读书"自然手语则直接打"北京/读书"，但文法手语会打出"在"。"如果……就""因为……所以"同样，在自然手语中则不用出现这些词汇，但在文法手语中也会打出来。而且，这些虚词在实际的手语交流中也经常出现，即使母语为手语的听障学生也会使用。这对其汉语学习能够在一定程度上起到正迁移的作用。

第二类汉语虚词在自然手语中没有词汇的对应，但有非词汇对应。以程度副词为典型代表。"手语中的表情及身体姿态，国外学者称之非手控特征（nonmanual feature）"，"非手控特征及其特定组合有不可或缺的系统化固化的语法功能"❸。比如，"汉语中的程度副词在手语中有时是以相应的表情与修饰的手势同时出现的。如'好大'在手语中只打出'大'的手语，程度副词'好'则体现在面部表情上：嘴巴张大，眉毛上扬，身体微后倾"❹。听障学生在写汉语时，手语词汇部分更容易转写为汉语，而非手控部分容易忽略。比如把"好大"写成"大"，把"好多的事"写成"多的事"，把"暖气太热"写成"暖气热"，等等。但一旦了解自然手语相应特点，较容易习得。

第三类汉语虚词对应的手语表达比较复杂，以虚词中表示频率的副词和表示"体"概念的"了""着""过"等助词为代表。它们"表达动作或事件的完成、进行、起始、重复、惯常等"，"体"的意义，手语并没有相应的词汇。"手语体标记手段主要借助停顿、重复、动作路径、具语法化倾向表完结义的附缀，以及非手控特征等手段，来标记不同体意义。"❺比如"一直在玩""玩着玩着"用"玩"动作的重复来表达。"看了电影"在动词后加上表示完结义的附缀"完"，也可以在动词后稍加停顿或同时

❶ 国华. 美国手语语言学研究概述 [J]. 现代特殊教育，2006 (11)：39.
❷ 国华. 美国手语语言学研究概述 [J]. 现代特殊教育，2006 (11)：39.
❸ 刘卿. 聋人自然手语中非手控特征研究 [J]. 语言文学研究，2014 (28)：44.
❹ 刘卿. 聋人自然手语中非手控特征研究 [J]. 语言文学研究，2014 (28)：45.
❺ 刘鸿宇. 上海手语动词的"体"语法范畴研究 [J]. 中国特殊教育，2015 (5)：33.

加口动"了"来表示。"去过上海"可以打手语"上海/去/有""上海/去/完"等。对应过于复杂，听障学生的出错率还是相当高的。

第四类汉语虚词在手语实际运用中很少或几乎没有对应。比如"的""地""得"以及口语儿化音标志"儿"、拟声词等。"的""地""得"在《中国手语》中有对应词汇，但在日常生活中很少被使用，除非在教学环境中，或者刻意提醒对方注意这些助词。这一点与介词、连词的文法手语在实际生活也会被运用不同。作为口语儿化音标志的助词"儿"听障学生由于听力问题感知不到，手语中不用，汉语也多会遗漏。拟声词因为听不到声音，听障学生在手语和汉语中都几乎不使用，本语料中为零。

三、基于语料库的母语为手语的高中听力障碍学生书面汉语"语序"偏误

（一）母语为手语的高中听力障碍学生书面汉语语序偏误的表现

聋生的汉语语序表现较为多样。定语、状语、宾语、补语都至少有三种语序：汉语正常语序、偏误前置、偏误后置。此处的"前置""后置"是指和正确的位置相比，放在了更靠前或者更靠后的错误位置。以定语为例，汉语的正常语序是定语在中心语之前。聋生定语语序偏误的第一种情况是"定语后置"，即定语出现在紧邻中心语的后面，如"我选择专业美术"；第二种是"定语前置"，即定语虽然在中心语的前面，但并不紧邻中心语，而在述语之前了，如"去一件做事"。

高中听力障碍学生"语序偏误"存在 12 种类型：定语后置、定语前置、状语后置、状语前置、宾语后置、宾语前置、补语后置、补语前置、谓语前置、状语顺序、定语顺序、其他。其中最为突出的是定语后置（21.61%）、状语后置（15.16%）、谓语前置（12.26%）、宾语前置（10.32%）（见表1）。

表 1

排序	语序偏误类型	数量（处）	比例	例句
1	定语后置	67	21.61%	我决定选择专业美术
2	状语后置	47	15.16%	我训练用自己的方式
3	谓语前置	38	12.26%	是值得的这份快乐
4	宾语前置	32	10.32%	给我们例题讲
5	状语前置	23	7.42%	我已经心很平静了
6	定语前置	16	5.16%	去一件做事
7	状语顺序	11	3.55%	他给我亲自剪头
8	补语前置	9	2.9%	要三遍洗就行

续表

排序	语序偏误类型	数量（处）	比例	例句
9	宾语后置	6	1.94%	我来拿着东西
10	定语顺序	4	1.29%	享受着美好的一切事物
11	补语后置	2	0.65%	坚持学美术三年
12	其他	55	17.74%	气死了我呀
	合计	310	100%	

（二）母语为手语的高中听力障碍学生书面汉语语序偏误原因分析

针对自然手语，有研究者"通过对选取的 300 句手语句子进行句子成分分析，发现聋人手语句子存在多种结构。从句子成分的角度看，聋人自然手语句子具有主语、谓语、宾语、定语、状语、补语六大成分"❶，和汉语是一致的。但其语序与汉语并不一致。

语序是汉语一种重要的语法手段，语序相对固定，而手语语序非常灵活。口语的一个重要特点是线条性。单词彼此相随，靠词语的排序表达语法意义。手语作为一种视觉模块的语言，其在语序方面与有声语言有很大不同。手语有两个可用的、相同的发音器官——两只手，再加上非手控特征，一个手势可以和另一个手势同时产生，具有同时性的特点。❷ 比如表达去做一件事，可能有三种打法，第一种是文法手语"去/做/一/件/事"。还有两种自然手语的打法："去/做/事/一"，"去/一/做/事"。正好和听力障碍学生汉语的三种表达相对应，第一种对应的是正确的汉语语序表达，第二种对应的是定语后置，第三种对应的是定语前置。这表明母语为手语的高中聋生汉语语序偏误在一定程度上受到手语语序特点的影响。

听障生汉语偏误率较高的几种语序偏误"宾语前置""定语后置""状语后置"某些情况下和手语语序一致。就句子主要成分来说，"中国手语的简单小句大多是 SOV 或者 OSV 顺序，与汉语口语有所不同。"❸ 即"宾语前置"。在聋校教学中，SVO 顺序被反复强调，但是，到了高中依然有学生把宾语提前，而且比例并不低，达到所有语序偏误问题的 10.32%。写出诸如"老师给我们例题讲。（SOV）""为难我感到。（OSV）"这样的

---

❶ 毛赛群.西安聋人自然手语句法研究［D］.陕西师范大学硕士学位论文，2015：44.

❷ 吕会华，王红英，巩卓.国内外手语语序研究综述［J］.中州大学学报，2014（6）：73.

❸ 吕会华.中国手语和汉语句法比较———以两类简单句和关系从句为例［J］.北京联合大学学报，2017（1）：24.

句子。其中的因素可能是多方面的，而手语或者说手语思维的影响应该是非常大的一个因素。就修饰语位置来说，"定语状语一般都具有放在中心语的前面用来修饰或限定中心词的特性。聋人有时为了强调这种特性总是把它放到后面"❶。比如汉语"美术专业"手语为强调可打为"专业美术"，汉语"用自己的方式训练"手语为强调可打成"训练用自己的方式"。若按照手语的语序书写汉语，就会写出"我决定选择专业美术"，"我训练用自己的方式"这样的句子。

"前置"偏误与手语表达重点的习惯有一定关联。中国手语"将语言中最重要的信息．焦点信息、新信息最先呈现出来"❷。比如汉语中"这份快乐是值得的"若想要强调"值得"，手语会表达为"值得/这快乐"，若受手语影响写成"是值得的这份快乐"，就形成了"谓语前置"。相应地，"状语前置""我已经心很平静了"强调了结果"已经"；"定语前置""去一件做事"强调做这"一件"事；"补语前置""要三遍洗就行"强调的是洗的次数是"三遍"。

四、基于语料库母语为手语的高中听力障碍学生书面汉语句子成分残缺或赘余

（一）母语为手语的高中听力障碍学生书面汉语句子"成分残缺或赘余"的偏误表现

高中听力障碍学生"句子成分残缺或赘余"共 747 处，成分残缺 592 处，占总数的 79.25%；成分赘余 155 处，占总数的 20.75%。成分残缺偏误明显多于成分赘余偏误。

句子成分残缺中，最突出的两项为述语成分残缺（161/27.2%）和主语成分残缺（155/26.18%）（见表 2）。主谓宾三个主要成分中，主语和述语（谓语）残缺远远多于宾语残缺。其中，述语残缺中有几类情况较为集中：抽象动词（71/44.1%）、成分一体（25/15.53%）、语境省略（9/5.59%）等。其中，抽象动词残缺问题最突出，共 71 处，占所有述语残缺的 44.1%。包括残缺动词"是"21 处、残缺动词"有"14 处、其他抽象动词如"产生""感觉""保持"等残缺 35 处。

成分赘余中相对突出的为中心语赘余（57/36.77%）和述语赘余（44/28.39%）（见表 3）。

---

❶ 林水英．浅论手语对聋生学习汉语的影响 [J]．现代特殊教育，2007（1）：22.
❷ 倪兰．手语动词调查报告 [J]．中国特殊教育，2013（7）：46.

表2

排序	偏误类型	数量（处）	比例	例句
1	述语残缺	161	27.2%	盘子上（摆着）好多的地瓜。它向墙（冲去）被撞坏了。没把肉（放）进饺子皮里
2	主语残缺	155	26.18%	老人坐椅子旁边时，（站着的人）不高兴地看坐椅子的人
3	中心语残缺	74	12.5%	阴沉的天空中有无数亮晶晶（的星星）
4	定语残缺	56	9.46%	我看了《志气》（这部）电影
5	宾语残缺	54	9.12%	她天天帮助我们解决（问题）
6	状语残缺	42	7.09%	到处（都）有花草树木
7	补语残缺	40	6.76%	我思考了（一下），点点头
8	谓语残缺	10	1.69%	我会照他的话（去做）
	总计	592	100%	

表3

排序	偏误类型	数量（处）	比例	例句
1	中心语赘余	57	36.77%	在美国为什么要过感恩节（＋的日子）
2	述语赘余	44	28.39%	电视确实没有字幕，每年都（＋有）一样
3	主语赘余	15	9.68%	（＋你）记得你和我第一次见面时，我一眼就喜欢你
4	定语赘余	13	8.39%	（＋柳树的）柳枝轻轻地招摆
5	宾语赘余	9	5.8%	我班以为男生被老师叫（＋他）去做事情
6	状语赘余	9	5.8%	我（＋心里）看到世界不公
7	补语赘余	5	3.23%	"乐"一直跟随我（＋一生）
8	谓语赘余	3	1.94%	我想要出去玩，还有要晾衣服（＋很方便）
	总计	155	100%	

（二）母语为手语的高中听力障碍学生书面汉语句子成分残缺或赘余原因分析

"'省略'是聋人手语中另一常见的独特语法现象，手语中句子成分的省略从视觉上看，主要是为提高手语沟通效率。"❶ "聋人手语句子中省略主语的现象十分常见。""聋人自然手语句子中还存在省略宾语的情况，但

---

❶ 毛赛群．西安聋人自然手语句法研究［D］．陕西师范大学硕士学位论文，2015：13.

相对于省略主语和省略谓语来说，省略宾语的情况较为少见。"❶ 这与听障学生汉语句子偏误中的省略情况相似。

就述语成分残缺来说，述语是汉语句子中不可或缺的成分，而述语成分残缺在听障学生的句子成分残缺中却最为突出。

第一种情况，"是""有""感觉"等抽象动词的残缺。这些动词不是具体的可视动词，在手语中不好表达也无需表达。例如，"中国手语中……常常省略表示判断和诠释意义的谓语'是'，一般语序为 SO 。"❷"它/汽车/极快"就可以表达汉语"它是极快的汽车"的意思。类似的，手语"我/缺点/好多"就可以表达汉语"我身上有好多的缺点"的意思，不需要出现"有"；手语"微笑/灿烂"就可以表达汉语"露出灿烂的微笑"的意思。

第二种情况，从汉语角度来看是其他成分如宾语、补语、状语等代替了述语，从手语角度看则是成分一体。手语"可以将汉语中的动词和宾语、主语和动词结合在一起，甚至所有的句子成分都在一个手势中出现，这是由它的空间特性所决定的"❸。比如"画油画"和"油画""打篮球"和"篮球"等都是用画油画或打篮球的动作表示。"把肉放进饺子皮里"只需一个手语动作就可表达：左手表示饺子皮，右手拿肉进入到左手中。"我仔细观察小草"先打"小草"，再反复打"仔细"，同时用目光的注视表示"观察"。上述句子中，宾语"油画"、补语"进"、状语"仔细"运用了相应的手语词汇，而述语却没有独立的手势："画"是用人的姿态表示的、"放"是和结果补语用同一个动作表示的，"观察"是用人的目光表示的。若受到手语思维的影响，汉语表达时，独立的手语词汇容易被保留，而非独立部分则容易忽略，就出现了如下一些偏误："我不会油画""把肉进饺子皮里""我仔细小草"等。

第三种情况，语境省略。前句交待了"婆婆强迫她再去结婚"，后句手语中只表达"新/老公/一个"即可。省略"嫁"这个动词。手语中"嫁""娶""结婚"都是同一个词，省略也可避免同一词汇的反复出现。"老师带我们（去）负一楼烹饪教室"中"带我们去"是同一个手势动作。手语四要素中包括手形、方向、运动、位置。其中，手形打的是"带"，通过方向、运动、位置的变化表示"去"。汉语书写时，手形信息

---

❶ 毛赛群. 西安聋人自然手语句法研究［D］. 陕西师范大学硕士学位论文，2015：51–52.
❷ 陈亚秋. 北京地区自然手势语序特点的调查研究［J］. 中国特殊教育，2006（4）：27.
❸ 倪兰. 手语动词调查报告［J］. 中国特殊教育，2013（7）：46.

容易保留，而其他信息容易忽略。

就主语成分残缺来说，在自然手语中，"眼神注视和身体转动可以叙述不同人物……聋人以眼睛注视方向、身体不同的转动表示各种人物，是对空间层次分布的合理使用"，如果"只关注手语手上的动作你就会觉得聋人手语省略了很多信息❶。比如"老人坐椅子旁边时，（站着的人）不高兴地看坐椅子的人"。这个句子应有三方人物：老人、坐椅子的人和站着的人。手语中老人和坐椅子的人需要打出来，而"站着的人"不必打出手语，可以手扶公交吊环的身体姿态来表达。若受手语影响，有手语词汇的部分容易保留而其他部分容易忽略。还有一种省略情况是主语隐含在手语动作中不需要刻意说明，比如手语中没有抽象的"照"，只有手电筒的照、阳光的照、照镜子的照、照相的照，等等。手语中"阳光照"是一个动作，所以聋人汉语很容易丢掉了主语，写成"（阳光）把内蒙古照得更加美丽"。

汉语成分赘余的表述在手语中也是存在的。其中一种情况是重复表示强调。口语中可以通过口气轻重表示强调，手语中除了力度表示外，还可以通过同义内容的重复加以强化。比如"在美国为什么要过感恩节"作为汉语已经表达清楚，手语中要强调"感恩节"就会在后面加上"日子"，意思为"为什么要过感恩节这个节日呢？"受其影响可能写出"在美国为什么要过感恩节的日子"这样的语句。"乐一直跟随我"表达已经完整，但是要加以强调，就写成"乐一直跟随我一生"，表示乐一直跟随我从我出生开始到生命结束。另外一种情况承前省略主语，两个话题紧缩在一个句子中。比如汉语"我想要出去玩，还有要晾衣服（＋很方便）"实际上表达的是"我想要出去玩，但是还要晾衣服。不过，晾衣服很简单"。

五、对教学的启示

（一）应在聋校开设汉语语法专题课程

目前学术界已经认可对一部分听障学生（母语为手语的听障学生）而言，汉语相当于第二语言学习。并且从语料库数据可见，高中听力障碍学生的汉语语法偏误问题不但依然存在，而且还比较严重。但是目前聋校教学无论是教材还是教法基本参照普校。普校学生汉语为母语，提倡"淡化语法"，合情合理。聋校学生汉语为第二语言，同样淡化语法，教材不涉及语法，也没有专门的语法课。这显然不能满足聋生汉语言学习的需要。

---

❶ 刘卿. 聋人自然手语中非手控特征研究［J］. 语言文学研究，2014（28）：45.

（二）应在聋校开设手语汉语互译课程

通过本文的分析可见，对于母语为手语的听障学生，其汉语受到手语极深的影响。他们并不懂得手语是不能直接写成汉语的。教学就有这样的情况，听障学生看到自己写的汉语，打了一遍手语，觉得很顺畅没有出错。若有一门手语汉语互译课程，教给学生手语和汉语不同的语法规则，告诉他们语言互相转化的基本规则，这对听障学生无疑会有非常大的帮助。这样的课程已有学者做了尝试，并且取得非常好的效果，"该课程能使聋生具备区分两种不同语言的能力，帮助他们正确地写出符合汉语语法规则的汉语句子，从而在一定程度上有助于解决聋校汉语教学多年来的难题"❶。

（三）聋校教师应在研究中加强对汉语语法和听力障碍学生语法习得的认识

语言教学一直是聋校教学的核心问题，但成效并不显著。传统教法是强调让学生多读多写，只给学生一句句修改语病，但并不会引导学生如何读如何写，不会从学生的语句表达中诊断其语法能力与主要问题。聋校教师所欠缺的不仅是对听力障碍学生语法习得规律的认识，还包括汉语语法使用规律的认识。正是在对听力障碍学生汉语句子进行偏误标注中，教师们逐渐成长，以前看到的句子是一句一句的，现在看到的是一类一类的，能看到句子背后的特点和规律。聋校教师的这种能力仅凭几次讲座难以习得，应该在长期对听力障碍学生的语言进行分析的过程中获得。

参考文献

[1] 梁丹丹，王玉珍.聋生习得汉语形容词程度范畴的偏误分析——兼论汉语作为聋生第二语言的教学［J］.中国特殊教育，2007（2）.

[2] 任媛媛.聋人学生汉语书面语语法研究综述［J］.中国特殊教育，2011（3）.

[3] 吕会华，吴铃，张会文.聋人汉语书面语语料库建设研究［J］.中国特殊教育，2010.

[4] 刘永萍.聋人手语在听力残疾人语言学习中的地位［D］.江西师范大学硕士论文，2004.

[5] 周小兵，等.外国人学汉语语法偏误研究［M］.北京：北京语言大学出版社，2007.

---

❶ 郑璇，袁小勤.聋校开设"手语汉语互译"课程的研究与实践［J］.中国特殊教育，2012（5）：33.

［6］吕会华．第二语言习得理论与聋人汉语教学［J］．毕节学院学报，2014（3）.

［7］刘卿．聋人自然手语中非手控特征研究［J］．语言文学研究，2014（28）.

［8］国华．美国手语语言学研究概述［J］．现代特殊教育，2006（11）.

［9］刘鸿宇．上海手语动词的"体"语法范畴研究［J］．中国特殊教育，2015（5）.

［10］毛赛群．西安聋人自然手语句法研究［D］．陕西师范大学硕士学位论文，2015.

［11］吕会华，王红英，巩卓．国内外手语语序研究综述［J］．中州大学学报，2014（6）.

［12］吕会华．中国手语和汉语句法比较———以两类简单句和关系从句为例［J］．北京联合大学学报，2017（1）.

［13］林水英．浅论手语对聋生学习汉语的影响［J］．现代特殊教育，2007（1）.

［14］倪兰．手语动词调查报告［J］．中国特殊教育，2013（7）.

［15］陈亚秋．北京地区自然手势语序特点的调查研究［J］．中国特殊教育，2006（4）.

［16］郑璇，袁小勤．聋校开设"手语汉语互译"课程的研究与实践［J］．中国特殊教育，2012（5）.

基于语料库的母语为手语的高中听力障碍学生"是"字句偏误分析

卢雪飞　王玉玲

一、引言

（一）选题缘由与研究价值

"是"字句是现代汉语中特殊的动词谓语句，通过对北京启喑实验学校"针对高中听力障碍学生的汉语语法教学策略研究"课题组创建的"听障生汉语中介语语料库"进行检索统计，发现听力障碍学生特殊句式中，"是"字句使用频率最高，但正确率没有超过50%，使用中仍然存在较多的问题。

目前对外汉语研究中二语者"是"字句的偏误分析研究不少，但对听障生书面汉语"是"字句进行偏误分析的却没有。为提高聋校语文教学中语言教学的针对性、有效性，提高聋生正确运用"是"字句的水平，有必要对"听障生汉语中介语语料库"中"是"字句进行偏误研究。

（二）研究综述

非听障的二语学习者"是"字句研究如下：张丹就母语为英语的汉语学习者习得"是"字句进行偏误分析，将偏误分为遗漏偏误、误加偏误、"是"字句的误用、语序偏误、"S＋是＋O"中"S"和"O"关系的不对应五大类；❶ 钮萌、钱恒就母语为韩语的汉语学习者习得"是"字句进行偏误分析，针对"主语＋是＋名词性词语""的字短语＋是＋……""主语＋是＋动/形、小句""主语＋是＋形容词（短语）＋的""主语＋是＋动词（短语）＋的"五种基本句型进行归类分析；❷ 刘艳娇、王静基于"HSK 动态作文语料库"对"是"字句习得情况进行考察，不区分汉语学习者的母语背景，将"是"字句偏误分为三大类：该用而未用、不该用而

---

❶ 张丹. 以英语为母语的汉语学习者习得"是"字句的偏误分析［D］. 湖南大学硕士学位论文，2013：8－22.

❷ 钮萌，钱恒. 高级水平韩国留学生"是"字句习得研究［J］. 华章，2013（13）：191－192.

用、内部偏误。她既考察二语者"是"字句的偏误情况，又关注到其正确使用情况。❶ 基于大量数据的统计分类分析，得出"是"字句偏误原因为四方面："是"字句本身特点的制约；目的语规则泛化；难易度和相似度的影响；教材编排方面的不足。

上述论文结合各自研究提出相应的教学策略。大多数策略比较宏观，刘艳娇、王静的较为具体，分别是：加强"是"字句主宾语语义关系的教学；明确"是 + 谓词性结构"的使用条件；注意句式的区分。❷

二、母语为手语听力障碍学生"是"字句偏误类型及统计分析

"听障生汉语中介语语料库"中"是"字句共 127 句，偏误句 72 句，偏误率 56.69%；正确句 55 句，正确率 43.31%。研究发现母语为手语听障生"是"字句偏误为三类：该用而未用、不该用而用、"是"字句内部偏误。偏误比例从大到小分别是：不该用而用（29 处/40.27 %） > 内部偏误（24 处/33.33%） > 该用而未用（19 处/ 26.39%）。

（一）该用而未用——少"是"

这种偏误指句中该用动词"是"而未用的情况。此类偏误句共 19 句，占全部偏误的 26.39%。

（1）祥林嫂（ ）满怀着对幸福生活的向往的人。

（2）这句（ ）真理。

"是"的基本意思是表示肯定、判断。例（1）是专有名词"祥林嫂"做主语，对"祥林嫂"是怎样的人做判断用"是"字句最恰当。例（2）是代词做主语，对"这句（话）"的性质做判断用"是"字句最恰当。此类偏误在括号内加上"是"就是正确的"是"字句。

（二）不该用而用——多"是"和误用"是"

这种偏误指句中不该用动词"是"而用了的情形。该类偏误共 29 句，占全部偏误的 40.27%。该类下面分 2 小类：多"是"和误用。偏误比例多"是"（25 处/86.20%） >误用（4 处/13.80%）。

1. 多"是"

此类偏误指句中单纯多"是"，只要去掉"是"及个别词语就成为正确

---

❶ 张宝林，等. 基于语料库的外国人汉语句式习得研究［M］. 北京：中国古籍出版社，2014：264 - 287.

❷ 张宝林，等. 基于语料库的外国人汉语句式习得研究［M］. 北京：中国古籍出版社，2014：286.

的句子。这种偏误句共 25 句，占此类偏误的 89.29%。

(3) 人生清单<u>是</u>使人充满了希望。

(4) 我<u>是</u>个体力不行。

(5) 真是比任何人都<u>是</u>最美。

(6) 处处都<u>是</u>有 WiFi。

(7) 我来自<u>是</u>内蒙古通辽。

例（3）是兼语句中多"是"。例（4）是主谓谓语句中多"是"，是字句"我是个体力不行的人"可以说明"我"的特点，但不太符合汉语表达习惯，而主谓谓语句"我体力不行"读起来更符合汉语语感和表达习惯。例（5）是"比"字句中多"是"，且多了程度副词"最"。例（6）是"有"字句中多"是"，也可以认为是"是……的"句缺少了"的"。例（7）是一般谓语句多"是"。

多"是"偏误句中较突出的是形容词谓语句误用为"是"字句，这类偏误句共 10 句，占多"是"偏误的 40%，占不该用而用的 34.48%。

(8) 她的表情<u>是</u>好玩。

(9) 我感觉 3 分不<u>是</u>高。

(10) 认为自<u>是</u>不够优秀。

单看例（8），发现这个句子语法没问题，但根据上下文语境"我记得那一天我故意地跟她开玩笑，她脸色立刻不高兴，让我乐死了，她的表情是好玩"可知，这里不是要肯定前边的话，用"是"字句不恰当，因此例（8）属于形容词谓语句误用为"是"字句。形容词谓语句通常用来描写，刘月华等特意强调汉语的形容词可以直接作谓语，前面不用"是"或其他动词❶。例（8）将"是"改为程度副词"很"，"她的表情很好玩"即可。例（9）和例（10）都是主谓短语作宾语，但主谓短语中的谓语都是形容词充当的，去掉"是"，改成"3 分不高""自己不够优秀"就正确了。

2. 误用"是"

此类偏误指该用其他动词而误用了"是"，这类偏误共 4 句，占此类偏误的 13.80%。

---

❶ 刘月华，潘文娱，等. 实用现代汉语语法增订本［M］. 北京：商务印书馆，2002：660.

（11）爸爸带我看菜，问我晚饭<u>是</u>什么，想吃什么。

（12）因为我喜欢吃的美味佳肴，所以我<u>是</u>烹饪班。

例（11）用"是"替代"吃"虽然也能成立，但不符合原句语境，爸爸不是想问我晚饭是什么，而是晚饭想吃什么，所以动词"是"应改为"吃"；例（12）把"我"和"烹饪班"视为同一关系不合逻辑，"是"应改为"上"。

（三）"是"字句内部偏误

"是"字句内部偏误是从"句法成分"角度分析的，目的是考察每个句法成分涉及的偏误类型。

此类偏误指在具体语境中应用"是"字句，实际也用了，但句中存在错误的偏误现象。这类偏误句共24句，占全部偏误的33.33%。根据错误出现位置与性质的不同分为三类：主语偏误、宾语偏误、其他。偏误比例从大到小分别是：主语偏误（13处/54.17%）>宾语偏误（11处/45.83%）。

1. 主语偏误

此类偏误指"是"字句的主语存在错误，共13句，占"是"字句内部偏误的54.17%。主语偏误又分三小类：主语残缺偏误6句、"的"字短语做主语偏误4句、主语宾语不搭配偏误3句。

（13）（　）更是一种责任。

（14）所以受北面影响最大（　）是德国文化。

（15）我最想握手（　）是鲁迅。

研究发现主语残缺中有6句都是缺少代词主语：这、你、它等。如例（13）是主语本身残缺，缺少代词"这"，应改为"这更是一种责任"。例（14）应由"的"字短语"受北面影响最大的"做主语，但"的"缺失了，因而造成了偏误。例（15）是主语中心语偏误，表现为主语和宾语不搭配，即"握手"和"鲁迅"之间不存在同一或类属关系。主语只有起限制作用的定语"握手"，缺少中心语"（的）人"。

2. 宾语偏误

此类偏误指"是"字句的宾语存在错误，共11句，占"是"字句内部偏误的45.83%。宾语偏误又分三小类：主语与宾语不搭配6句、"的"字短语作宾语偏误2句、宾语词序偏误3句。

（16）这本书也算是一本激励的故事（　）。

（17）为什么开婴儿用品店？不是钱多吗？

（18）可能不是统一（ ）吧。

（19）我津津有味看语文书，是《乡愁》的诗歌。

例（16）属于宾语中心语残缺，句中的数量短语"一本"决定修饰语之后必有"书"之类的中心语。例（17）属于名词误用作动词，应将名词"钱"改为动词短语"挣钱"。例（18）应用"的"字短语作宾语，将动词"统一"变成名词短语"统一的"。例（19）属于语序颠倒，应改为"诗歌《乡愁》"。

3. "的"字短语偏误造成的主、宾语偏误

值得注意的是"的"字短语偏误造成的主、宾语偏误句，这类偏误共6句，占"是"字句内部偏误的24%。其中，"的"字短语做主语的偏误4句，占主语偏误的30.76%，"的"字短语做宾语的偏误2句，占宾语偏误的18.18%。如"但是换来（ ）便是老师不合格"就是"的"字短语偏误引起的主语偏误；"可能不是统一（ ）吧"就是"的"字短语偏误引起的宾语偏误。

三、"是"字句偏误原因探析

（一）"是"字句本身特点的制约

"是"字句主、宾间的语义关系有5类：等同或归类；描写（性格、特征等）、说明（时间、处所、衣着等）；说明、解释（原因、目的等）；表存在；比喻。其中"等同或归类"对主、宾语要求较为严格，主语和宾语得是同一或类属关系。听障生"是"字句内部偏误中主、宾语不搭配突出表现在等同或归类上，这类偏误共6句，占"是"字句内部偏误的25%。如"这本书也算是一本激励的故事"中，主语"书"与宾语"故事"不存在类属关系，可能听障生尚未掌握"书""故事书"之间的类属关系从而造成偏误。将主语"这本书"改为"这个故事"，数量短语"一本"改为"一个"，即"这个故事也算是一个激励的故事"或将宾语"故事"改为"故事书"，即"这本书也算是一本激励的故事书"就不是偏误了。

（二）母语（自然手语）负迁移

自然手语常常省略表判断的"是"，经常打"是"表示强调，根据语境省略主语❶，这种表达的习惯迁移到汉语书面语中，容易造成以下三种偏误：缺"是"、多"是"、主语缺失。"听障生汉语中介语语料库"这三

---

❶ 陈亚秋. 北京地区自然手势语序特点的调查研究［J］. 中国特殊教育, 2006（4）：30.

种类型偏误共50句，占"是"字句偏误的69.44%。

缺少判断动词"是"的偏误句共 19 句，占"是"字句偏误的26.39%。"中国手语在动宾谓语句常常省略表示判断和诠释意义的谓语'是'，一般语序为 SO 。"❶ 自然手语"我 + 聋人"，意思是"我是聋人"，写成书面汉语就是"我聋人"，是典型的听障学生缺少"是"的语法偏误句。类似的汉语句子还有"祥林嫂满怀着对幸福生活的向往的人""这句真理"，由此推论"是"字缺失有手语负迁移的影响。

多"是"的偏误句共 25 句，占"是"字句偏误的34.72%。聋人打手语句子"回家/我/是"，意思是"我回家"❷，用书面汉语表达就会写成"我是回家"。和聋人做访谈，得知他们日常手语交流中会用"是 + 肯定的面部表情"表强调。他们打手语句子"我/出生/北京/是"是为了强调出生地"北京"，意思是"我出生在北京"；受手语影响，他们会写出"我出生是在北京"这样的句子。相应地，"我来自是内蒙古通辽"等汉语句子，也多受到手语思维的影响，多加了一个"是"字，表示强调。

研究发现"自然手语在一段叙述中如果有一个比较固定的主语，为了避免这个主语反复出现，在叙述中这个主语出现一两次之后就会省略"❸，而且"手语通常省略代词而用眼光和手移动的方向来表示"❹。手语交流有主语或代词做主语时省略的习惯。听障生"是"字句缺主语的偏误句共 6 句，而且缺的都是"代词"，占主语偏误的46.15%，占"是"字句内部偏误的24%。语料库中"白雪，你去哪儿啊，我为何总是想念你。是我的狗儿"中第二句省略了做主语的代词"你"，从而产生"是"字句偏误。

（三） 听障生其他语法掌握不佳的影响。

1."的"字短语

听障生"的"字短语偏误造成"是"字句主、宾语偏误的共6句，占"是"字句内部偏误的24%。"HSK 动态作文语料库"中"是"字句偏误分析研究也发现"主宾语中心语的偏误与'的字短语'有很大关系"❺。

此类偏误率较高一方面由于"的"字短语属于类标记的语法点，难学。Chomsky 在他的语言理论中提出"核心规则是无标记的，它们受普遍

---

❶ 陈亚秋. 北京地区自然手势语序特点的调查研究［J］. 中国特殊教育，2006（4）：27.

❷ 梅次开. 梅次开聋教育文集［M］. 上海：学林出版社，2000：215.

❸ 陈亚秋. 北京地区自然手势语序特点的调查研究［J］. 中国特殊教育，2006（4）：29.

❹ 杨军辉. 中国手语和汉语双语教育初探［J］. 中国特殊教育，2002（1）：25.

❺ 张宝林，等. 基于语料库的外国人汉语句式习得研究［M］. 北京：中国古籍出版，2014：277.

语法制约，容易习得。而外围规则是有标记的，它们不受普遍语法制约，只能慢慢习得"❶；另一方面可能和手语有关。2003 年的《中国手语》（修订版）中有手势动词"的（地、得）"，但听障生实际生活中的手语交流很少打手势"的"，如"这本书是我的，那本书是她的"会打手势"指近处的书（表示'这'）/我，指远处的书（表示'那'）/她"。日常生活中手势"的"不常用，听障生没有"的"字短语的意识与概念，由此产生较高的"是"字句偏误。

2. 形容词谓语句

听障生多"是"造成形容词谓语句误用为"是"字句的共 10 句，占"是"字句"不该用而用"偏误的 34.48%。"HSK 动态作文语料库"中"是"字句偏误分析研究也发现形容词谓语句误用"是"字句的情况，但没有听障生这么突出。

"在自然手语中，形容词根一般置于句末，很少出现单独作谓语的情况，后头要加点手势动作的频率和力度表示语气和程度。"❷ 自然手语"小李/力气/大/是"表达的意思就是"小李力气很大"，手势"是"伴随点头、肯定表情用以强调"大"的程度。语料库中有"她的表情是好玩""我感觉 3 分不是高"的形容词谓语句误用为"是"字句，此类偏误共 10 句，占不该用而用的 34.48%，占"是"字句偏误的 13.89%。

（四）教材和教学方面的不足

教材中语法教学内容不足。聋校义务教育阶段语文教材有语法知识的教学内容，聋校高中语文教材多采用当地普通初三或高中的语文教材，此类教材多为文选型，几乎没有针对听障生语法补偿学习需要而设计语法点内容讲解和练习。但听障生上高中后语言运用仍有较多问题，需要学习相应的语法教材。

语法教学不够系统科学。目前大部分聋校语文教师不教语法而是很重视内容分析，只有极少数具有研究意识的聋校语文教师会根据课文内容特点，通过学前测试先确定每篇课文听障生需要补偿的语法点，再收集语法书相关内容，编写学案、实施课堂讲解，组织学生练习，对听障生进行语言补偿。不过这样的语法补偿教学不够系统、科学，因此不利于听障生科学地、循序渐进地掌握语法点。

---

❶ 周小兵，朱其智，邓晓宁，等．外国人学汉语语法偏误研究［M］．北京：北京语言大学出版社，2007：367.

❷ 卢苇，袁芯．浅谈自然手语比较句的句法特征［J］．语言文学研究，2014（35）：27.

四、对教学的启示

(一) 加强"是"字句主宾语语义关系的教学

"是"字句主、宾语语义关系是"等同或归类"时要求严格,听障生"是"字句内部偏误中主、宾语不搭配较多。首先使听障生明了"是"字句主宾语语义关系包括前文所述的 5 类,其次在教授词汇时要重视概念间"类属"关系的阐释,使听障生准确理解类似"科学家""居里夫人""袁隆平"等概念间的类属关系。听障生不仅要掌握"是"字句的外在形式,更要理解主、宾语间的逻辑关系。

(二) 教授自然手语和"是"字句的转化规则

从前文可见,自然手语对聋生"是"字句习得有较大的影响。自然手语是一种独立的语言,"具有不同于汉语的语法特征与语序规则"❶,它与书面汉语的转化不是一一对应的,要通过教学使听障生明确"是"字句的适用范围,知道何时必须加"是",何时不能加"是"。即手语表示判断、同一或类属关系时,落到书面汉语时一定要加"是";手语中强调句在转译为书面汉语时,要有意识地去掉"是"。

(三) 科学安排教学顺序,注意句式的区分

根据语料库统计分析,代词做主语的"是"字句缺主语偏误、形容词谓语句误用为"是"字句偏误、"的"字短语做主语、宾语的"是"字句偏误较高,建议强化代词作主语的"是"字句教学。注意区分形容词谓语句和"是"字句的不同用处,使听障生明确如果表示肯定、判断时要用"是"字句,若描写状态或变化时必须用形容词谓语句。"的"字短语在"是"字句前教学,使学生能识别"的"字短语、会用"的"字短语。

参考文献

[1] 张丹. 以英语为母语的汉语学习者习得"是"字句的偏误分析 [D]. 湖南大学硕士学位论文, 2013.

[2] 钮萌, 钱恒. 高级水平韩国留学生"是"字句习得研究 [J]. 华章, 2013 (13).

[3] 张宝林, 等. 基于语料库的外国人汉语句式习得研究 [M]. 北京: 中国古籍出版社, 2014.

[4] 刘月华, 潘文娱, 等. 实用现代汉语语法增订本 [M]. 北京: 商务印书馆, 2002.

---

❶ 卢苇, 袁芯. 浅谈自然手语比较句的句法特征 [J]. 语言文学研究, 2014 (35): 26.

［5］陈亚秋．北京地区自然手势语序特点的调查研究［J］．中国特殊教育，2006（4）．

［6］梅次开．梅次开聋教育文集［M］．上海：学林出版社，2000．

［7］杨军辉．中国手语和汉语双语教育初探［J］．中国特殊教育，2002（1）．

［8］周小兵，朱其智，邓晓宁，等．外国人学汉语语法偏误研究［M］．北京：北京语言大学出版社，2007．

［9］卢苇，袁芯．浅谈自然手语比较句的句法特征［J］．语言文学研究，2014（35）．

初中聋生汉语书面语表达特点及影响因素分析

李智玲

一、研究背景

初中阶段的学生正处于身心发展关键期，他们思想活跃、需求增多，他们苛求理解得更多，也苛求被理解得更多。但初中聋生由于听力障碍，导致他们在语言发展上存在很大障碍，尤其是书面语言能力的发展，以至于他们的理解能力相对滞后，常常不能充分地表达自己的真实意思，在课程学习、人际交往等方面遇到很大的阻碍。著名的聋教育专家季佩玉先生2004 年对聋生进行的口语、手语和书面语的学习和使用情况的微型调查结果表明，大多数聋生认为书面语在社会交往中非常重要❶，同时季佩玉先生也认为，语言文字能力是聋学生社会性发展的重要素质之一❷。可以说，书面语是聋生语言思维的文字载体，所以，聋生要发展，要在将来良好地步入社会，就必须提高他们的书面语言能力。

所谓书面语言，就是用文字写下来的语言，它是在口语的基础上形成的。一般来说，书面语比口语易于加工，因此更精确、严密❸。

二、研究对象

本研究以北京启喑实验学校初中段学生为研究对象，共 47 人，其中，男生 24 人，女生 23 人，年龄范围为 13 ~ 19 岁，具体情况见表 1、表 2 和表 3。

表 1

	男生	女生	初一	初二	初三	北京生源	外地生源	城市来源	农村来源	先天致聋	后天致聋
人数（人）	24	23	15	14	18	23	24	18	29	23	24

---

❶ 倪卫东. 聋生书面语省略现象的调查和分析 [J]. 语文教学通讯, 2011 (3)：56 - 58.
❷ 季佩玉，黄昭鸣. 聋校语文教学法 [M]. 上海：华东师范大学出版社, 2006：7.
❸ 戴艳琪. 汉语口语与书面语的差异及其教学 [D]. 厦门大学硕士论文, 2008：1 - 2.

表2

	13 岁	14 岁	15 岁	16 岁	17 岁	18 岁	19 岁
人数 （人）	1	7	5	15	11	7	1

表3

	0 岁	0~3 岁	3~6 岁	6 岁以上
人数 （人）	23	16	6	2

三、研究方法

本研究采用作品分析法和问卷调查法。通过作品分析，了解初中聋生书面语表达的特点。通过问卷调查，了解初中聋生的基本信息，影响他们书面语言表达的内外因素以及教师对每个学生的书面语表达总体满意度评价。

四、初中聋生书面语言表达特点

已有研究表明（刘德华，2002[1]；黄红燕，2004[2]；董振扬，2009[3]），聋生在书面语表达中出现很多问题，如动词运用不当、语序错误、重点词提前等。本研究通过对初中聋生的书面语作品进行研究分析，验证了已有研究，发现初中聋生的书面语言表达主要存在以下特点。

（一）成分残缺

主要表现为完成的句子缺少主语、谓语、宾语或者状语等，其中缺少主语或者谓语的情况更多。

例：进了门，从书包里拿出书来。（缺少主语。谁进了门？）

我特别田老师。（缺少谓语，特别什么田老师？喜欢？讨厌？……）

妈妈说："你是不是姥姥和姥爷了？"（缺少谓语。怎么样姥姥和姥爷了？）

---

❶ 刘德华. 聋生书面语中动词及相关成分的异常运用［J］. 中国特殊教育，2002（2）：43－46.

❷ 黄红燕. 关于聋生书面语技能的培养及训练［J］. 中国特殊教育，2004（4）：26－29.

❸ 董振扬. 新课程背景下聋校语文教学设计的研究与实践［D］. 华中师范大学硕士学位论文，2009：2－4.

（二）语序颠倒

主要表现为词语字序颠倒、句子成分颠倒等。

例：舞跳。（应该是"跳舞"。）

我一共<u>六天练跑了</u>。（应该是"我一共练跑六天了"。）

妈妈生气了<u>发火对我</u>。（应该是"妈妈生气了对我发火"。）

我觉得<u>玩太好了</u>。（应该是"我觉得太好玩了"。）

我看到娜娜<u>生气对自己的妈妈</u>。（应该是"我看到娜娜对自己的妈妈生气"。）

我把<u>自己的捡到铃铛</u>给大羊和小羊戴在脖子上。（应该是"我把自己捡到的铃铛给大羊和小羊戴在脖子上"。）

（三）搭配不当

主要表现为主语谓语搭配不当、动宾搭配不当、定状补语和中心语搭配不当等。

例：一<u>件</u>风筝（可以说"一只"或者"一架"风筝。）

姥姥三年没回来北京，在舅妈家里<u>喂养</u>小宝宝。（一般说"喂养小动物"，应该是"照顾小宝宝"比较合适。）

我<u>闻到</u>妈妈和爸爸正在吃饭和看电视。（爸爸看电视也能闻到？应该是"我看到妈妈和爸爸正在吃饭看电视"。）

欣欣<u>安静</u>地对我说："现在外面下雨了啊！"（应该用"平静"比较合适。）

（四）重复表达

主要表现为相同的词反复出现，或者近义词同时出现。

例：我拿<u>风筝</u>到大操场上放<u>风筝</u>。（"风筝"出现两次，重复。）

我<u>特别</u>很想你们。（"特别"和"很"是近义词，只用一个即可。）

魁魁捡到了快递，站在街道边等<u>失主的人</u>，等了好长时间，<u>失主的人</u>没来。（"失主"就已经是指"人"了。）

天快黑时，<u>我</u>爸爸和<u>我</u>妈妈回来了，<u>我</u>爸爸说明天我们去看大海。（"我"都可删去。）

（五）词义矛盾

主要表现为反义词用在一起，前后表达的意思矛盾。

例：我回头看到天上有<u>黑乌</u>的<u>白云</u>。（怎么会有"黑乌"的"白云"呢？）

开学了，我<u>来</u>到教室<u>去</u>。（到底是"来"，还是"去"呢？）

二号、四号队员在台上下面。（到底是在"台上面"还是在"台下面"？）

（六）逻辑紊乱

主要表现为时间先后、动作先后、人物关系紊乱等。

例：我<u>一边</u>聊天，<u>一边</u>喝水。（喝水的时候，嘴巴怎么能说话聊天呢？）

上周五我去了欢乐谷，<u>明天</u>，我又去了世界公园。（应该是"第二天"。）

我找语文练习本，<u>写完了作业，我写语文作业</u>。（都已经写完了作业，怎么还写语文作业呢？）

妈妈是一个喜欢我的同学。（应该是"妈妈喜欢我的一个同学"。）

（七）无义词多

主要表现为"的""了""就"这类字随意出现。

例：我<u>的</u>买的有可乐，有饮料，还有饼干。（第一个"的"没什么意义，应去掉。）

今天早上到了教室，我发现王老师不在<u>了</u>，我问同学："王老师去哪里了？"（应该是"我发现王老师不在"。）

她又生气了，我们<u>就</u>烦她。（"就"放在句中，有什么意思呢？）

（八）连接词少

主要表现为前后句缺少连接词或者关联词等。

例：我写完作业了，我吃饭，吃饱了，我去公园，我散步。（可改为"我写作业完了，然后我吃饭，吃饱了后，我去公园散步"。）

站了差不多半小时，我的腿很累，我坚持。（可改为"站了差不多半小时，我的腿很累，但是我坚持"。）

（九）人称不清

主要表现为第一人称、第二人称和第三人称混淆不清，特别是在转述他人语言的句子表达时。

例：我从教室看到初三的同学在操场，<u>你们</u>在打篮球。（应该是"他们"。）

老师对我说你要完成一幅画。（应该是"我"。）

跳舞累了，坐下，队长叫我，笑眯眯的，听话，继续跳舞。（没有明确人称，谁坐下？谁笑眯眯的？谁听话？应该改为"跳舞累了，我坐下，队长叫我，她脸上笑眯眯的，我听她的话，继续跳舞"。）

早晨，老师叫<u>你们</u>起床后，我去洗脸。（应该是"我们"。）

我问魁魁，"你等我多久？"他说："等<u>我</u>一个半小时。"（应该是"你"。）

（十）"把""被"不准

主要表现为主动和被动关系搞不清楚，或者是随意用这两个字。

例：乐乐不小心<u>用</u>球打到小宇的脸上。（"用"改为"把"比较合适。）

我们都想<u>把</u>李老师和黄老师一起给我们上课。（"把"改为"让"比较合适。）

老师<u>被</u>我发现没写作业。（应该是"我被老师发现没写作业"。）

突然，姥姥<u>被</u>发现了我学咀嚼的样子。（应去掉"被"字。）

我<u>把</u>班主任批评了。（应该是"我被班主任批评了"。）

（十一）简单句多

主要表现为简单的主谓宾语组成句子，没有修饰语。

例：我写作业，我写完了，我吃饭，吃饱了，我用纸，画机械，我做机器人。（都是"我……"句型。）

我去大操场，我练跑步，练完了，我休息，过了一会儿，我又去跑十圈，我跑完了，我累坏了，我的腿疼了。（都是"我……"句型。）

大羊妈妈躺在地上休息，它累了，它刚生了，它幸福了。（都是"它……了"句型。）

（十二）错别字多

主要表现为写错字、用别字。

例：我双手很<u>醉</u>。（应该是"很酸"。）

小明总是偷<u>漱</u>。（应该是"偷懒"。）

<u>检</u>钱。（应该是"捡钱"。）

<u>倍</u>着姥姥聊天（应该是"陪着"。）

我去找晶晶一起到大操场上<u>撒</u>步。（应该是"散步"。）

我坐在<u>橙</u>子上。（应该是"凳子"。）

自我<u>价</u>绍。（应该是"介绍"。）

（十三）标点符号问题

例：李老师说和大家一起<u>玩</u>：你来表演我来猜的游戏。（应该是：李老师说和大家一起玩"你来表扬我来猜"的游戏。）

我对他<u>说</u>你玩篮球吗？他说你我<u>一</u>起去打篮球。（应该是：我对他说："你玩篮球吗？"他说："你我一起去打篮球"。）

我把球传给他<u>他</u>投进球。（缺少个"，"应该是"我把球传给他，他投进球"。)

除了上述例句中的标点符号问题，还有一些问题，比如写作文时，作文题目用书名号；逗号、句号用在一行开头；前引号用在一行的结尾；后引号用在一行的开头；一句话结束用了逗号；一篇文章就一个句号等。

五、影响初中聋生书面语言表达能力发展的影响因素

（一）听力因素

本研究表明，听力损失程度与书面语表达能力显著负相关，听力损失程度越重，书面语表达能力越差，相关性为 $r = -0.636$（$P < 0.01$）。

（二）康复因素

本研究表明，康复因素与学生书面语水平显著相关，相关性为 $r = 0.382$（$P < 0.05$）。其中进行过康复的聋生，书面语水平优于没有进行过康复的聋生，康复时间长的聋生，书面语水平优于康复时间短的聋生。

（三）家庭因素

本研究表明，父母文化程度与聋生书面语表达水平不具有明显相关性，但是父母或家人是否跟学生经常交流，对学生的书面语表达相关性 $r = 0.320$（$P < 0.05$）。而且，父母陪伴练习说话与聋生书面语水平自我满意度相关性 $r = 0.577$（$P < 0.01$）。可见，家庭因素对初中聋生书面语表达能力影响比较明显。

（四）口语因素

本研究表明，是否有口语能力，与书面语表达水平显著相关，其相关性为 $r = 0.505$（$P < 0.01$），有口语能力的聋生书面语水平优于无口语能力的聋生；用口语交流的频率与书面语表达水平相关性为 $r = 0.388$（$P < 0.01$），使用口语表达频率越高，书面语表达越好；口语表达的准确性与书面语表达水平相关性为 $r = 0.397$（$P < 0.01$），用口语表达越准确，书面语表达越好；看口能力与书面语表达水平相关性为 $r = 0.431$（$P < 0.01$），看口能力越强，书面语表达越好。

（五）手语因素

本研究表明，手语能力也与聋生书面语表达能力显著相关，其中手语熟练度与书面语表达能力有较强相关，相关性为 $r = 0.401$（$P < 0.01$）。手语越熟练，书面语表达能力越好。

（六）阅读因素

本研究表明，阅读与书面语表达显著相关。其中，阅读态度与书面语水平相关性为 $r = 0.414$（$P < 0.01$），阅读量与书面语水平相关性为 $r =$

0. 386（$P < 0.01$），阅读速度与书面语水平相关性为 $r = 0.454$（$P < 0.01$）。越喜欢阅读，书面语表达能力越好；阅读量越大，书面语表达能力越好；阅读速度越快，书面语表达能力越好。

（七）认知因素

本研究表明，聋生对语言学习的认知程度与书面语水平显著相关。其中，是否认可语言重要性与书面语水平相关性为 $r = 0.450$（$P < 0.01$），完成语言学习认真度与书面语水平相关性 $r = 0.552$（$P < 0.01$），主动修正语言问题积极度与书面语水平相关性 $r = 0.404$（$P < 0.01$）。

六、培养初中聋生书面语言表达能力的方法与途径

结合初中聋生身心特点及当前书面语表达现状，笔者及课题组成员尝试了如下方法和途径，为学生提供书面语言训练和表达机会，最大限度地发展学生的书面语言表达能力。

（一）专门性写作

专门性写作，是拿出专门的时间，让学生进行仿写、续写和自由写作训练。

仿写，主要是在学习语文课文的过程中，以文中的好句式为范例，指导学生进行仿写句子；或者完全模仿一篇文中的结构、表达方式等，进行同类文章写作。如学习朱自清的《春》，可以仿照"春天像刚落地的娃娃，从头到脚都是新的，他生长着"，仿写"春天像_____"的句式；学习了《走一步，再走一步》，可以模仿文章"遇到困难、解决困难、感受与启示"这样的结构来写一篇记事作文。

续写，主要是课内外阅读后，对阅读内容进行进一步构思，续写一部分合理的内容。如学习了《羚羊木雕》，可以发挥想象，给课文续写一个合理的结局。

自由写作主要是日记或者作文的形式，日记主题、内容不限，学生随便写，作文为命题式、半命题式或自由命题式创作。

（二）讲故事

讲故事活动主要选择具有趣味性、系列性的童话故事、神话故事和人物故事题材。该活动分为"自己读故事""给父母讲故事""与同学赛讲故事"三步，先是自己熟读故事材料，然后回家把故事讲给父母听，最后在班里与同学比赛讲故事。同时，设计"请家长听故事"表格，内容包括家长打分（分为语言表达、故事情节、表情神态、感染力和读后感几个维度，总分 100 分）、主要词语意思解释、学生读后感和家长建议四个模块。

要求学生在读故事和讲故事的过程中，与家长共同完成该表格，表格完成后，家长签字，然后学生带回学校交给老师。

（三）词语串烧

给出 3～5 个词，如"欢天喜地""书包""小草" 3 个词，学生根据词语意思，发挥想象，将这些词联系起来，写一段话。这个活动，既强化了学生对词语意思的理解，又进行了词语积累，同时还发挥了学生的想象力和创造力，并训练了书面语表达。

（四）集体阅读

初中聋生整体上自主阅读的积极性很差，而且不会选取阅读材料。所以，课题组尝试了集体阅读活动，集体阅读的内容由老师选定或者学生推荐，老师与学生一起阅读，带领学生进行好词、好句、好段积累，帮助学生扩大知识量，并引导学生进行赏析。

（五）手语文字化

聋生在进行书面语表达的过程中，通常会出现看手语会错意的情况，主要原因是有时一个手语动作代表几个汉字或者词语，比如"还"和"再"的手语就是一样的，经常有学生混淆。所以，为了训练学生根据语境理解手语意思的能力，课题组成员对学生进行了专门的手语文字化训练，就是打手语，让学生将看到的手语译成文字。

七、小结

本研究通过对初中聋生书面语言表达特点和影响因素分析，努力尝试上述各种方法和途径，有机结合听说读写，力图为学生搭建和提供发展书面语言表达的平台和空间。在一系列的努力之后，部分学生学习语言文字的兴趣得到激发，而且书面语言表达能力也有所提升。

参考文献

[1] 倪卫东．聋生书面语省略现象的调查和分析［J］．语文教学通信，2011（3）．

[2] 季佩玉，黄昭鸣．聋校语文教学法［M］．上海：华东师范大学出版社，2006．

[3] 戴艳琪．汉语口语与书面语的差异及其教学［D］．厦门大学硕士学位论文，2008．

[4] 刘德华．聋生书面语中动词及相关成分的异常运用［J］．中国特殊教，2002（2）．

[5] 黄红燕．关于聋生书面语技能的培养及训练［J］．中国特殊教育，2004（4）．

[6] 董振扬．新课程背景下聋校语文教学设计的研究与实践［D］．华中师范大学硕士学位论文，2009．

聋生 LHSK 成绩与高考成绩的相关研究

唐万洁　王　楠

一、引言

众所周知，HSK（汉语水平考试）是为测试第一语言非汉语者（包括外国人、华侨和中国国内少数民族学员）的汉语水平而设立的国家级标准化考试，即为第一语言非汉语者设计的第二语言考试。

LHSK 则是根据聋生学习汉语的特点，在 HSK 的基础上改编、发展而成的聋生汉语水平考试。这一考试在现阶段还未达到与 HSK 一样的标准化、规范化，在北京启喑实验学校内部使用，但在对聋生相关语言能力的测试中也反映一些值得我们思考的问题。

本研究主要将 36 名学生的高考成绩与 LHSK 成绩进行对比，研究语言学习对聋生高考成绩的影响，进而对以后的教学进行指导。

二、研究方法

（一）LHSK 的信度测试

本研究所使用的 LHSK 试题，在对 113 名不同年龄（16~22 岁）、不同年级（高一到高三）、不同专业（职业高中、普通高中）的聋生进行两次等值试卷的测试，所得成绩的 Pearson 相关系数为 0.934，故认为本测试有较高的信度。

（二）研究对象

选取的样本是 2008 年夏季参加北京市聋人高考的北京启喑实验学校 36 名学生（美术专业 25 名，计算机专业 11 名），其中 3 名学生（美术专业 2 名，计算机专业 1）因未按要求完成考试，故在统计时未将其成绩计算在内。

（三）研究工具

所有数据录入 SPSS 13.0 for Windows 软件包，进行管理和统计。

三、数据分析结果

从表1、表2和表3中可以看出，美术专业学生的成绩平均分低于计算机专业学生14分之多，且方差较大，说明学生的水平参差不齐，最高成绩和最低成绩较计算专业学生也有较大的差别。这与本校分专业时所考查内容的成绩有直接的关系。

表1

	M	S. D	Min	Max	N
美术专业	56. 76	16. 38	20. 50	85. 50	23
计算机专业	70. 80	14. 03	44. 00	90. 50	10

表2

	M	S. D	Min	Max	N
语文	81. 39	12. 58	58. 00	112. 00	33
数学	77. 03	24. 84	29. 00	131. 00	33
英语	44. 24	23. 68	17. 50	120. 50	33
色彩	112. 91	11. 30	99. 00	139. 00	23
素描	106. 91	13. 20	88. 00	134. 00	23
物理	73. 20	20. 55	51. 00	117. 00	10
计算机	98. 60	12. 04	76. 00	117. 00	10

表3

	样本数（人）	课程名称	LHSK
总体样本	33	语文	0. 805 **
	33	数学	0. 388 *
	33	英语	0. 540 **
美术专业	23	素描	0. 135 *
	23	色彩	0. 459 *
计算机专业	10	物理	0. 704 *
	10	计算机	0. 914 **

注：双尾检验：* 表示相关在 0.05 水平显著，** 表示相关在 0.01 水平显著。

从表3中可以看出，LHSK 成绩与计算机、语文、物理等成绩的相关度是较高的，分别是 0.914、0.805、0.704；与英语、色彩、数学成绩呈中等相关，分别是 0.540、0.459、0.388；与素描成绩的相关度较低，仅为 0.135。这与预期的结论相一致。

四、讨论

(一) 高相关度

LHSK 主要是考查学生的语言运用能力，其中包括语法知识、阅读理解、写作等方面的能力。从某种角度来说，与语文所考查的能力是相同的，所以与语文成绩的高度相关是可以理解的。

另外，物理学科虽然是理科的内容，但是有其特殊性。物理学作为一门独立的学科，有其独特的学术语言。物理文字语言是描述物理现象、表达物理概念和规律、呈现物理问题的主要形式。物理中的文字语言具有严谨的科学性，它准确地描述了物理事物的本质和规律的条件、对象及结论。有专家指出，物理学习能力是学生能够顺利完成物理学习认知活动的比较稳定的个性心理特征。物理学习能力可以划分为两大类：第一类是物理学习过程中的智慧能力，即通常所说的智力。它包括观察能力、记忆能力、想象能力和思维能力。这些能力是人类进行一切认知活动所必须具备的能力，因此物理学习过程中的智力是物理学习能力的基本成分；第二类是物理学习过程中的一些综合能力。它主要包括阅读表达能力、数理结合能力、实验能力、自学能力、分析问题和解决问题的能力、创造能力等。因此，在物理中，阅读理解能力的高低也是影响其成绩的一个重要环节，所以 0.704 的相关度，也是有其道理的。

然而，在解释计算机成绩与 LHSK 成绩的高相关度时，一方面可以理解为在现阶段聋校高考的计算机考试中，由于只有笔试，其中大量的文字表述对学生的阅读理解和表达能力的要求比较高，这与 LHSK 中所考查的能力是相一致的，所以二者有较大的相关。另外，本研究中涉及较小的样本，也是影响其相关度的最重要的原因，至于真正的原因有待在以后的研究中进一步加以探讨。

(二) 中等相关

英语与语文虽然是两种分属不同语种的语言，但是，在考查学生的语言理解能力方面有很大的关联，虽然说语文好的学生不一定英语就好，但是英语好的学生语文也不错，因为从理解方面是靠脑的同一区域掌控的。所以 LHSK 成绩和英语成绩的中等相关是合理的。

数学成绩与 LHSK 成绩的中等相关，其原因和物理是相似的，但是因为物理成绩的样本较小，所以表现出了较高的相关性。

虽然说按照多元智能理论，美术是归属于空间智能的，而 LHSK 主要考查的是言语智能，但是从二者的成绩相关性来看，发现了中度的相关，其中的联系还有待于以后的研究中进一步探讨。

五、建议

从本研究中我们可以得出，在聋校的教育教学中，对学生语言能力的提高是各门课程都该关注的问题，因为，对于聋生来说阅读是获取信息最重要的渠道，如果这个渠道不畅通，学生无法理解看到的文字材料，就谈不上学习，谈不上发展智力，据此，有以下建议。

（1）语文、政治、历史等学科要成为增强学生的阅读理解能力的主要阵地，在感受生活、增大阅读量、扩展阅读范围的基础上，提高汉语言水平。

首先，开阔视野，多方面观察、感受生活。

多方面观察和感受生活的意义。①可以从生活中获得丰富的写作材料。因为写作文，无论是写人、写事，还是描写景物，都是在写现实生活，都需要现实的生活情景、生活细节。而这些生活情景和生活细节，是不能凭空捏造出来的，只能通过多方面观察和感受生活才能获得。即使是合理想象的那部分，也是以现实生活为基础的。②可以使文章获得较深刻的思想意义。因为只有与现实生活有较多的接触，我们才能准确地把握事物的本质，才能有较深切的感情体验。准确地把握了事物的本质，有了较深切的感情体验，才能写出思维意义深刻的好文章。

多方面观察和感受生活，要尽量多参加社会活动，在生活中观察身边的各种人、事物和景物，把它们的面貌和特征装进大脑这个"仓库"。这样，等到我们动笔写文章的时候，这些装进"仓库"里的材料，就会自动出现在我们的思考过程之中。另外还要留心身边的人和事，注意多看多想。对面前的事物进行深入的思考，看看它到底有什么样的表现形式，特征是什么，说明什么问题。只有这样，才能发现生活中的道理，把握事物的本质，产生较为深刻厚重的思想感情。

其次，广泛阅读文章。

古人说过：读书破万卷，下笔犹有神。鲁迅也曾这样说：只看一人的著作，结果是不大好的，你就得不到多方面的优点；必须如蜜蜂一样，采过许多花，这才能酿出蜜来，倘若叮在一处，所得就非常有限、枯燥了。而事实上，对于聋生而言，因为听力的障碍，阻塞了和世界交流的通道，那么，广泛的阅读则可以促进学生语言的发展。

（2）数学、物理、化学等学科则不能把学生语言的学习当作只是文科老师的事情，事实上理科老师也是责无旁贷的。

理科老师在教学生阅读时要注重理解和使用专业术语，教师要研究学生认知结构和思维特征，重点在学生对新知识的"原始认知"与正确的理解间架设过渡，进行比较。要注意培养和掌握基本阅读方法和技巧，提高理解效率。比如物理的概念、定理、定律及公式，都是在特定条件或范围内，建立起数量或因果关系。因此，在学生阅读能力培养时，要指导训练从文字、图表描述中找出涉及了几个物理量、它们间的关系、在什么条件范围内应用、因果关系、数量关系是什么、物理公式是什么等。

另外，要求学生按照一定的顺序口头重新描述物理事实或所见文字表述，顺序可分为空间顺序、时间顺序、整体与局部、局部间相互联系等。在学生阅读后，经常性、有目的地如此培养，学生思维的空间感、时间感、逻辑关系把握能力会得到较大幅度提升，从而提高理解和思维水平。

参考文献

［1］杨旭．谈物理阅读能力培养［J］．物理教学探讨，2008（10）．

［2］常晓荣．汉语水平测试试卷分析感悟［J］．兵团职工大学学报，2000（3）．

［3］鹿士义，余嘉元．当前 HSK 中若干值得进一步研究的课题探讨［J］．汉语学习，2003（8）．

［4］郭敬莉．培养高中生数学阅读能力的教学策略研究［D］．西北师范大学学报，2007．

［5］［美］加德纳（Gardner H.）．多元智能新视野［M］．沈致隆，译．北京：中国人民大学出版社，2008．

［6］蔡佳颖．HSK（初中等）与 TOP（初、中等）阅读测试部分的比较研究［D］．暨南大学学报，2008．

［7］兰彩苹．高考汉语考试与 HSK 的比较研究［J］．新疆师范大学学报（哲学社会科学版），1998（4）．

聋校"教学手语"中存在的问题及改进建议

孙联群

目前，聋教育事业比前些年有了较大发展，但其与普通教育及社会经济科技发展相比，还是比较落后，究其原因有诸多因素，聋校教学手语问题无疑成为制约发展的因素之一。教学手语存在的问题，增加了聋校师生之间沟通的困难，使教学信息传递受到损失，直接影响教学质量的提高，是现在聋教育迫切需要解决的问题之一。

教学语言技能是教师用正确的语音、语义，合乎语法逻辑结构的口头语言，对教材内容、问题等进行叙述、说明的行为方式。这是普通学校教学语言技能的定义。那么，我们可以这样认为，聋校教学手语技能是教师用正确的手势动作，辅以身体姿势、面部表情及口形，按照聋人手语习惯特点与语法顺序规则，对教材内容、问题等进行叙述、说明、讲解等的行动方式。聋校教学手语和普校教学语言同样有很强的技能性，需要聋校教师认真研究，并运用到教学实践中去。

一、目前教学手语技能存在的问题

为了深入研究聋校教学手语技能，笔者通过进班听课、观看课堂教学录像，对聋校各个学科教师（其中有语文、数学、历史、物理、英语、计算机、美术等学科）的教学手语技能运用情况进行了数据采集分析，发现课堂教学手语中存在如下容易出现的问题。

有些老师的课上得很好，十分生动，聋生很感兴趣并积极参与教学活动，教学效率很高，这除了精心设计教学活动，也和他们的手语技巧娴熟有很大关系。有的老师虽然教学设计很好，备课很充分，但是手语不够熟练，手势不清晰，增加聋生的看课困难，教学信息无法传递到聋生的大脑中形成知识，时间一长就引起聋生的视觉器官疲劳和心理疲倦，注意力就发生转移，这样教学效果就差了（见表1）。因此聋校教师的备课不仅应当备知识，更要备手语。

表1

不准确	遗漏	该打手势表达的却没打手势，造成教学信息遗漏
	误打	该打这个手势的却打出另一个不同义的手势，导致教学信息错误
	自创手势	教师由于某个词没有现成的手语，临时自行编造手势，没有事先和聋生沟通，导致聋生不适应或误解
	单手打手势	该用双手打手势的却用单手打手势，使聋生看不懂教师的手势，不能准确理解内容。尤其是一手拿教鞭或粉笔，一手打手势的现象较多
不清晰	手形不正确	教师打手语时，手形不正确、不规范、不清晰，该伸直的手指没伸直，该张开的五指没张开……使聋生看不清教师的手势，无法明白教师要表达的意思是什么
	动作不到位	手势动作不到位，手势动作方向不准确，手势的位置不正确
	动作幅度过大过小	手势动作过大或过小，影响聋生看手势
	动作过快	打手势动作过快，使聋生看不清手势
不生动不形象	无表情死板	打手势时没有表情，缺乏感情变化，使聋生感到教师的手势及表情不生动手语死板生硬，缺少变化，形象性不强
其他	无节奏变化	教师打手势不掌握节奏变化，连续打手势时间过长，导致聋生的视觉疲劳，不能集中注意力
	手口不同步	手势与口形不同步，使聋生不能准确理解教师所打的手势

二、对聋校教学手语技能的认识与思考

就上述观察的现象，本人着重谈以下几点。

（一）聋校教学中的自创手语问题

《中国手语》所收录词汇的数量有限，难以满足教学需要。为了使教学很好地完成，聋校教师根据手语构成原则，进行自创手语，应该是可以的。而且，聋校教师不仅要有较强的自创手语能力，还要有理解聋生自创手语的能力。聋生为了交流方便，有自编创造手语的，也有从社会聋人那学来的社会手语。教师有必要对这些手语进行观察研究，一方面是吸取有助于聋校教育教学的社会手语；另一方面是更好、更准确地理解聋生所表达的意思，了解他们的思想感情，顺利完成教育教学任务。

自创手语有两点值得注意。

第一，自创手语不是闭门造车，无中生有，而应有一定的科学依据，根据手语的构成原则，创造合情合理、易于理解的手语词汇。自创手语应

遵循区别性、形象性、准确性三个原则。

"区别性"是指新创手语要避免与其他手语重复;"形象性"是指能够反映事物的外貌形状、动作、性质、特点等,使聋生容易理解接受;"准确性"是指构成新手语要合理、准确反映事物的内涵特征。

比如语文《纪念刘和珍君》一课中的"苟活"一词,没有现成的手语词汇,需要自创。老师们使用过如下打法。

1. 第一个动作:G("苟"的首字母)

   第二个动作:活

2. 第一个动作:藏

   第二个动作:活

3. 第一个动作:双手伸开,掌心向下,置于胸前,然后,大拇指与其余四指捏在一起,同时双手向胸部靠拢,装扮狗的畏缩状。

   第二个动作:活

第一种自创手语"区别性"差,不便于识别其含义。第二种自创手语"准确性"不足,容易被误解为藏某物。第三种既有别于其他手语,又准确地表达了意义,并且注意了形象性,符合聋人认识的规律,易于被聋生接受,相比之下,是较好的自创手语。

第二,自创手语要注意事先约定的原则和一定范围内的通用。

聋校任课教师与他所教的聋生的关系是相当固定的,彼此之间较熟悉,聋生对教师的自创手语是能理解与记住的,但是,要先和聋生进行沟通,得到他们的认可接受后再运用。如果事先能够与学生探讨几种打法哪一个更易于接受就更好了。另外,教师创造出来并被学生认可的手语词汇最好能够记录在案,在教研活动时与其他教师交流,以保证全校同学科教学手语的一致性。

(二)聋校教学手语的"形象性"问题

手语的基本要素有手形、位置、方向、动作。此外,节奏、动作速度和幅度、面部表情、体态变化等也是手语不可或缺的一部分,要正确理解并善于运用。

手势动作的速度快慢、动作幅度大小和所表达的事物内容性质程度、人们的心理情感活动有关。比如打"下雨"手势,手势动作慢而小,这表示小雨,如果动作猛而大,则表示雨大又迅猛。"喜悦"和"高兴"的手势相似,但"喜悦"的动作幅度较小;"高兴"的动作幅度较大。同理,"担心"的手势动作大小也表示担心的程度大小。

手语还需要配以面部表情、口型、头部和体态变化等。"手语中的表情及身体姿态，国外学者称之非手控特征（nonmanual feature）"，"非手控特征及其特定组合有不可或缺的系统化固化的语法功能"❶。能使手语表达更为准确、更为生动，吸引聋生的注意力。如喜悦、骄傲、笑、呆板、得意、从容、含蓄、无所谓、娇气、惊讶、悲观、恩怨、责备、鄙视、痛恨、冤枉等手势都要配以面部表情才能更好地表达出来。头部动作是手语中常用的一种辅助手段，比如打"为什么"手势时，头部端正，表情严肃，这就有责问的意思；头部稍歪，带着疑问的表情打"为什么"手势，这可以使聋生感到亲切，肯于积极思考探索。再者，打手势表示"是"的同时，头部向前点一下，是加重语气。

在聋校教学手语中的体态语是以身体动作表达的，有一定的模拟表演成分。如"跳舞"（双手背抵于腰部，扭动几下身体）、"企鹅"（双手平伸，指尖向前，掌心向下，置于腰两则，然后两手交替下按，身体随之左右摇摆，如企鹅走路状）、"虎"（双手五指弯曲如兽爪，一前一后，向前伸出如攫物状）、"铅球"（左手向前抬起，身体后仰；右手五指弯曲，如托铅球，然后从肩部向前推出，如推铅球状）、"游泳"（双手微曲，两臂同时向前伸出、划动，如蛙泳动作）等。模仿得不像会让人莫名其妙。

可以说，"形象性"是手语的一大特色，是不可回避的。有的老师认为表情夸张、模仿逼真不好意思，甚至太难看，这种想法是错误的。其实，"形象"本身就是手语的一种特殊的美。

（三）聋校教学手语的"准确性"问题

手语要忠实地表达想法，目前很多聋校老师认为"准确"的手语就是按照汉语的语序，一一对应不多不少地打出相应手语动作。这种想法是欠妥的。比如"好评"按照汉字打为"好+批评"，会让人很疑惑："好"，为什么还要"批评"？准确地说，这种打法是"文法手语，也叫手势汉语，是将汉语的词汇翻译成手势，然后按照汉语的语法规则来构建句子"❷。它是聋校教育教学的产物，由健听人教师和有一定文化基础的聋人共同创造的，没有一定汉语素养和积累的聋生是很难看懂这种过于"准确"的手语的。

除了"手势汉语"，还有一种"自然手语"，它是"聋人群体的母语，是他们在长期相互交流中自然发展而来的一种复杂的视觉空间语言"，"是

---

❶ 刘卿. 聋人自然手语中非手控特征研究［J］. 语言文学研究，2014（28）：44.
❷ 吕会华. 第二语言习得理论与聋人汉语教学［J］. 毕节学院学报，2014（3）：50.

以手部动作、身体姿态及面部表情的变化作为表情达意的手段而进行语言交际的一种符号系统，是聋人交际的主要工具，是一种独立的语言"❶。自然手语具有形象性强、生动易懂的特点。

我们都有过体验，凡好的自然手语无论手语基础好不好的人都更容易看懂，因为它更形象，更富于变化，更符合聋生的习惯。自然手语在信息的传达上更便利，但是，它与"手势汉语"相反，在准确区分汉语词汇上存在困难，比如，"看不起""歧视""鄙视"都用同一个自然手语表示。

自然手语与手势汉语都是聋校教育教学常用的教学语言，"准确"的教学手语应该是自然手语和手势汉语的综合运用。但"综合运用"不等于随便运用。自然手语和手势汉语都有各自的规则，应遵循它们的规则加以运用。

另外，自然手语与手势汉语各有所长又各有不足，在教学中应尽量发挥两种手语的优势。比如自然手语在解释生涩词句、阐发难懂概念、启发学生思维等方面上有特殊优势；手势汉语则在培养学生积累汉语词汇、准确描述定理公式等方面有不可替代的作用。

（四）聋生的视觉疲劳问题

聋生是通过视觉器官观看教师的手语获得文化专业知识的。由于对听觉障碍的代偿，聋生的视觉较为发达，观察事物比较敏锐，但是，视觉持久力较弱，观看老师的手语时间一长就容易发生视觉疲劳，注意力就容易分散，课堂效果就差了。文献资料表明，人的视觉持久力远远不如听觉那么持久。有些聋生刚上课时精神抖擞地看老师的课，不到十几分钟就开始打哈欠犯困，这与他们的视觉持久力及老师使用手语时间过长有一定关系。

聋校教师应该了解聋生的这个特点，在教学中注意缓解、避免学生的视觉疲劳。比如在40分钟课堂教学中正确合理运用教学手语技能，注意掌握好手语的节奏变化，手语表达力求丰富生动，排除不利因素，不使用过多过杂的手语，以免聋生眼花缭乱导致视觉疲劳，尽可能保证聋生保持良好的精神状态，更好地完成教学任务。

（五）聋校教学手语的"教学性"问题

社会手语是指社会聋人群体使用的手语，和他们所处的生活工作交际等有密切关系。社会文化科技的发展，产生了手语书上没有的许多新事物、新名词，他们为了满足思想交流需要，根据新事物、新名词的外貌、

---

❶ 刘卿. 聋人自然手语中非手控特征研究［J］. 语言文学研究，2014（28）：44.

动作、性质等，自创了一些相关的手语，在聋人群体中流行使用，其中大部分是自然手语。聋校教师可以从这些自创手语中吸收内容健康、形象文雅、符合事物特点的手语补充聋校教学手语，这样将会有助于顺利完成教学任务。

需要说明的是，这些社会手语只能是聋校教学手语的有益补充，不能完全取代教学手语。社会手语与健听人的口头语言相似，社会手语具有随意性、没有语言加工，个人习惯性明显，倒叙现象较多。而聋校教学手语是为课堂教学服务的，具有很强的"教学性"，要求手语简练、逻辑严谨、准确，有积极的教育意义。

"教学性"首先体现在教学手语应有助于学生书面语能力的培养。教师的课堂教学手语要利于聋生将手语转换成书面语如写课堂笔记、会议记录等。笔者曾经观察发现，更多聋生写课堂笔记都是从黑板上或书上抄，极少把教师打出的手语转换成书面语记在笔记本上，问聋生为何不把老师打的手语意思记在笔记本上，他们说老师打手语快，看得不清楚，没法记笔记；或者老师不注意给学生留抄笔记的时间。

教师打出的手语信息通过聋生的视觉进入大脑，形成手势表象，如果聋生不把这些手势转换为书面语，那么这些手势仍然停留在手势表象阶段，不利于培养与提高聋生的书面语表达能力，教师要加强训练聋生把手语转换成书面语的能力，鼓励他们有意识地锻炼这种语言转换能力。

同时，教师应该注意课堂教学手语应准确清晰，速度适当，适应聋生把教师的课堂教学手语内容转换成书面语的需要。而且要注意手口的一致性，特别是手语中如有两个词的手势相似，需要在口型上加以区别才能使人看懂的情况。另外，教师使用手势汉语讲课，聋生写笔记是容易些的，若让聋生把自然手语转换成书面语，那么聋生必须有一定的语文基础能力，还要经过语言转换能力训练才能做到，老师也应该注意培养学生此方面的能力。

总之，教师应是正确使用手语的示范者。聋校教师大多存在一种心理，在手语方面，学生是"老师"，老师是"学生"。其实，学生难以担当手语教师这个重任。因为上面也谈到了，聋校教学手语有别于自然手语和社会手语。所以聋校教师自己要有正确的聋校教学手语的认识，夯实基本功。

聋校教学手语研究和聋校教师的教学工作有密切联系，应该把教学手语研究列入教师的教学工作之中去，在教学工作中不断探索研究，不断总结提高。这个过程中要注意加强学习、加强研究、加强沟通。

参考文献

[1] 叶立言. 聋校语言教学 [M]. 北京：光明日报出版社，1990.

[2] 赵锡安. 中国手语研究 [M]. 北京：华夏出版社，1999.

[3] 赵锡安. 聋人双语双文化教学研究 [M]. 北京：华夏出版社，2004.

[4] 梅次开. 梅次开聋教育文集 [M]. 上海：学林出版社，2000.

[5] 刘显国. 语言艺术 [M]. 北京：中国林业出版社，2001.

[6] 张宁生. 听力残疾儿童心理与教育 [M]. 大连：辽宁师范大学出版社，2002.

[7] 广州市手语研究会. 手与聋 [M]. 北京：华夏出版社，2003.

[8] 中国手语 [M]. 北京：华夏出版社，2003.

[9] 沈玉林，吴安安，褚朝禹. 双语聋教育的理论与实践 [M]. 北京：华夏出版社，2005.

[10] 吕会华. 第二语言习得理论与聋人汉语教学 [J]. 毕节学院学报，2014（3）.

[11] 刘卿. 聋人自然手语中非手控特征研究 [J]. 语言文学研究，2014（28）.

语音识别系统在聋校语文课堂中的运用情况略谈

唐万洁

粗粗算来使用 Viavoice、Viascribe 两个软件已经有十个多月的时间了，从开始的好奇，到后来花很多时间训练自己的语音模型，虽然其间经历了困惑、迷茫、失望……但当坚毅地走到最后时，才发现我们付出的时间与精力还是很有意义的，现在就将在此过程中遇到的问题、解决方式、对该技术的态度、学生的态度、影响使用的因素以及对此后研究的展望等问题加以总结。

一、遇到的问题及解决方式

（一）安装过程中遇到的问题

刚刚开始使用 Viascribe 时，发现这个软件的安装需要花费比较长的时间，而且有时还存在无法安装的情况，即使是关闭了所有的杀毒软件、防火墙也会出现无法安装的情况。对此，没有找到具体的原因，所以，出现这种情况时只能采取格式化电脑或者放弃安装。

（二）建立语音模型中遇到的问题

在建立自己的语音模型时，课下本人偏重于使用 Viavoice，原因有二：第一，方便纠错；第二，可以添加新词。但是，如果要在课堂上使用，则最好使用 Viascribe，因为 Viavoice 不稳定，当有些语句不能识别的时候就会停止语音的输入。出现用户向导提示可能出现了什么问题。鉴于课堂上随时可能出现的无法预期的状况，这一软件是不适合用在课上的。

（三）修改模型时遇到的问题

关于 Viascribe 中修改强化模型时出现的问题，可谓付出了时间和精力的巨大代价，但得以总结出一些经验：首先，修改时必须切换到自己的模型下，否则修改后所有的文字都会变为"？"；其次，如果有原始的文字版，可以用"复制"＋"粘贴"的方法进行修改，但是一次不能改太多文字（在 Viavoice 中纠错时也可用"复制"＋"粘贴"的方法，不过，只能用单击右键后的菜单，不可用 CTRL＋C/CTRL＋V 的方法）；最后，花大力气应用了 Improve Speech Recognition 功能加强模型，但是最终发现模型没有丝毫改变，所以基本可以认为这个功能是既浪费时间，又没有什么大用的。

二、对本系统的态度

（一）本人的态度

本人一直以来对这一系统还是充满兴趣和期待的，认为这个系统不仅能用于聋校的教学中，而且如果能够提高识别率，还可以用在听障生随班就读的课堂中。特别是两次"白盒"实验，更使本人对利用这一系统提高教学效率有了很大的信心。

（二）学生的态度

从课下与学生的交流可以了解到，学生们对这一系统的认识还是很肤浅的，很多学生觉得很好玩，有意思，特别是白盒测试中，很多学生的关注点集中在屏幕上有没有出现乱七八糟的语句，有多离谱，完全是一种看热闹的心态。但也有学生觉得如果老师能把每节课上的录音笔记及时地发到他们的手中，可能效果会更好（当然这应该是下一步努力的方向）；也有学生认为这个软件打破了以前上课的模式还不能适应，上课时很容易分心，特别是老师的嘴被话筒挡住后反而影响了看口型（这是很多学生获取信息的重要方式）。

三、影响使用的因素

（一）教师的因素

首先，投入方面。教师因为在准备过程、使用过程、修改过程需要投入大量的时间和精力，再加上每个从事本研究的一线教师除本研究外还都在承担学校方方面面的工作，所以，很难全情投入，自然效率也会大打折。其次，教师个人的专业也导致了其在使用中遇到某些问题时不知该如何解决，而且反复出现一些问题后，也会打击教师们的积极性，使得研究的推进比较缓慢。

（二）环境的因素

首先，课堂上总会遇到一些无法预知的情况，比如学生问一个莫名其妙的问题，出现一些突发事件，都会对课堂上使用语音识别系统造成一些干扰；另外，因为系统本身比较敏感，即便是在不需要录音的时候关掉了话筒，一些杂音也会被输入进去；此外，聋生对自己的声音感知能力比较弱，他们不知道自己发出的声音是什么样的，所以在授课中，他们的随声附和同样会成为干扰识别率的重要因素。

（三）系统本身的因素

从这个使用的过程来说，这套系统还是不太成熟。而且常常出现一些莫名其妙的错误，让人不知道该如何解决，比如我在授课中多次使用 Viascribe 录音，即便是按照正常的程序关闭、保存，但是最后文件夹却是空的，这种情况不仅在我的电脑中出现，在其他老师的电脑中也出现过，而且至今还没有找到原因和解决的办法。

四、个人的反思

当拿到反馈回来的课堂笔记时，本人也细细地看了一遍，并深深地感觉这一系统不仅能对学生的复习给予一定的帮助，同时也可以帮助教师反观自己的教学。特别是当看到笔记中有那么多"废话"时才明白，聋校教学中的效率该从教师自身寻找原因。

对此，本人认为教师课前的准备还应该再细致一些，更充分一些，应该对自己在课上要说的言语有充分的预设。同时，作为聋校的语文教师应该对自己的语言有一定的要求，仅仅让学生明白还是不够的，语文教师还需要文质兼美。对于太多的废话一定要努力摒除。

五、对后续研究的展望

本研究最终的目的应该是建构一种全新的授课模式，使这一系统能够更好地利用在教学中。但从目前的状况来看，本系统在教学中只是起到了一些辅助作用，与在其上投入的时间、精力相比这种回报是远远不够的。

那么，在下一步的研究中，就要充分挖掘系统的优势，努力寻找与聋校语文教学的契合点，从而提高教学效率，最终使聋生从中获益！

第二章

聋校语文学科汉语言教学

引导职高聋生积累词汇的教学策略研究

王晨华　　吴洪英　　王玉玲

一、问题的提出

（一）职高聋生的词汇问题

由于听力残障，聋生"不能在自然的环境中自发地学习语言"，所以自然地，聋校语言教学成了"聋学生获得语言能力的主要途径"。❶ 即使到了高中阶段也不能忽视语言问题，比如职高聋生在词汇方面普遍存在如下一些问题。

其一，词义不明。主要包括三种情况：生字障碍，因为存在不认识的字而影响对词的理解，比如"临危不惧"中因"惧"字的障碍而影响词义的理解；望"字"生义，在每个字都认识的情况下误会词义，比如误认为"断后"的意思是"弄断后"；不懂深意，比如《孔乙己》中的"青白脸色"暗示孔乙己的营养不良而职高学生不容易自然体悟。

其二，词法不通。学生在基本掌握词义的情况下，并不能像健听学生有很强的语感能力从而按照语法规则恰当运用词汇，他们常说出"船长是英勇"这样的句子。

其三，语用不清。也就是不能在具体的语境中恰当运用词汇，比如问船长是什么样的人时，学生会回答"指挥""命令"这样的词汇。

（二）词汇问题对职高聋生的负面影响

词汇是构成语言最基本的材料，而大多数职高聋生的词汇基础与其生活需要严重不符。词汇不但影响他们与外界交流的质量，影响课堂教学的深入，也影响他们自身的进一步发展——情感的丰富性、思维的深刻性等。

（三）聋校职高词汇教学中的问题

目前，聋校语文教学的"特殊"性主要体现为放慢教学进度（聋校一

---

❶ 叶立言. 聋校语言教学 ［M］. 北京：光明日报出版社，1990：16.

篇课文是 4～6 课时讲完，普校 1～3 课时）和单设一节字面障碍排除课
（基本随机排除字面障碍，称不上"词汇教学"）。"教"并不能满足"学"
的需求。既然词汇是职高聋生不能自然逾越的障碍，就不仅要拿出课时，
还要开发相应教学策略。在这种思想的指导下，北京第四聋人学校"高中
聋生汉语言学习困难"课题组在如何引导职高聋生积累"词汇"方面进行
了一些探索。本文以《"诺曼底"号遇难记》一课的教学为例加以介绍。

二、引导职高聋生积累词汇教学策略的应用

（一）教学首尾——巧施"学情初测"，坚持"过关考试"

1. "巧施学情初测"

聋校职高语文课中应该教学生哪些词？传统做法或者由老师提出，主
观性太强，容易出现所教非所需的情况；或者让学生划出，随意性太强。
"依文填空"式词语"学情测试"可以克服上述问题。所谓词汇"学情初
测"就是加强对学生词汇掌握情况的调查；"依文填空"是在文段中将一
个词空出一部分，让学生填写，如果空出的部分可能有多种正确答案，就
给出选择提示。

> 哈尔威巍然　立在他的船长岗位上，指挥着，主宰着，领导
> 着大家。他把每件事和每个人都考虑到了，面对惊慌失　的众
> 人，他镇　自若，仿佛他不是给人而是在给灾难下达命令，就连
> （出/失）　事的船舶似乎也听从他的调　。
>
> （答案依次为：屹、措、定、失、遣）

"依文填空"法最好在学生通读课文和常规预习后进行，而且可以让
学生在此基础上划出自己仍然不懂的词。这种方法很容易操作，词汇考查
数量不受限制，能够将学生的绝大部分问题囊括其中，且填写速度快。它
看起来非常简单，但作用却不简单。

第一，与"过关考试"合用，为学生复习提供参考。

第二，便于提前统计，为词语教学提供客观依据；为学情分析提供丰
富信息。比如"镇　自若"这个题班里 8 个同学，答案如下——空白（1
人）、"海"（1 人）、"人"（1 人）、"城"（1 人）、"静"（1 人）、"定"
（3 人）。填写"海"和"人"的同学没有相应的词汇积累，只是受语境影
响而填写，基础薄弱，应加强词汇积累；填写"静"的同学有一定的词汇
积累，但是只看到"镇静"，而忽视了另一半"自若"（同理，即使正确
填写了"定"的同学也不一定真正懂得这个词），这些学生有一定的词汇

基础，可以提出较高要求；填写"城"的同学则既没有确定的词汇认知，又没有联系语境的意识，只凭着"城镇"这个词的稀薄印象，误填成"镇城"，对他既要加强词汇积累要求又要加强语境意识培养。

第三，在语境中学习词汇，提高学习效率。传统的测试和讲解常常是把词单独提出，让学生加拼音或者解释，词汇与语境隔离，对聋生来说效果打了折扣。本项测试避免了传统做法的弊端，同时也没有失去传统做法音形义考察的优势，比如"调＿＿"既考了学生的整体阅读理解和语用能力，同时也考察了字形、词义，并以多音字区分的方式间接考察了语音。

2. 坚持"过关考试"

所谓"过关考试"是一种课后考核的教学督促法，考核规定一定的过关标准，在此标准之下的学生必须参加第二次考试，而过关标准也要相应提高……直到过关为止。如此培养学生一种对词汇学习负责的态度和良好的学习习惯。

这个"过关考试"同时也是与学前测试（学情初测）相呼应的学后测试。学后测试要与学前测试内容和课堂教学重点保持一致。比如本课学前初测共考察了50个词汇，每个词2分，满分100分。学后测试时50个词仍用"依文填空法"，但酌情取消原有选择提示，以增加难度；并将分值调整为每词1.5分，共75分，再将教学重点的12个词做成了灵活应用题，共25分，满分仍然100分。

总的来说，"学情初测"和"过关考试"是针对职高词汇教学的主观性、随意性和学生学习状态的消极性而提出的较为系统并有效的教学模式。而具体操作中，需要注意的是学情初测题目要"巧"，过关考试贵在坚"持"。

（二）字词课上——加强"语言练习"，妙引"词句品析"

1. 加强"语言练习"

目前，职高单设的一节字词障碍排除课还称不上"词汇教学"，教学态度不像低年级那么重视，教学方法不如低年级正规，教学效果还不尽如人意。我们首先选出与课文内容密切相关的重点词（本课为12个词），然后注意向低年级聋校字词教学和对外汉语教学借鉴方法，探索适合职高聋校的课堂词汇教学策略。

第一，剖析类比法。剖析类比法注意剖析生词中的每一个字，并通过类比的方法强化记忆、扩大认知范围。比如"惊恐万状"以往的教法是简单地说是"害怕"，为什么是害怕呢？学生并不清楚，且缺少强化，学生很容易把四个字写错、写颠倒。可先对词语进行"剖析"——惊恐：害怕；状：样子；万：形容很多，各种；再聚合，惊恐万状：形容害怕到了极点。然后

"类比"以强化新知,用词中"状""恐"等各个部分组词,如"形状""重病状""恐怕"等。这个方法借鉴了对外汉语教学的语素教学法,"除了有助于汉字(词汇)的认记、消除错别字以外,其主要作用是可以大大提高学生学习词汇、掌握词汇、扩大词汇以及正确运用词汇的能力"❶。

第二,词汇场教学法。"词汇场"一词来于对外汉语教学,"中级词汇教学不是孤立的生词讲解,不是简单的积累;在学习中,学生很自然地注意到词与词之间的关系,如近义词、多义词、多音多义词……此时的词汇教学应当针对这一点,注意讲解词与词之间的联系,要让学生融会贯通,形成词汇场的学习"❷。它实际上是注意让学生在新旧知识之间建立联系,将新知识落实到一个体系中,而这正是职高聋生不同于低年级的一个特点。比如课文中的"惊恐万状""惊慌失措""失魂落魄""镇定自若"之间正好是近义词、反义词的关系,课上也加以利用;生词"井井有条"也可以联系学生熟悉的"有条理""有条有理"。

第三,语境练习法。聋生的语言能力滞后正是听力残障缺少语言环境所致,所以提高聋生的语言能力的根本做法就是还给学生语境。造句是一种常用的语境练习法,但对大多数职高聋生来说这种方法是很难的,需要教师更灵活地施用。比如出一些选择填空题、将句子补充完整的题、判断对错题、连词成句题、选择其中几个词汇想象为一段文章的题,等等,让学生在快乐的游戏氛围中潜移默化地体会词、学会词。教师在语境练习法中要特别注意怀有一种"语法补偿"的意识。聋生无法在日常生活中自然而然地形成语感,所以语法补偿非常重要。而我们高中聋校生源不同,语感、语法基础都不同,我们一方面在尝试给学生进行系统的语法补偿,另一方面也在考虑如何在日常的教学中、在鲜活的语境中不露痕迹地培养学生的语法意识,帮助其形成语感。比如学生说出"他是一个英勇"时,老师可以把"英勇"和"英雄"分别写在黑板上,分别造句"他是一个英雄""他很英勇"。

2. 妙引"词句品析"

词汇与课文整体教学结合更为紧密是职高聋校词汇教学又一需要注意的问题。如果说"语言练习"侧重的是语言的工具性,让学生知道某个词怎么用;那么"词句品析"则侧重语言的文学性,让学生体会词与文章整体效果之间的关系。

---

❶ 孙德金. 对外汉语词汇及词汇教学研究 [M]. 北京:商务印书馆,2006:276.
❷ 周小兵,李海鸥. 对外汉语教学入门 [M]. 广州:中山大学出版社,2004:173.

其一，帮助学生理清基本事实。聋生阅读有一个特点，掌握词汇的含义但不一定能明白这个词在文中所指代的基本事实，需要教师点拨。比如在讲完重点词"变故"后，问学生"文中的'变故'指的是什么"就很有必要。

其二，引导学生加深情境感受。比如问学生"从哪些语句可以看出人们'惊恐万状'?"（课文：震荡可怕极了。一刹那间，男人、女人、小孩，所有的人都奔到甲板上。人们半裸着身子，奔跑着，尖叫着，哭泣着，惊恐万状，一片混乱。）这个问题其实既是"巧练"，又是"妙引"，巧妙地练习以加深学生对"万状"的理解，同时，巧妙地引导学生将"惊恐万状"这么一个总括词与具体情境的描述结合起来，帮助学生在理解和表述的过程中渐入情境。

其三，启发学生深刻理解内涵。在讲完重点词"断后"时，问学生"文中的'断后'能不能换成'最后'呢?"（课文：哈尔威船长，站在指挥台上，大声吼喝："全体安静，注意听命令! 把救生艇放下去。妇女先走，其他乘客跟上，船员断后。必须把60人救出去。"）学生在比较中不但更容易掌握"断后"这个词，还更容易领悟船长忠于职守、舍己为人的精神境界。

（三）所有环节——关注"词汇积累"，着重"思维发展"

乌申斯基认为语言和思维是密切相关的，甚至"想要发展学生的语言，首先应该发展他的思维能力。离开了思维单独地发展语言是不可能的；在发展思维以前发展语言甚至是有害的。"[1] 的确如此，词汇积累与思维发展应水乳交融地融合在教学的所有环节中。

比如在教学中很常用但学生往往不得章法的"情节复述"中，可以利用简洁的词汇组织成提纲，培养"从厚到薄"的阅读思维。"雾夜航行"和"意外被撞"中的"雾夜"和"意外"就很好地预示了事件的背景原因和性质，暗示这个事故并非船长的责任，为理解船长形象奠定基础。

开端（1~5）"诺曼底"号雾夜航行。

［海难发生前］

发展（6~14）"诺曼底"号意外被撞。

［海难发生时］

高潮（15~41）哈尔威船长指挥救人。

［海难发生中］

---

❶ 张焕庭. 西方资产阶级教育论著选 ［M］. 北京：人民教育出版社，1964：470－471.

结局（<u>42</u> ~ <u>44</u>）哈尔威船长<u>与船共沉</u>，船员、乘客<u>全部获救</u>。

［海难发生<u>后</u>］

再如在聋生的弱项"分析概括"环节中可以抓住简洁的词汇加以引导。张宁生教授指出聋生的"思维表现了更大的具体形象性"❶。的确，聋生易于模仿、复述，但难于分析概括。拿本课来说，在学情测试和授课中我们发现，学生发自内心地喜爱船长，并明确喜爱他是一个"英雄"。但具体说他的英雄气质体现在哪里？"英雄"的内涵到底是什么？基础较弱的学生会感到很困难。他们能够做出船长镇定自若的神态，能够说出"指挥""命令"等直观的动作性词汇，但不会进一步分析。解决这个问题的关键是教师对教材的深度把握，以下通过两种板书设计加以说明。

第一种板书设计：

镇定自若　　　　　　　　　　　爱工作

临危不惧　　　　哈威尔船长（英雄）

忠于职守　　　　　　　　　　　爱他人

关爱他人

热爱工作　　　　　　　　　　　……

……

第二种教学设计：

	乘客	哈尔威船长	
海难前	"进入梦乡""小心翼翼"	工作认真	舍己救人
海难时	"惊恐万状""断后"	先人后己、临危不惧	忠于职守
海难中	"惊慌失措""胆敢"	威严、镇定自若	（英雄）
	"见习"	考虑周密、临危不乱	
海难后	全部获救	与船共沉	

第一种教学设计的思路是引导学生一小段一小段地看文章，请学生通过人物行为概括人物精神。但在概括用语上各段之间有较多重复，比如几乎对船长每一处表现都在用"临危不惧"概括；"爱他人"与"爱工作"这样的总结用语虽然贴近学生，但内涵上有所折扣……这些都不利于学生思维的深入发展。第二种教学设计则更能做到对"英雄"形象的深入挖掘。第一，与情节相呼应，便于逐层深入；第二，在船长与乘客的对比中

---

❶ 张宁生. 听觉障碍儿童的心理与教育［M］. 北京：华夏出版社，1995：68.

突出英雄形象的与众不同；第三，注重细节的把握与关键词的提取，利于引导学生品词品句；第四，对"英雄"的总结概括更准确到位。

非重点词汇如果处理得当不但可以起到测试中指导学生自学的作用，还能起到思维启发的效果。本课涉及船的有20多个词，这些词大多不需要熟练掌握，但是如果不懂也会影响阅读，而如果一个词一个词地讲解排除，浪费时间又单调乏味。我们是这样处理的。

（1）在图上标出这些部位<u>（本文图略）</u>

船头　船身　侧舷　船桅　指挥台　舰桥（位于正前方，是操舰和指挥的地方）

（2）选择下列加点名词在现实生活中的作用

那是"玛丽"号，一艘装有螺旋推进器的大轮船。（　　）

轮机火炉被海浪＿＿＿（呛/灌）得嘶嘶地直喘粗气。（　　）

船上没有封舱用的防漏隔墙，救生圈也不够。　　（　　）

A. 轮船进水时用来堵住窟窿　　　　B. 加快轮船前进

C. 给轮船提供动力

（3）将下列词语分成三类

A：＿＿＿＿＿＿＿＿＿＿＿＿＿＿＿＿＿＿＿＿＿＿＿

B：＿＿＿＿＿＿＿＿＿＿＿＿＿＿＿＿＿＿＿＿＿＿＿

C：＿＿＿＿＿＿＿＿＿＿＿＿＿＿＿＿＿＿＿＿＿＿＿

救生艇　船长　救生圈　大副　机械师出航　二副

启航　小艇　起航　水手

第（1）题引导学生头脑中形成船的整体印象，这样在阅读中易于进入情境，而"舰桥"一词所给的注解暗示了"舰桥"和"指挥台"其实位置相同，暗含思维训练。第（2）题中的几个词生活中很少用到，只要知道它们的用途即可，这道选择题就起到了这样的作用。第（3）题更是培养学生的分类思维能力。这几道题耗时少，效果却很好，这其中思维能力的张显应该是一个重要原因。

三、教学效果与启示

（一）教学效果

本项研究中的词汇教学策略既注意具体的教学方法，又关注系统的教学过程监督，使学生在学习态度、学习能力方面均有较大的提高。

"学情测试"和"过关考试"激发了他们的挑战意识和学习积极性，

复习的积极性更为高涨。这种学习氛围下，后测成绩相当理想。在增加难度的情况下，成绩仍然提高很大（前测平均 32 分，后测平均 74 分）。

课堂表现也更为出色。前后两次授课班级分别是职高二和职高一，由于运用新教材，学生均第一次学习本课。明显看出，运用词汇积累策略的课堂上学生回答问题更主动、更自信，所用词汇更丰富、更准确，回答问题更到位、更合理。

（二）启示

第一，关注聋生特殊学情。关注聋生的特殊学情，其实就是贯彻新课改所提倡的以学生为主体。尊重学情，研究学情，积极开发学情考查策略。在这些思路的引导下，我们终于摸索出"依文填空"式的词汇学情测试法。

第二，关注课堂生成过程。对聋教育而言，"过程"与"生成"绝不是锦上添花，而是雪中送炭，因为如果不如此，不仅会压抑聋生学习的积极性，还会导致简单问题得不到解决。比如在归纳海难发生时船长表现如何时，"威严"和"临危不乱"两个词都正确，但教师过于遵循原有设计思路否定"威严"一词，打击了学生的积极性，也导致了学生的思路混乱；在分析船长在意外撞船后表现如何时，应用"镇静"，学生用"安静"，教师只是告知，不注意说明缘由，结果学生在这个问题上反复出错。

第三，重视提高语言教学素养。早在 1990 年就出版了聋教育专家叶立言的《聋校语言教学》，可见"语言"问题在聋校教学中的重要性。解决好学生的语言问题，当然需要教师具有过硬的语言教学素养，但目前具有这种专业素养的聋校教师微乎其微。本课在老师让学生用"状"字组词以强化"惊恐万状"中"状"的"样子"这个义项时，学生接连组成"奖状""状元"等，令教师措手不及。这说明聋校教师除了要有语言教学的意识，还要注意积累汉语言知识。

第四，提高手语教学基本功。取得良好的词汇教学效果，除了本文提出的教学策略之外，手语教学基本功也是一个重要保证。例如"面面相觑"手语打法一：四个动作"脸 + 脸 + 互相 + 看"；手语打法二：两个动作，左右手同时打出"看"的手语，方向相对表示"对视"，在不同位置打两次表达很多人相互对视，同时面露疑惑。显然，手语打法二更形象，更有魅力，两者教学效果的差距不言而喻。

参考文献

[1] 叶立言. 聋校语言教学 [M]. 北京：光明日报出版社，1990.

［2］孙德金．对外汉语词汇及词汇教学研究［M］．北京：商务印书馆，2006．

［3］周小兵，李海鸥．对外汉语教学入门［M］．广州：中山大学出版社，2004．

［4］张焕庭．西方资产阶级教育论著选［M］．北京：人民教育出版社，1964．

［5］张宁生．听觉障碍儿童的心理与教育［M］．北京：华夏出版社，1995．

"依托文本"的虚词教学策略研究

陈甜天

一、问题的提出

(一) 聋生的虚词问题

汉语有一套完整严密的语法体系，其中虚词更是表达逻辑性的重要辅助工具。● "汉语水平词汇等级大纲"中所收虚词大约有 500 个；而《中国手语》中所收虚词仅为 73 个，实际生活中大多数聋人则没有单独的手语表示虚词的含义。听力残障，缺少天然的语感习得环境造成聋生的虚词问题。虚词在很大程度上制约了高中聋生阅读和表达水平的提高，还在一定程度上影响聋生逻辑思维的发展，影响聋生手语、汉语互相转化。

(二) 聋校语文教学中的虚词问题

虚词问题是我们聋校语文教学中必须面对的一个问题，但是教学效果却普遍不好。

聋校低年级教材有语法内容，但授课质量不均衡，很多情况是教了语法，教了虚词，但学生仍然不会用。到了高中阶段，教学更侧重于篇章阅读，虽然学生存在虚词问题，但缺少足够的课时和适宜的方法解决，加上学生差异较大，在课堂中解决虚词问题也有更大的难度。

(三) "依托文本"的虚词教学策略

"文本"指在教学活动过程中产生的和接受的总体。● 这里的"文本"都要靠教师挖掘和整理。如虚词学习材料、师生和生生间的对话、学生产生的问题等。其中，学习材料主要来源于课文。

为了解决聋生的虚词问题，依托文本进行虚词补偿的策略，就称为"依托文本"的虚词教学策略。这一策略需要教师最大限度地发挥所长，运用更多的方式、方法，需要教师与学生合作，是一个动态的、复杂的

● 李晓琪. 现代汉语虚词讲义 [M]. 北京：北京大学出版社，2005：1.
● 赵锡安. 听力障碍学生教育教学研究 [M]. 北京：华夏出版社，2006：83.

过程。

（四）有关《在马克思墓前的讲话》

有调查表明，62.5%的人认为语文课堂教学中进行语法教学最好穿插在每篇课文的语言分析中。❶ 虚词教学也不例外。虚词补偿和课文的语言分析结合起来，就可以既解决高中聋生的虚词问题，又不影响正常的教学进度。

选择《在马克思墓前的讲话》（以下用《在》代替）作为虚词补偿教学材料，主要是因为它有以下几个特点：一是虚词多，二是语言准确，三是逻辑极其严密。总之，这篇经典的演讲稿非常适合用来进行虚词补偿。下面，结合《在》一课的教学实践，谈谈如何运用"依托文本"的教学策略进行虚词补偿。

二、"依托文本"进行虚词补偿的实践

（一）挖掘教学资源，确立虚词教学目标

教师在确立教学目标时，既要深入挖掘教材资源，又要注意挖掘学生资源。

1. 研发教材，预设教学重点

《在》一文可从三个层面预设虚词重点：（1）固定搭配。比如"为……所""从……到"等。（2）句子（句群）逻辑关系。比如"然后"这一承接关系，"但是"这一转折关系，"即使……也"这一让步关系等。（3）段落结构关系。比如第7段开篇一句"因为马克思首先是一个革命家"，它既承接上文马克思作为科学家的巨大贡献和特点，又引出下文马克思作为革命家的贡献和特点。

2. 学情测试，明确教学难点

教师尝试了用一种"依文填空"的测试法预测难点。"依文填空"法即在文段中将一个词空出一部分，让学生填写。例如下列句子是一个"被"字句，空白处应该填写"所"，"为……所"是表被动的固定搭配。

> 正像达尔文发现有机界的发展规律一样，马克思发现了人类历史的发展规律，即历来为繁芜丛杂的意识形态__掩盖着的一个简单事实。

通过对学生答卷的统计和分析，教师发现，《在》一课中，聋生在5

---

❶ 张先亮. 教学语法应用研究［M］. 北京：中国社会科学出版社，2006：99.

组虚词（表1中的1、2、4、6、9）的使用上存在明显的学习问题。这样，这5个虚词就成为本课的虚词补偿的教学难点。

表1

序号	虚词	考查点	学生的错误率
1	从……到	考查固定搭配	37.5%
2	为……所	考查固定搭配	75%
3	然后	考查句群逻辑关系	75%
4	即使……也	考查句群逻辑关系	87.5%
5	但是	考查句群逻辑关系	25%
6	无论……都	考查句群逻辑关系	37.5%
7	因而/从而/进而	考查句群逻辑关系	50%
8	对于/由于	考查句群逻辑关系	12.5%
9	不仅/还	考查段落结构关系	12.5%
10	首先……其次	考查段落结构关系	75%

注：学生的错误率 = 答错的人数/总人数，以"为……所"为例，全班8个同学中，只有两个同学写"所"字，其余6个同学写的是"就、来、为、的"等字，"学生的错误率"就是 6/8 = 75%。

总的来说，虚词教学目标的设立主要考虑两个方面：一是选择学生生活中比较常用的虚词预设为教学重点；二是筛选学生在学情测试中错误率较高的虚词作为教学难点。有了这样两个筛选，我们认为就可以基本保证虚词教学内容的科学性和针对性。

（二）紧扣文本内容，进行虚词能力训练

1. 激发动机，引出问题 ［话题引入法］

比如在关联词"即使……也"的教学中，教师这样导入："同学们，你们知道吗？昨天的课前测试中，全班8位同学中，有7位学生此题都做错了！让我们赶快来看一下吧！""你们知道吗"和惊人的出错率马上会引起学生的高度关注，也调动了他们的学习热情。

2. 搭建桥梁，明晰知识 ［化繁为简法、对比法］

"搭建桥梁"就是要借助一切可能的手段在学生和知识之间搭建"桥梁"，在课堂上实现有效的师生沟通。

（1）简明讲解。讲解要精练，只要求学生了解其最核心知识和最常见的搭配。在关联词"即使……也"的教学中，可以告诉学生"即使"的意思是"就算，哪怕"，表示一种假设，常常和"也"搭配。而"即使"和"假使"的区别最好先搁置不讲。

（2）建立新旧知识的联系。比如对于"即使"这个新词，可以和"如果"进行对比，让学生更易于接受。

（3）综合运用各种教学语言。自然手语中往往没有固定的虚词，常常借助表情和手语的力度等传达虚词的含义，而且生动形象，聋生易于接受，教师可以充分利用。另外，一旦学生理解了某个虚词，师生就要用某个手语固定下来，帮助其丰富语言。

3. 调动兴趣，应用练习［模仿例句法、语用体会法］

调查表明，73%的初中生认为语法教学中存在的最大问题是枯燥乏味。❶"练"并非简单的重复，它的秘诀在于贴近生活和灵活多变。以"即使……也"为例。

例如：即使他知道，也不会告诉我们的。

（1）模仿例句法

例1：即使没人帮他，＿＿＿＿＿＿。

例2：＿＿＿＿＿＿，我也得去。

这种"半句话"的练习形式，答案具有开放性，更能调动课堂气氛，提高学生的学习积极性和成就感。注意练习要比原句简单些，不要制造新的字面障碍。

（2）语用体会法

对于非常重要的关联词，为加深印象也可以进一步采用"语用体会法"，注意尽量选用学生易于接受和理解的情境。

用"即使……也……"写一句话，补充在横线上

a. 张宇的爸爸妈妈都下岗了，经济特别困难。

b. 张宇穿的是最普通的衣服，花钱非常节省。

c. 四川地震，学校组织大家捐款。

d. ＿＿＿＿＿＿，＿＿＿＿＿＿张宇全家从生活费中省出了 700 元，捐给了灾区人民。

e. 大家被他们全家的爱心深深感动了……

（一学生答："即使不捐款，也没有什么错，但是……"）

由于当时全校刚刚为汶川灾区捐了款，学生都非常熟悉此情境。这样的情境下体会"即使……也……但是"的作用会容易些。课上，这名学生

---

❶ 张先亮. 教学语法应用研究［M］. 北京：中国社会科学出版社，2006：99.

在手语"不"和"没有"上加大力度，在手语"没有什么错"上加上无辜的表情，又在手语"但是"一词上稍作停顿，他的表情神态和手语动作准确地表现出了让步递进的情态。

4. 启发思维，回归文本 ［语境揣摩法］

引导学生站在虚词所在的段落，甚至全篇的高度上，去理解虚词的语境意义，体会课文逻辑严密的特点。这样做，是因为：第一，对学生进行词汇教学应该注意既教给学生词汇的定义知识，也教给语境知识。❶ 虚词学习也不例外。第二，文章的一大特点"逻辑严密"。进行语法教学，就是在进行逻辑学的教学，就是在培养学生良好的思维能力。❷ 以"为……所"为例：

原句：历来为繁芜丛杂的意识形态 ___6___ 掩盖着的一个简单事实。

问：你能把这句话改成"把"字句，意思不变吗？ ［参考答案：繁芜丛杂的意识形态把一个简单事实长期掩盖着。］ 这一设问，既是为了补充知识，又为下一个问题做了铺垫。

教师接着提问："繁芜丛杂的意识形态把一个简单事实长期掩盖着"句中，什么人提出了"繁芜丛杂的意识形态"？为什么要"掩盖"这个简单事实？"

这个问题需要学生对课文第2、7、8自然段内容的逻辑关系，特别是文章的背景有比较清楚的了解。一学生答道："资本家提出的，他们的目的是掩盖自己的罪恶。"从关注句中的虚词，上升到对文章的讨论。学生在逐步递进的过程中加深了认识，掌握了用法。❸

（三）跳出文本语境，提高虚词应用能力 ［选词填空法、举例区别法］

与某个词只接触一次，获得的学习量很小，只有通过多次接触才可能完全理解一个词的意义及其使用的语境。课上练习、作业中、考试时，教师不断变换各种题型，引导学生跳出文本语境，进行虚词实践练习。以"不仅……还"为例：

练习一：造句

学生孙×：她不仅会唱歌，还会跳舞。

---

❶ 王建勤. 汉语作为第二语言的学习者习得过程研究 ［M］. 北京：商务印书馆，2006：242.

❷ 李裕德. 语法教学与思维能力的培养 ［J］. 中学语文教学，2002（7）：5.

❸ 李晓琪. 现代汉语虚词讲义 ［M］. 北京：北京大学出版社，2005：6.

练习二：选词填空

填入下列横线上的词语，最恰当的一项是（　　　　）

真正的现代教育＿＿＿＿＿靠背书，＿＿＿＿＿要培养学生的创造力。

A. 不仅……还　　　　　　　B. 不是……而是

（正确答案是 B，共 8 个学生，4 人选 A，4 人选 B）

选 A 的 4 位学生都会用"不仅……还"造句。在新语境下，他们选错的原因，主要有三点：一是不理解"真正的现代教育"的含义，二是不理解 AB 两组虚词的差别，三是马虎，没有仔细读，选择了自己最熟悉的词。对于第一种情况，教师启发学生思考："背书能解决现在的全球粮食危机吗？"形象性的问题帮助学生思考。对于第二种情况，教师用一组简单的句子帮助学生理解以上 A 和 B 两组关联词的差别。

A. 高×同学不仅背会了英语单词，还背会了古诗。［单词、古诗都背会了］

B. 高×同学不是背会了英语单词，而是背会了古诗。［只有古诗背会了］

通过比较，学生明白了：因为只有"培养学生的创造力"是"真正的现代教育"，因此选 B。对于第三种情况，教师让学生自己说说应该吸取什么教训。

简言之，在新语境下能否清晰地分辨出虚词之间的差异，是学生虚词能力高低的标志之一。这种练习和讲解，也是提高学生虚词应用能力、语言综合运用能力的策略之一。

（四）注重个别辅导，订正学生作业问题［**个别辅导法、对比区别法、订正错误法**］

词汇学习，应该对不同的词汇和不同的学生提出不同的要求。虚词也是如此。在批改练习中发现的个别问题，此时教师要给予个别指导。以下重点谈谈聋生在课后作业及个别化辅导中出现的问题。

如，有的同学写道："即使你有博士学位，也很容易找好工作。"具体分析这个学生，他平时喜欢用"如果"一词，通过和他的深入访谈，可以确定他把"如果……那么"和"即使……也"两组关联词混淆了。所以教师直接采用了"对比法"，启发学生意识到"即使"除了有"如果"一样的假设意味，但更要突出"让步"的意味，最后，他把原句改为"即使你有博士学位，也不容易找到好工作。"

学生类似的问题很多，同样需要教师的个别辅导。比如"恩格斯对于马克思很大的悲痛"（搭配不当，应改为"恩格斯对于马克思的逝世深感悲痛"）。"但是小明天天在网吧里泡，就会影响学习"（句子成分残缺，可改为"偶尔上网是不错，但是小明天天泡在网吧里，一定会影响学习的"），等等。

个别辅导以后，教师把学生的错误句子汇总，让全班同学一起分析订正，这对快速提高学生使用虚词的准确率有较大的帮助。

三、教学效果

依托文本对高中聋生进行语法补偿教学的策略取得了较好的效果，主要表现在如下几点。

（1）学生的成绩与态度变化

学后和学前虚词测试结果显示，全班 8 个学生中，每人都在原来的基础上有所进步，2 个基础相对薄弱的学生进步更为明显。五组重点讲授的虚词每人都能达到造句无误的程度。在传统的教学方法下，学生常表现出对文本没有兴趣，课堂上很被动，作业应付等。运用了此套策略，学生的学习效率和学习积极性明显提高。

（2）学生的课堂表现

对比一下，加上或去掉画线的词语，你感觉有何不同？

一生中能有这样两个发现，该是很够了。即使只能做出一个这样的发现，也已经是幸福的了。但是马克思在他所研究的每一个领域，都有独到的发现。

一位学生答："没有了关联词读起来感觉平淡，好像这些贡献没什么了不起；加上这些关联词以后，感觉语气发生了变化，先压低后提高，能让人感觉到恩格斯对马克思卓越研究才华的由衷敬佩和赞叹。"通过对比，学生深化了对作者和文本的理解。从这点上更能看出虚词教学对高中聋校语文教学的意义，可以说，正是虚词教学的成功才产生了这样的教学效果。

（3）学生的自我总结

一位学生在总结发言中说："我收获很多，学会了一些介词搭配、关联词搭配（的知识），还有，以前我概括能力不够，通过学习，我能从文段中提取出主要的信息。"另一位同学在谈收获时激情澎湃地说："学完了这一课，我非常非常敬仰马克思，我觉得他是我们全人类的父亲，没有他的天才和努力，就没有我们中国人民现在幸福的生活。"学生借助虚词，与作者产生了深深的共鸣。

四、启示

事实证明，虚词语法补偿教学是有效的。它有助于提高聋生的语言应用能力。在实践的过程中，我们还有以下反思。

（1）精选材料，挖掘文本资源

教师在选择材料时，要考虑以下几点：虚词是否丰富，用法是否典型，多数学生掌握与否等。一般来说，语言规范、准确，逻辑严密的科普类文章，比语言上追求新奇、陌生化的文学类作品更适合虚词教学。值得注意的是，不少科普文章是外文译成中文的，翻译水平良莠不齐，要仔细甄选。总体来说，语文教材（含读本）中的名家名篇应是教师考虑的首选。教师还要通过课前调查、学前测试等方法尽可能多地了解学生，找出学生的困难所在，善于发现和挖掘教学活动中的文本资源。

（2）创设语境，注重实际运用

在进行虚词教学时，教师要改变过去灌输的、死记硬背的、机械式的方式，要创建活力课堂，运用多变的教法，设计形式多样的练习，着眼于学生技能的培养。根据听力障碍学生实际创设大量的生活语境，列举贴近听力障碍学生生活实际的事例，加强虚词与学生生活实际和生活经验的联系，使学生对新虚词的理解建立在学生现实生活的基础上。这将有效改变原来与现实世界脱节的状况，能够调动他们的主动性和积极性，提高虚词学习效果。

值得指出的是，语言作为一门实践性很强的学科，"读"和"说"对于学生能力的提高很重要，而此次虚词教学实践中，教师在调动学生多读多说上有所欠缺，应引以为戒。总之，教师应努力解放思想，在组织学生学习虚词的过程和方法上不断探索，让课堂带给学生更多切实的收获。

适用于聋生的"随课专题语法补偿"实践研究

卢雪飞　陈甜天　王玉玲

一、研究背景

　　世界上所有语言都具备语音、词汇、语法三大要素❶，它们是语言教学的主要内容。因听力障碍，健听学生自然能够习得的语言聋生需通过专门学习才能掌握。教学中我们发现，即使到了高中，多数聋生的汉语能力依然不足。有时一句话中的每个词聋生都认识，但他们却不能准确理解其意义，这与学生的语法知识和能力有关。他们急需专门的汉语补偿教学。

　　2016 年《聋校语文课程标准》指出语法修辞知识"在教学中应根据语文运用的实际需要，从所遇到的具体语言实例出发进行指导和点拨。""要避免脱离实际运用以及围绕相关知识的概念、定义进行'系统、完整'的讲授、操练与考试。"

　　研究表明部分聋人学习汉语具有把汉语作为第二语言学习的特点❷。第二语言教学中的对外汉语语法教学重视汉语语法获得的"教"与"学"两方面，且把"学"作为重点，因为语言习得相互作用观点指出"成人是在与环境（包括课堂教学语言小环境、课堂外自然大环境）的相互作用中逐步掌握汉语语法规则的"❸。聋生也不例外。

　　因此，我们以对外汉语教学的第二语言习得理论为指导，采用情境化教学方法，借鉴对外汉语语法教学技巧，结合聋校语文学科特点进行实践研究。下面以《"诺曼底"号遇难记》中"连……也"句为例，详细阐述聋校"随课语法"补偿教学及注意事项。

---

❶ 黄伯荣，李炜. 现代汉语 [M]. 北京：北京大学出版社，2012：1.
❷ 吕会华. 聋人和留学生汉语生造词比较研究 [J]. 中国听力语言康复科学杂志，2008 (28)：45.
❸ 王永德. 从儿童语法习得过程看对外汉语语法教学 [J]. 心理科学，2001 (3)：370.

二、聋校语文"随课语法"教学流程及方法

"随课语法"是聋校语法补偿教学中的一种，指的是从聋校语文教材中选取语法知识点、随堂进行语法补偿并以此促进聋生对教材内容理解的一种语法教学形式。

聋校语文"随课语法"教学流程及方法如下。

（一）选取语法点

"随课语法"教学中语法点选取有两个依据。首先是学情，通过学情调查发现学生普遍未掌握的语法点；其次是文本特点，与文本内容、主旨理解密切相关的语法点。

正式授课前，通过对依文填空（调查学生字词句障碍的方式）练习结果整理分析，发现本班孩子未掌握的语法点集中在以下三种句式上（见表1）。

表1

序号	《"诺曼底"号遇难记》中的原句	语法点	错误率	正确率
（1）	他镇定自若，仿佛他不是给人而是在给灾难下达命令，就连失事的船舶似乎也听从他的调遣 哈尔威船长，他屹立在舰桥上，（连）一个手势也没有做，（连）一句话也没有说，犹如铁铸，纹丝不动，随着轮船一起沉入了深渊	"连……也"句	100%	0
（2）	因为它才七岁，是1863年造的 像这类英国船，晚上出航是没有什么可怕的	"是……的"句	100%	0
（3）	他镇定自若，仿佛他不是给人而是在给灾难下达命令	并列复句"不是……而是"	80%	20%

"是……的"句、"连……也"句学生都没掌握，但"连……也"出现两次，阅读理解本篇小说内容、主旨、感受人物形象都与此句关系更密切。人物形象是小说学习的重点，"连……也"句更能凸显哈尔威船长的威严、指挥有方等特征，所以将它定为本节语法补偿课的教学内容。

（二）引入语法点

引入语法点的目的在于让学生了解本课的教学目标和内容，让学生知道本课教学不但具有语法目标，还有课文分析的目标。

出示学情检测结果，组织学生读文中语句。

（1）他镇定自若，仿佛他不是给人而是在给灾难下达命令，就连失事的船舶似乎也听从他的调遣。（《"诺曼底"号遇难记》第34段）

（2）哈尔威船长，他屹立在舰桥上，一个手势也没有做，一句话也没有说，犹如铁铸，纹丝不动，随着轮船一起沉入了深渊。（《"诺曼底"号遇难记》第42段）

教师解释学习"连……也"句的原因："连……也"这一句式对理解人物形象和主旨非常重要，所以要学习它。

（三）解释语法点

解释语法点的目的在于让学生意识到语法所承载的语义功能。语言是用来传情达意的，将抽象的语法知识与学生真实的生活情境相连，使其感到此情此景必须用"连……也"才能准确表达他们的感受。

所以导入环节设置三个由易到难的汉字：雪、缈、骉，逐一出示三个字，问学生读音，让汉语言水平稍弱和较高同学都展示自己的水平。"骉"的出现难住了学生。教师提示学生请教听课老师，有老师认识读出了"biāo"音。学生面露钦佩神情。有学生追问"骉"字的意思，动画展示其含义：〈书〉许多马跑的样子。结合这一情境询问学生那位老师认识"骉"字，你们是何感受？学生纷纷打手语说：真棒！太厉害了！水平真高！再追问：为什么说那位老师水平真高？生答：因为她认识"骉"字。此刻教师指着"连……也"句和"骉"字说：某某老师汉语水平真高，连"骉"字也认识，水到渠成地结合真实情境运用"连……也"句。

在《实践论》中，毛泽东认为"感觉到了的东西，我们不能立刻理解它，只有理解了的东西才能深刻地感觉它。"❶ 对外汉语语法教学也建议优先发展学习者的语言理解能力，让其在理解的基础上逐步体会汉语句子的语法规则。❷ 聋生结合语境初步感受到"连……也"的意义和用法，接着要使其认识"连……也"中间部分是"最极端的例子"，起强调、突出的作用。此环节要举大量与生活情境相关的例句，辅助学生理解"最极端"的含义。"雪""缈""骉"三个字中最难的字"骉"算是最极端的例子，最简单的"雪"也算是最极端的例子，若说某某上六年级了，可是连"雪"也不认识，说明他语文水平低。进一步指出极端的例子可以是几件东西中最贵的、最便宜的、最好的、最坏的、最笨的、最聪明的、最容易的、最难的……"连……也"的意思是最极端的情况都会出现，一般情况肯定会出现。

---

❶ 毛泽东. 毛泽东选集 [M]. 第1卷. 北京：人民出版社，1991：286.
❷ 王永德. 从儿童语法习得过程看对外汉语语法教学 [J]. 心理科学，2001（3）：370.

（四）归纳语法点格式

归纳语法格式的目的在于帮助学生了解语法的形式规律，并利于学生模仿练习。教语法的方法大体有三种，分别是归纳法、演绎法、引导性发现法❶。本节课采用归纳法。出示例句请学生结合语境选择短语填空。

（1）微信很流行，连＿＿＿＿也在用。（老奶奶　年轻人）

（2）他（自理能力差　生活能力强）＿＿＿＿，连鸡蛋也不会剥。

（3）她着急离开，连＿＿＿＿也没吃。

（4）她着急离开，连＿＿＿＿也没吃。

四个句子都紧密围绕"最极端的例子"和"强调、突出"作用加以阐释后，启发学生观察"连……也"中间词语的特点。研究现代汉语语法得用"事实"与"思考"两把钥匙❷，学生通过观察示例，思考、分析、归纳出格式："连＋名词和名词性词组式＋也"。教师需补充说明"连……也"中间也可以是其他词性的词组，本节课只涉及名词类。

（五）练习语法点

学生由"懂"语法到"会"语法之间有相当长的一段距离❸，而"用"是最好的"学"，所以要设计多层级、多样化、情境化的练习活动。

1. 说一说——用"连……也"把句子补充完整的说话练习

（1）他现在很有钱，＿＿＿＿买了。（手机、电脑、别墅）

（2）这姑娘可厉害了，她＿＿＿＿敢喝。（汽水、啤酒、白酒）

（3）这道题很简单，＿＿＿＿会做。（小学生、高中生、大学生）

（4）这篇古文太难了，＿＿＿＿。（学生、老师）

（5）他特别怕小动物，＿＿＿＿。

2. 写一写——看单幅图1，写句子练习

连……也

图1

❶　盛炎. 语言教学原理［M］. 重庆：重庆出版社，1990：263.

❷　陆俭明. 进一步深入研究汉语语法的钥匙［J］. 云南师范大学学报（哲学社会科学版），2016（7）：1.

❸　盛炎. 语言教学原理［M］. 重庆：重庆出版社，1990：266.

他太困了，＿＿＿＿＿＿＿＿＿＿＿＿＿＿＿＿＿＿＿＿＿。

3. 看两幅图（见图2、图3）写句子练习

图2 　　　　　　　　　　　图3

此项练习设计意图是启发学生用比较法，从多角度观察两个教室，用"连……也"句描述它们的特点，鼓励学生用语法点进行内容多样化的自主表达。学生若不会观察，教师可用信息技术实现圆圈聚焦，引导学生观察、比较白板、桌子、椅子、地面……指导观察角度后，若学生还不知怎样表达所见所思所想，就引导他们看格式：连＋名词或名词性词组＋也，并用手语说句子，再板书示范：教室里特别干净，白板上连一个字也没有。启发学生思考、模仿写句子，这样学生就能写出多种多样的"连……也"句。

三项运用"连……也"句的练习设计从半开放到开放，从单图到多图，力图创设真实的语言运用情境。提示、启发学生运用比较思维，多角度观察图片，促使学生想用、能用新句式表达，让他们的表达更多样、更自由。

（六）借助语法点解读课文

曾有心理语言学研究证明阅读理解涉及三方面内容：（1）阅读者有关外部世界的一般知识。（2）阅读者语言知识的掌握（包括他们的语音知识、句法知识、语义知识）。（3）篇章结构组织的复杂性程度。因此语法是帮助聋生深入理解文本的重要途径。

理解"连……也"句式意义和作用后，组织学生再读文中语句，思考"就连失事的船舶似乎也听从他的调遣"的意思，体会其强调、突出作用。

启发学生思考的问题之间要有逻辑性，先问"连失事的船舶似乎也听从他的调遣"，说明还有谁在听从他的调遣。学生想到人——男人、女人、老人、小孩都在听从哈尔威船长的调遣。再问除了人还有谁也听从他的调遣。"失事的船舶"教师再总结"连失事的、不受控制的船舶似乎也听从他的调遣"，突出、强调了哈尔威船长的领导有力、指挥有方、威严。

"他屹立在舰桥上，一个手势也没有做，一句话也没有说"，启发学生思考其他人遇到船即将沉没时会怎样，教师根据学生回答随机板书。接着启发学生用"连……也"描绘哈尔威船长面对船将沉没的表现，学生说"他连害怕也没有"，教师提升为"连害怕的表情也没有"，并进一步指出如果能写成"连一丝害怕的表情也没有"就更好了，这说明他连死也不怕！这是他忠于职守的表现。

这样学生理解了"连……也"在文中的意思，也体会到它强调、突出人物形象的作用，避免语法教学与课文内容学习的两张皮现象。

（七）拓展运用语法点

课文中学习的语法点最终要能用于学生自己的生活才能真正掌握。因此还需要拓展运用环节。教学内容生活化更有利于聋生语言的学习和应用，将所教内容与学生已有生活经验和学习经验相连，更能促使其应用能力的迁移。根据学生生活经历——几天前的春游，设计情境化的交际性练习。

学生 2 人一组，进行对话练习（见图 4），他们可能说出"我累得连一个字也不想说了""我累得连饭也不想吃了""我累得连澡也不想洗了""我累得连洗澡也不想去""我累得连球也不想打了"……

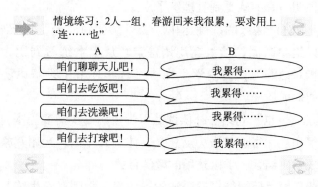

情境练习：2人一组，春游回来我很累，要求用上"连……也"

A	B
咱们聊聊天儿吧！	我累得……
咱们去吃饭吧！	我累得……
咱们去洗澡吧！	我累得……
咱们去打球吧！	我累得……

图 4

三、反思与建议

"随课语法"补偿教学能使聋生关注到文中的语法点，理解其意义，体会其作用，掌握其格式，通过多样化、情境化练习初步掌握其用法。语法教学不单单是语法知识教学，更是理解基础上的准确应用。"随课语法"补偿教学是聋校语法补偿课中的一种类型，教学中需要注意以下几点。

（一）语法点选择要真实、有效

所谓"真实"是学生真的不曾注意到、不会用的语法。一篇文章中可能有多个语法点，要精准定位学生学习的盲点和弱点，就需要依文填空的学前测试。本课以"连……也"作为教学重点是基于学情调查的，学生不会的正是我们该教的，从而增强了教学针对性，使学生能够从不懂到懂，从不会到会，切实感受到自己的成长，让他们有各自的获得感。

所谓"有效"是语法点教学有助于学生理解文章内容。"连……也"与塑造小说人物哈尔威船长的性格特点、凸显其忠于职守的光辉形象密切相关。学生先理解简单句中"连……也"的意义和作用，再迁移到文中较难语句就比较容易了。这样做还能避免语法点教学与课文内容理解相脱节的情形。

（二）讲练结合，学以致用，及时反馈

讲语法解决的是"懂"的问题，而练语法解决的是"会"的问题。

"懂"——对语法点意义的理解和作用的体会应贯穿课堂教学的始终。最初教师的讲解是辅助学生从字面上知道"连……也"的意思和作用，随后的练习中启发、鼓励学生说说"连……也"的意思和作用，则在促使学生深度思考，不是记住，而是用自己的话阐释、理解、体会。当他能清楚地表达时则说明他真的感受到且理解了。

"会"——对语法点的准确运用。从"懂"到"会"需要较长时间，课堂教学可以集中时间、精力运用语法点。从填空练习到说一说、写一写，再到情境对话练习，促使学生在各个教学环节中理解语法、运用语法，量变才能促成质变。

这堂"连……也"句语法补偿课是以学生的真实需要为本，与文本内容和主题理解相连，将理解语法点意义、体会其作用，运用其格式贯穿始终，力图实现学用结合、学以致用的教学目的。

师生反馈、生生反馈能提升语法学习效果。教师对学生练习情况的反馈、指点越及时，他们课堂上的收获就越多，就能有更多获得感。要注意组织学生间进行更多的交流和思考，水平相近学生的交流对彼此的成长能发挥更大作用。

（三）练习多层级、多样化、情境化

"随课语法"补偿教学，通过设计多层级、多样化、情境化的练习，使学生在运用句子的实践中自然而然地理解其意义，掌握其格式和用法。

　　语法练习分机械性练习、有意义练习、交际性练习。❶ 课上先后呈现如下练习：选词填空、填半句话、说一说、写一写、观察一幅图造句、比较两幅图写话、情境化的交际性练习。由易到难、层级清楚、多样化的练习形式能激发学生运用新语法结构表达的兴趣。练习的句子尽量贴近学生生活实际，使其产生亲切感，觉得语法学习是有用的，不是枯燥无味的。情境化的交际性练习更重要，因为学生真正的学习产生在他使用这种语言的时候。❷

参考文献

［1］黄伯荣，李炜．现代汉语［M］．北京：北京大学出版社，2012：1.

［2］吕会华．聋人和留学生汉语生造词比较研究［J］．中国听力语言康复科学杂志，2008（28）.

［3］王永德．从儿童语法习得过程看对外汉语语法教学［J］．心理科学，2001（3）.

［4］毛泽东．毛泽东选集［M］．第1卷．北京：人民出版社，1991.

［5］盛炎．语言教学原理［M］．重庆：重庆出版社，1990.

［6］陆俭明．进一步深入研究汉语语法的钥匙［J］．云南师范大学学报（哲学社会科学版），2016（7）.

---

❶ 盛炎．语言教学原理［M］．重庆：重庆出版社，1990：266－267.
❷ 盛炎．语言教学原理［M］．重庆：重庆出版社，1990：277.

适用于聋生的"跨级专题语法补偿"实践研究

陈甜天

一、教学背景

由于缺乏天然的语言环境，即使到了高中阶段，聋生仍普遍存在汉语语法的学习需要。表现为普遍存在书写的语句不通顺，聋生不理解有固定结构的句子等问题。聋生的语言"主要是在教学情境中专门培养的"。[1] 为了培养高中聋生的语法知识和能力，高中聋生仍有必要开设语法补偿课。

在教学实践中，往往会遇到这样的疑难问题：高中聋生语言水平差异很大，同一班级的学生未必有相同的需要，而不同年级学生反而可能存在相同的汉语语法补偿需要。如果一对一指导，老师需要重复好多遍，浪费精力体力；如果全班教学，往往班里有一半的学生已经掌握了，浪费学优生的时间。比较好的方法是打破班级的界限，通过统一的前测，将在某个语言点上，存在共同学习需要的学生组织起来进行专题授课，能达到较高效率、较好学习效果的目的。因此，除了随课语法补偿和课后个别化辅导外，还应该开设"跨级专题语法补偿课"。

"跨级"指的是教学对象，包括跨班级或跨年级；"专题"指的是教学内容，具体为一些和语文教学进度不匹配、但又具有不同班级、年级共性的教学内容。可以说，跨级专题语法补偿课，是对课内语文教学、一对一补救辅导教学的有益补充。那么，跨级专题语法补偿课应该注意些什么呢？如何授课效率更高、效果更好、学生更欢迎？这就是本文要探究的问题。

二、教学过程和方法

（一）教学对象和内容的确定

1. 教学对象的确定

跨级语法补偿课，需要考虑跨级学生的共同点，比如需要学习的语法

---

[1] 张宁生 . 听觉障碍儿童的心理与教育［M］. 北京：华夏出版社，1995：86.

点，共同的经历等。在本案中，通过日常观察、日记分析，了解到来自高三1班的学生A、B，和来自职高三1班的学生C、D，这4位同学平常沟通以手语为主，口语极少，并没有掌握比字句的结构和用法。由于语言和沟通障碍较大，所以不够自信，有增强信心的心理需要。不仅如此，他们都处于特殊的人生阶段，一个月后，高三和职高三的学生将毕业，即将踏入大学校门，为进入社会做准备。这个年龄阶段，不仅需要语言补偿，而且是时候着手进行职业规划了，还需要这方面的引导。

2. 教学内容的确定

跨级语法补偿课选取的内容，多为汉语语法中使用频率较高的，且是教学对象出现错误的"点"。聋生汉语中介语语料库也可在宏观上为教学内容的确定给教师以启发。在该语料库约5万字的语料中，是字句使用了125次，而比字句却只有17次，可见聋生对使用这一句式的信心并不高。但比字句的偏误率却较高，在12种特殊句式中排第四。在本案前测（见表1)中，4位学生有关"比"字句的错误主要集中在3个方面。第一，把"X比Y更/还W"写成了"X比Y很W"；第二，形容词的恰当选取；第三，否定形式的表达。因此，本节比字句的教学目标有三个：（1）学习比字句的基本用法。（2）了解职业规划的一般知识。（3）增强与人沟通以及语言学习的信心。总之，在语言上增量发展，在职业规划上认识提升，在愉悦的学习中体验成功，提高自信。

表1

"比字句"偏误	分　析
他胳膊比我很长	"很"应改为"更/还"，很可能是受手语影响，因为"很"和"更"的手语一样
不过比电子书很好，有书的味道	
我比你很高	
我看到熊熊就比以前很沉重	"很"应改为"更"，"沉重"根据上下文应为"笨重"
我不比上她学习好	否定形式，"不比上"改为"比不上/没有/不比"

（二）偏误分析与教学重点的确定

有研究认为聋生学习汉语符合第二语言学习规律。偏误指学习者在习得目的语的过程中所产生的规律性的错误，说话者通常不能察觉，不能自行纠正。偏误分析是指对学习者在第二语言学习的过程中所产生的偏误进行系统的分析，研究其来源，揭示学习者的中介语体系，从而了解第二语

言学习的过程和规律。❶

比字句常常表示事物性质、程度的差别高下。主要由比较主体、比较词、比较项、比较点和比较结果组成，比字句中，在作为比较方面的谓语之前可以用上副词"更""还"或"再"（注意，不能用"很"），表示 A 在程度上又深了一层，同时含有 B 已有了一定程度的意思。❷ 比字句中的"更/还"不能用"很"替代，修饰相对性质形容词的副词也基本限于相对程度副词，绝对程度副词如"太、非常、极其"等不宜用来修饰比较结果。❸ 工作中发现很多以手语为主要表达方式的聋生多出现"谁比谁很怎么样"的书面语表达。笔者认为，这不能排除手语的影响。因为在手语中，"很"和"更"可以用同一个手势表示，一旦混用就可能出现不合乎现代汉语规范的"病句"。

于是，本案的教学重点确定为：了解比较句的意义和用法、基本结构达到语用的水平。教学难点为手语书面语转换时特别注意副词的选取（不能用"很"）。

（三）课堂教学干预

本案中主要教学内容为比字句的几种格式，包括"A + 比 + B + 形容词"，"A + 不比 + B + 形容词"，"A + 比不上 + B + 形容词"，"A + 没有 + B + 形容词"，"A + 比 + B + 形容词 + 一点儿/得多/多了"，"A + 比 + B + 更/还 + 形容词"，"A + 比 + B + 数量短语"。按照"学以致用，循序渐进"的原则，每种格式按照"引入语法点，语法格式说明，解释语法意义，语用练习"的步骤逐一学习。具体教学方法上有如下特点。

1. 精讲多练，及时反馈

"精讲"指要根据学生理解能力和接受能力，将基本的常用格式作为重点，结合例子言简意赅地加以说明。不可抱着"唯恐讲得不够全面，不够详细"的态度，那样容易让学生产生畏难情绪。"多练"指的是课堂时间多数放在练习上，形式要丰富，内容贴近学生，数量要充足。设计要充分考虑聋生的优势信息通道和"最近发展区"，且每次练习及时反馈。在教学设计上精简精良，并采用学生喜闻乐见的方式，这样，才会有较好的效果。

教师多次询问同学一些生活细节，引导学生自主说出比字句，如教师

---

❶ 张如梅. 偏误分析述评［J］. 云南师范大学学报，2003（6）：37.

❷ 刘月华，潘文娱，故桦. 实用现代汉语语法［M］. 北京：商务印书馆，2001：844 – 845.

❸ 李吉华."比"字句比较结果的语法成分分析［J］. 安徽文学，2005（5）：298.

问:"食堂的饭和家里的饭,哪个好吃?"这样,将同学的真实生活作为教学资源引入新知学习,让学生一下子产生了回答的兴趣,在对话中实现知识的自我建构。又如,老师出示一张北京24小时气温变化曲线图(见图1),引导学生比较两个时间点气温相差多少度。有学生回答时用"暖和"来形容温度,老师及时提示:温度用"高/低"来形容,强调"平时要注意积累形容词与名词的搭配知识"。

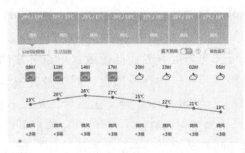

图1

2. 听(听口语看手语)说读写结合

在引入语法点时,通过图片对比,展示两个身高有区别的人的照片。直观呈现,引导聋生说出比字句。在解释语法意义时,引导学生读出例句。语用练习中,创设大量丰富真实的情境,让学生说出比字句。课堂的后半部分,学生大多已经掌握了语法点,于是老师给出学生有兴趣、有现实意义的讨论话题,让学生写出比字句,以写促思,检测所学。听(听口语看手语)说读写相结合的方式,让学生调动多感官在不断练习和反馈中进行学习。

3. 练习真实有趣

教师最熟悉学生的生活状态,在练习环节,老师充分勾连学生的实际生活情境,充分延展,在看似"聊天"的轻松氛围中,引导学生练习并巩固语法点。如将两个比较项人名卡片交换位置,变换出否定格式,引导学生说出"小A没有小B高","小A不比小B高(小B高/差不多高)"。又如,教师精心准备了粽子、西瓜、苹果、糖果和两种不同品牌的手机、语文和英语书、两种不同的茶、不同铅笔、彩笔等实物以及当日气温走向图、端午节习俗、人物身高对比图、某"英才网"招聘信息截图等照片,大量直观的实物图片给学生创设了真实而丰富的情境,引导学生围绕比字句进行语用练习。还有,比较年龄、物价、学生到校时间、交通方式。聊聊最近的天气,聊聊不同学科的学习感受。当老师问学生端午节活动你更喜欢哪一个的时候，有的学生答："划龙舟比包粽子更有趣。"有的说："挂荷包和拴五色丝线比包粽子更有趣。"师生自然地聊节日文化。语法课也加入了民俗文化元素，同学觉得生活化、有趣。

4. 教学效果的复合性

跨级语法补偿课追求复合的教学效果，兼顾"语法学习、职业选择、沟通信心"。在本案中，教师展示图片——某网站招聘广告，上面有多家单位的招聘信息，请同学对比一下，选择其一，并说出应聘某岗位的理由，比字句格式尽量都用到。从现实的生活与体验出发，引导聋生思考未来职业发展方向，可选的角度有专业匹配度、单位和家的距离、工资等，学生写完后当堂投影展示，老师逐一面批，同学补充发言。有的学生写："我愿意选择 A 公司，因为我的专业是美工设计，A 比 B 更适合我。A 比 C 离我家更近。A 给出的工资比 D 多 1 万元。"也有的同学表示自己目前还无法胜任"高级设计师"的岗位，会从"初级设计"做起，踏实努力，不断学习，最终想成为"高级设计师"。同学们对未来就业选择这一现实问题的讨论，不同的观点汇总到一起，让所有同学都受启发，一定程度上增强了自信心。大家对未来美好生活的期待和努力奋斗的姿态，也呈现出一种积极奋进的精神面貌。语法点教学已经超越了语言层面的意义，将对学生未来的生活产生潜移默化的影响。

三、教学结果和反思

从课堂气氛、学生书写的句子、课后的学生访谈等能看出，该课受到同学们的欢迎。不仅比字句的基本格式 4 位学生均已基本掌握，而且同学们对自己的未来更有信心了。可以说是一节比较成功的课，为其他跨级语法补偿课的开展提供了很好的参考。有以下四点反思。

（一）寻找跨年级学生的共同点，进行有针对性的教学设计

跨级语法补偿课，立足点是跨年级学生的共同点，找到共同需求以后，再进行有针对性的教学设计。"聋校义务教育语文课程标准"教学建议强调，在教学活动中，"教师应充分发挥聋生多种感官的作用，尤其是利用视觉观察的优势……使每个聋生的语言能力不断提高，不断提高人际沟通和融入社会的能力。"本次学生为高三和职高三的 4 位同学，他们都有比字句的学习需要，还考虑到两个年级都是毕业年级，教师在教学设计中充分采取直观教学法，使用大量具体的、直观的事物，并特别引入了某招聘网站的招聘信息，围绕"就职意向和工作选择"话题展开比较和讨论，除了语法补偿，跨级语法补偿课，从心理上给予学生支持，培养学生

生涯规划意识，增强动力，最终促进学生全面而有个性的发展。

（二）贴近聋生生活的实际，精心选择话题

跨级语法补偿课，设计力求精简精良，贴近同学的实际生活。毕竟语言是为生活服务的。建构理论认为：学生对知识的接收，只能以学生自己的经验为背景，由他自己来建构完成。英国教育家斯宾塞曾说过："给他们讲得尽量少些，而引导他们去发现得应该尽量多些。"由此可见，只有基于学生生活进行让学生有发现空间的设计，才能把课堂变成学生主动参与的地方，才能让学生对语法点获得更为深刻、鲜明的印象。"聋校义务教育语文课程标准"中也强调：要"结合已有的生活经验和语文积累"，帮助聋生理解和运用语言文字。本案中教师精心设计大量贴近聋生实际生活、学生熟悉和感兴趣的情境，比如学习、物价、节日等，增强了学生已有的知识积累和生活经验，调动了学生的学习兴趣，提高了学习效率。

（三）需要时，手语语法辅助汉语语法教学

和外国学生的第二语言课堂相比，本课最大的不同点是手语语法辅助。"聋人从画面式的思维向线性的思维转换时常常导致词语、语序、句法上的偏误"❶《聋校义务教育语文课程标准》教学建议强调"要依据聋生语言习得的特点进行教学""在教学活动中，教师应加强对聋生手语与书面语表达方式的分析和转换能力的指导"。本案这几位同学就很典型，在手语转化为书面语的问题上，常出现典型病句"A 比 B 很怎么样"。教学中，老师放慢节奏，左手打出"很"的手势，右手指着"X 比 Y + 更/还 + 形容词"的卡片，刻意停顿了一下，并板书"这里不能用'很'"，对转换的关键点进行强调，力图突破手语书面语转换的难点。可以说，手语语法的辅助，加上手语书面语转换知识，有效打开了学生的信息通道，效果很好。

（四）针对学情特点合理应对"意外"情况

合理，指的是学生出现了意料之外的错误时，老师要正确应对。如果是学生还未完全掌握新知导致的"意外"，老师需要做的就是"停顿和等待"，不要急于纠正，给学生更多思考的空间。如 C 在口头回答时，顺口说出"A 比 B 很怎么样"的句子，这时老师停顿不动，不做反应，随后 C 迅速意识到了错误，并自己改了过来。老师立刻鼓励她、肯定她。老师要允许学生犯错，并多给予鼓励，少批评。还有一类"意外"情况是老师授课方法不当引起的。如当老师板书格式"A 比 B 高得多/高多了"。这里用"/"表

---

❶ 吴铃. 聋人书面语学习困难的研究［J］. 中国特殊教育，2007（5）：34.

示这两种表达都可以，然而，没想到有的学生写出了这样的句子："A 比 B 好得多了"，将两种表达"杂糅"在了一起。这也提示老师原来的板书不够清晰，学生容易看错，下次用更宽的纸分两行写。也许可以避免产生类似的错误。

总之，跨级语法补偿课，始终把学生作为教学的真正主体，努力构建学生为主体的课堂，让学生成为学习的主人。当然，要改变或形成一种表达习惯任重而道远，跨级专题语法补偿课也不能一蹴而就，要坚持开展、定期温习。相信一节一节的课串联到一起，能为学生的健康成长增添助力。

参考文献

［1］张宁生．听觉障碍儿童的心理与教育［M］．北京：华夏出版社，1995．

［2］张如梅．偏误分析述评［J］．云南师范大学学报，2003（6）．

［3］刘月华，潘文娱，故桦．实用现代汉语语法［M］．北京：商务印书馆，2001．

［4］李吉华．"比"字句比较结果的语法成分分析［J］．安徽文学，2005（5）．

［5］吴铃．聋人书面语学习困难的研究［J］．中国特殊教育，2007（5）．

适用于聋生的"网络专题语法补偿"实践研究

王玉玲

一、教学背景

由于听力残障,聋生的汉语书面语存在较多问题。据调查显示,"笔谈能切实提高聋人与健听人的交际效果,对聋生形成积极的交际态度、帮助他们回归主流社会有着重要的意义"❶,"绝大多数聋生认为语文中语法的学习和作文训练有助于笔谈,并希望得到相应的笔谈指导与训练"❷。反过来,"笔谈"也能促进聋生汉语语法能力的提高。"网络笔谈"则是利用互联网进行交流的一种特殊的"笔谈"方式。

"网络语法补偿"是指以"网络笔谈"的形式对聋生进行"专题"指导的语法补偿课。网络语法补偿也是有计划的专题授课,教学环节与面授语法补偿课类似。但因途径与方式并非面授,而是"网络"笔谈,因此有一些深层的特点。网络语法补偿课有哪些优势,又容易遇到哪些困难,该如何处理应对?本文以案例的形式进行了初步探索。

网络式语法补偿课的对象可以是1位学生,也可以是几位学生。本案例中的2位学生是普高三学生,即将面临高考,但汉语言水平在全年级属于倒数水平,阅读写作问题很大。为达到一举多得的效果,给他们的语法干预计划将语法教学和高考作文写作进行了一定的结合。本案例的语法点是形容词谓语句,写作指导点则是写景散文。

二、教学过程与方法

(一)引入语法点

当天正好下起了鹅毛大雪,临时以天气导入。

---

❶ 汤凌燕,马红英. 聋生使用笔谈的调查研究 [J]. 中国特殊教育,2004 (9):56.
❷ 汤凌燕,马红英. 聋生使用笔谈的调查研究 [J]. 中国特殊教育,2004 (9):58.

教师问："今天下雪了，你觉得今天天气怎么样啊？（提示：雪花……天气……）"回答"怎么样"的问题一般要用到形容词谓语句。预设学生回答为以下几种情况。

今天天气（很）好，好得很！

雪花（非常）大，大得出奇，白白的，又大又美……

一树白雪看起来肃静而美丽。

但2位聋生分别答为"今天天气第3次下雪了"。"今天天气如撒盐一样的感觉。"回答本身就是病句，距离形容词谓语句也很远。学生首先就没有弄懂如何回答"怎么样"的问题。因此，教师先帮助学生区分"怎么样"和"是什么"两个不同的问法该如何回答，自然地把话题引到本课主题"形容词谓语句写景"上。教师问学生："'如撒盐'的是天气还是雪花？"学生领悟到是雪花，教师改为"大雪如撒盐一般"。"你觉得这景色怎么样？"学生说"美"。让学生把两个句子"大雪如撒盐一般"和"大雪美"两个句子合成一句话来说，变为"大雪如撒盐一般美"或"大雪美得像撒盐一样"。

此处指出汉语必须有述语，"美"就是其中的述语，如果没有这个述语，语句是不成立的。然后继续追问，如果把上面句子的状语或补语部分去掉，为"大雪美"可以吗？学生有些迟疑，说好像不行，但不知道为什么。此刻明确告诉学生："美是形容词。""汉语的形容词可以直接作谓语"，"形容词做谓语的句子叫形容词谓语句"，"形容词谓语句的主要作用是对人或事物的形状加以描写"。但"在汉语里形容词做谓语时单个使用是受限制的，主要用于对比的句子"❶。比如"漫天大雪美，细碎小雪不美"。如果不用于对比，需要采用其复杂形式，比如加上状语或补语，或其他一些特殊形式。从而引出本课语法点。

（二）进一步展示语法点

为进一步引出形容词谓语句的其他语法规则，教师请学生判断几个句子的正误（见表1）。

句1：雪花白。

句2：雪花非常大。

句3：雪花大得出奇。

句4：雪花白白的。

---

❶ 刘月华，潘文娱，故韡. 实用现代汉语语法［M］. 北京：商务印书馆出版社，2001：660－661.

表1

序号	类型	句子	学生1判断	学生2判断
1	（错误句）性质形容词单独做谓语	雪花白。	×	√
2	（正确句）状语＋性质形容词	雪花非常大。	√	√
3	（正确句）性质形容词＋补语	雪花大得出奇。	不清楚	不清楚
4	（正确句）形容词重叠形式＋的	雪花白白的。	×	×

　　表1中4个句子是聋生常写的一种病句和其他三种正确的形容词谓语句格式。从学生的回答来看，学生完全掌握的是句式2"状语＋性质形容词"。对句式1性质形容词单独做谓语尚有分歧。而2个学生都感到困难的是句式3"性质形容词＋补语"和句式4"形容词重叠形式＋的"。学生说"雪花大得出奇"这个句子看不懂什么意思，都肯定"雪花白白的"是错误的，认为正确的说法应该是"白白的雪花"。可见，学生对状语较为熟悉，但对补语非常不熟悉；认为"的"只是定语的标注，应该出现在句中不能出现在句尾。

　　教师将例句和语法名称相对应，明确了形容词做谓语的几种常见用法及规则。

　　1. 性质形容词不能单独做谓语，可成对出现

　　　　雪花白，泥土黑。

　　2. 主语　＋状语＋性质形容词

　　　　雪花　　非常　　　大。

　　3. 主语＋性质形容词＋补语

　　　　雪花　　大　　　得出奇。

　　4. 主语＋形容词重叠形式＋的

　　　　雪花　　白白　　　的。

（三）操练语法点

　　网络上不方便做动作，但图片展示很方便。教师展示了一幅图片（见图1），问：树叶怎么样？（请用形容词谓语句回答）

　　一学生回答："树叶很好美。"他记住了性质形容词不能单独做谓语，需复杂形式，但过于复杂了，多用了一个副词。在肯定他的基础上，告诉他两个副词重复了，去掉一个，他改为"树叶好美"。

　　学生没有主动使用他们之前不熟悉的"形容词＋补语"的形式，于是教师主动问

图1

道："树叶美极了"是否正确？一个学生说可以，另一个学生说不可以，但不知道原因。可见学生对"形容词＋补语"还是感到陌生。教师带他们又看了一遍形容词谓语句规则。再次强调"树叶很美"（状语＋形容词）和"树叶美极了"（形容词＋补语）都是正确的。并再举例子强化印象，请学生补充"树叶美得像……"学生分别回答"树叶美得像穿裙子的女孩"和"树叶美得五角星"。其中，又暴露了学生新的问题，就是对补语功能并不了解。教师从语法的角度指出，述语是"美"，主语应该具有述语"美"的性质，后面的程度补语也应有关。"树叶像五角星"可以，但因为"五角星"不一定给人"美"的感觉，所以说"树叶美得像五角星"不合适。学生领悟到可以说"树叶美得像天上的星星"。

而后教师给出一幅静谧的山水图，请学生用形容词谓语句表达，预设答案是"画面很美""画面美得像一幅山水画""画面静谧悠远"……本来关注点在语法表达上，但是学生却在词汇上出了问题，先后出现了三种情况。第一种情况是词义不符。一个学生脱口而出："好壮观。"教师只好临时搜索到了一幅壮观的高山瀑布图，问两幅图哪个更壮观。学生对比之下马上意识到了自己的问题，答第二幅用"壮观"一词更合适。第二种情况是用了不存在的词语或新近出现的不适合的词语"蓝晶晶"。教师反馈："没有这个词，有'亮晶晶'或者'蓝幽幽'这两个词。"学生表示"蓝晶晶"更能引人注意，"蓝幽幽"没有这种效果，并以百度"作业帮"中以"蓝"开头的三个字词语中存在"蓝晶晶"来佐证。教师只好继续解释，并说明，即使"蓝晶晶"这个词存在，更适合与事物搭配而不是风景。第三种情况是词语的搭配不合适。一学生说"画面好美，绿油油的"。教师说明"绿油油"可以形容具体的一块草地，但是不能形容抽象的"风景"。但肯定了学生有进步，知道"AA 的"这种格式是可以放在后面做谓语的。

在接连纠正词语问题之后，终于一位学生写道："画面好美了不敢直视！"教师帮助他修改成"性质形容词＋补语"的格式"画面好美！美到不敢直视。"告诉学生"到不敢直视"就是补语部分，程度补语，说明"美"的程度。

（四）应用语法点之综合练习

教师特意选取了一幅有一定空间顺序的风景图（见图 2），请学生描述所看到的画面，要求：①从写作文的角度考虑，写哪些内容，写作的顺序。②从语言表达的角度考虑，怎么用形容词进行描写。

预设从写作顺序和形容词谓语用法两个角度加以引导。

春天美得就像是一幅画。 　　　　　　　　［总说］　　 总说→分说

天空很蓝很蓝，　　　　　　　　　　　　［天空］　　　上→下
一朵朵白云点缀其间，显得柔软而纯净。［白云］
草地绿油油一片，　　　　　　　　　　　［草地］　　　面→点
草地上的野花素净而美丽。　　　　　　　［野花］
吸引来了蝴蝶，蝴蝶漂亮得也像朵花。　［蝴蝶］
学生的写作情况如下。

图 2

其一：<u>天空蓝蓝的，一片小草绿油油的</u>，花如太阳一样，蝴蝶飞到花上弄吃的。

其二：画面好美了，内容：天气晴了，带可爱的白云飘飞了，呼唤花儿睡醒了，开得很美丽。花儿呼唤蝴蝶飞向花儿。绿油油的草原看见蝴蝶向花儿飞去，打起精神来招呼蝴蝶。<u>这个画面美得像童话世界一样</u>。

从学生写作情况来看，写作顺序都没有问题。语法表述上已有进步，分别用到了本课学习之初不太熟练的两种格式——"天空蓝蓝的，一片小草绿油油的"（形容词重叠＋的）和"画面美得像童话世界一样"（形容词＋补语）。教师充分肯定，而后对存在的语法问题进行了提示和引导，"花如太阳一样"中"如太阳一样"相当于状语或者补语成分，还缺少一处述语，学生想到的是"花如太阳一样开着"。引导"画面好美了"一句时，教师请学生翻看之前的聊天记录，找出这句的格式，即"状语＋形容词"，两相对照，学生认为多了一个"了"字。

三、案例反思及启示

（一）网络语法补偿课具有独特的优势

相比面授形式，网络语法补偿课有其独特的优势。其一，打破时空的局限，施教更为便利灵活。面授课常遇到的一个问题就是需要找到师生都合适的时间和地点，有时会因为没有场地或者没有教师和学生都合适的时间而无从施教。但网络课可以在放学后进行，甚至可以不约定时间，一人留言，另一人方便时回答。其二，全程笔谈，营造良好的书面语沟通环境。面授课中教师手口并用与学生交流中，一些没有口语能力的学生，看的是教师的手语，而手语和汉语的词汇表达和语序有所不同，学生"口头"表达时没有问题，但一落到字面上就出现了错误。而网络笔谈则一有

问题就能立即被发现。其三，允许多人同时发言，并利于重复阅读浏览。面授课大量的信息是瞬时而过的，但网络课所有内容都可以重复翻阅。面授中只能一个一个人发言，而网络环境允许多人同时发言，允许对多人进行回复反馈，信息量更大，内容更为丰富。其四，可随时借助网络辅助学习。本课中学生就借助百度作业帮查找合适的词语，教师借助网络临时搜到一幅"壮观"的图片。

（二） 网络语法补偿课带来新的挑战

网络语法补偿课也给教学带来了新的挑战。"网络笔谈中如果缺少教师实时地对笔谈主题和交流内容加以规范指导，很容易出现跑题现象；如果聋生的错词错句和不规范用语没有得到及时指点与纠正，容易造成一错再错，甚至最后掌握错误的语法句法。"❶ 而且，在网络环境中暴露出的聋生语法问题，比面授环境多得多。如果平均用力，容易偏离主题、完不成教学计划。所以，需要教师把握好处理的尺度与层次。对本课语法教学目标一定要重点处理，比如本案例中的"形容词＋补语"的错误；对非本课语法教学目标，但关系较密切的，纠正但不一定深入解释，比如"形容词重叠＋的"；其余的若不影响沟通，可以暂不处理。

（三） 网络语法补偿课需要特殊的沟通技能

在面授课中，教师可以大量使用各种直观动作、母语（自然手语）进行语法教学。而在网络语法补偿课中运用自然手语和动作展示都不便利，最便利的方式就是使用目的语和图片视频等信息。对外汉语教学不提倡使用学习者的母语，重点思考的是如何在全程使用目的语的情况下，借助教师的肢体语言和其他辅助手段达到有效沟通的目的。在不使用母语这一点上网络语法补偿教学类似于对外汉语，但网络环境不便于使用肢体语言又增大了教学的难度。本课教师充分利用了"网络板书"的功能，在学生遇到问题时带学生回看之前总结的相关规律；也借助了网络随时可以查找资源的优势；注重图片等视觉信息的使用。其他有效方式还有待进一步的发掘。

参考文献

［1］汤凌燕，马红英．聋生使用笔谈的调查研究［J］．中国特殊教育，2004（9）．

［2］冯小燕，胡金艳．利用网络笔谈促进聋生有效交流［J］．内江科技．2010（3）．

［3］刘月华，潘文娱，故铧．实用现代汉语语法［M］．北京：商务印书馆出版社，2001．

---

❶ 冯小燕，胡金艳．利用网络笔谈促进聋生有效交流［J］．内江科技，2010（3）：115．

支持教师对同班就读聋生的
"把"字句语法教学案例

陈甜天　王玉玲

一、研究背景

一般来说，听力障碍学生由于听觉接收信息渠道受阻，普遍有语言学习的需要。普校同班就读听障生也存在"句子不通顺"的情况，需要进行语法补偿学习。

目前普校中小学资源教室中，支持教师对听障生的语言补偿课，其主要方式是"给出例句，简要解释，让学生摘抄，反复记忆"，这样的方式对待听障生与对待普通生并没有太大的区别，从结果上看，语病情况依然较多，教学效果不十分理想。

支持教师是指来自特殊教育学校、对普校进行融合教育相关专业支持的教师。他们作为支持教师，一对一辅导同班就读聋生，有一定的优势，但也面临一些问题，首要问题即如何在短时间内发现学生实际需要支持的语言"点"。接着是第二个难题，即发现之后，如何有效地干预。以下将以把字句为例进行说明。

学生基本情况：小鹏，14 岁，就读于一所普通小学六年级。性格内向，有听力障碍，存在语句不通顺的情况，爱好科技小发明。

二、问题诊断及方案制订

（一）语法能力评估和初步诊断

在第一次自由交谈中，支持教师从小鹏口中得知他喜欢科学小发明，尤其是自动浇花器，所以作为他的支持教师，笔谈的话题围绕他带来的用纯净水瓶子做的自制浇花器。在笔谈的过程中，教师发现小鹏看口型能力比较强，理解速度比较快，吐字有一些不清晰，基本的语言能力还不错，语言学习需要集中在书面语上。书面语中，基本句式尚可，问题较大的为较复杂的句式如把字句上，尤其是带有补语的把字句，他掌握起来感觉比较困难。当时的情境是这样的（见图 1）。

在灌水演示完浇花器的功能后，老师问："瓶子里都是水，你怎么带回家呢?"学生答："瓶子倒水，才能带回家。""瓶子倒水"，实际上想表达的是"把瓶子里的水倒掉"或者"倒掉瓶里子的水"。由此可见，学生有可能不会把字句。教师把水倒掉后，再问："瓶子空了，为什么?"学生这个时候必须用把字句来回答，因为

图 1

这一情境符合了把字句的三个条件，即"有宾语的动词""动词后面有补语""受事宾语不作为主要话题"。具体表述为"你把瓶子里的水倒掉了"。在此情景下必须用把字句，但他却回避了。

由此判断他不会使用"把"字句，于是支持教师把"把"字句作为教学重点。

（二）教学方案制订

教学目标：教会小鹏把字句的基本句式，包括"主＋把＋'把'的宾语＋谓语动词＋了、主＋把＋'把'的宾语＋一＋谓语动词、主＋把＋'把'的宾语＋谓语动词重叠、主＋把＋'把'的宾语＋谓语动词＋形补、主＋把＋'把'的宾语＋（往/当……）＋谓语动词、主＋把＋'把'的宾语＋谓语动词（在/给）＋其他成分"等。

教学时长：每次辅导在周五放学后进行，实际教学时间是共 4 次，前 3 次间隔 7 天，每次大约 40 分钟。借助对外汉语教学的相关理论、建构主义学习理论，采用四步进行教学，即引入语法点（大约用时 2 分钟）、讲解语法意义（大约用时 1 分钟）、格式套用（大约用时 2 分钟）、语用练习（大约用时 35 分钟）。依据每次小鹏接受知识的速度调整进度。最后一次是 4 个月后，个案升入初一年级，检测并巩固所学。主要内容是围绕把字句开展小组合作比赛。

三、教学流程

（一）引入把字句

老师拿出简笔画，指着图问是什么，学生分别回答：乌云、太阳，老师拿出第三张，老师指着图问："怎么了?"学生必须说出一个情境，小鹏回

答："太阳在（乌云的）后面挡住了阳光。"教师请学生把这句话换做把字句来表达，他说不出来，于是老师就给示范：乌云把太阳遮住了（见图2）。

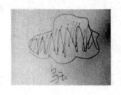

图2

（二）基本格式套用

老师问："什么挡住了太阳？"学生答"乌云"。教师顺势说："对，是乌云，是乌云对太阳进行了处置，这句话可以写成这样的句子——"边说边写："乌云把太阳遮住了。"

乌云　　把　　太阳　　遮　　住了。

把字句基本结构：（主语）＋把＋"把"的宾语＋谓语动词＋其他成分。

（三）讲解语法意义

对例子加以详细说明："把字句是一个把另一个进行了处置。今天，我们主要练习把字句。"

可以看到，老师对把字句的解释，明显相比黄伯荣与廖序东主编的《现代汉语》（修订二版）中的"把"字句的定义要简单、口语化。《现代汉语》中说"'把'字句又叫处置式……是指在谓语动词前头用介词'把'引出受事、对受事加以处置的主动句"。如果这么书面化的语言告知听障生，会制造出新的理解困难点。

（四）语用练习

主要采用图片、简笔画、动作演示、交际对话等方法进行练习，每次练习老师都给予明确反馈，如果出现错误，提示学生回看格式和例句。先进行肯定句练习，然后再进行否定句练习。当时教师做动作，先让学生写，学生写："陈老师把牛肉干撕不开。"教师修正："陈老师没有把牛肉干撕开。"然后，充分利用周围的事物进行练习。把字句的否定形式也不止一种，比如"你不应该把卷子撕了"，这里，根据小鹏的情况，教师在有限的时间里，主要选取了用"没有"来表示否定的形式。比如"陈老师没有把手机藏起来""陈老师没有把帽子放在桌子上，而是放在了沙发上"。

四、教学手段与方法

笔者认同这样的观点："基本的汉语言能力，尤其是语法能力，最合适的课文并不是文章，而应该是会话（问答式会话）。"❶ 在教学时，教师主要采用问答式会话进行教学，常用的手段具体如下。

（1）图片信息。比如教师展示自己的简笔画，问学生"车坏了怎么办？"引导学生说出："我们把车推到路边上。"再如，老师向学生展示自己手机里存的网络下载照片——女人惊恐地站在 3D 立体画"老虎"旁边，问学生"这个女人怎么了？"引导学生说出："3D 立体画把她吓着了。"（见表1）

表1

教师展示	学生说出
图片1——一位女子正紧闭着双眼	她把眼睛闭得紧紧的
图片2——教室很干净	同学们把教室打扫得很干净
图片3——一个人打碎一个玻璃杯	有人把杯子打碎了

（2）动作演示。教师做出动作，要求学生用把字句来描述这一情景。比如，教师将道具——一个瓶子剪开，引导学生说出："老师用剪刀把瓶子剪开。"又如，"老师用橡皮泥把吸管周围堵上。"接着，老师做出各种动作，让学生扮演"智能机器人"，记录下来，比如把牛肉送给学生，把帽子戴上，把门打开，把花盆搬进来，把窗户打开……每次练习教师都要学生用把字句来表达（见表2）。

表2

教师展示	学生写出
动作1——喝水	陈老师把杯子里的水喝完了
动作2——擦汗	陈老师用纸巾把汗擦干净了
动作3——放眼镜	陈老师把眼镜放在桌子上
动作4——把书推到桌角	陈老师把书推到一边/桌角

（3）正话反说。当时外面天气非常晴朗，教师故意指着外面的蓝天问："云彩把太阳遮住了吗？"学生说："没有。"这时要求学生用完整地把字句来回答，即"云彩没有把太阳遮住"，训练把字句的否定结构。

（4）追问纠错。教师示范正确句子，举出三个例句，帮助学生理解其格式和意义。待学生出错后，用对比法纠错。比如学生自己写了这样一个

---

❶ 哈平安. 聋人的语言及其运用与习得［M］. 长春: 吉林文史出版社，2005: 77.

句子："把两个吸管分别插。"这是一个病句，因为把字句动词后面必须要有结果，比如有处所补语。教师进一步追问："吸管插到哪里？"他回答："小洞。"于是在老师的提示下，他补充了处所，将句子写成："把两个吸管分别插两个小洞里"。这个句子还有一个问题，动词选用的不准确，与处所短语搭配的动词应该是"插进/插入/插到"，"进/入/到"引出动词"插"的处所和结果。这里不能用"插"。"插"后面接名词作宾语，表示"插"的受动对象，如"插话""插秧""插花"等。老师一边讲解，一边用动作演示两者的不同，在老师的启发下，他主动在"插"后面补充了一个词"进"，写下"把两个吸管分别插进两个小洞里"。类似的还有"固定"和"固定住"，引导学生说出："陈老师用橡皮泥把吸管固定住。"用"固定住"一词更能体现出处置动作后的结果。

（5）小组辅导。

具体步骤如下。

①6位同学分成两组，男生组和女生组，资源教室的物品有窗户、凳子、桌子、箱子、绿植、空调、黑板等。

②任务：机器人游戏。一个人扮演主人，发出指令（必须使用把字句）；一个人扮演机器人，负责执行命令；一个人口头汇报"机器人做了什么"。

③老师在比赛后进行小结和反馈。

这个阶段，小鹏写出指令："机器人先生，请你把空调打开。""请你把黑板擦干净。""请你把窗台上的可乐给我。"可见，学生已经基本掌握了"把"字句的用法，然后自己寻找生活中的把字句写下来，目的与生活实践相结合了。而这一游戏中，把字句得到练习的并不只是小鹏1个人，3个学生都有练习。

单独辅导是基于学生的语言学习需要，小组辅导不仅基于其语言学习需要，从普校资源教室课的角度来说，还兼顾了同班就读聋生的心理需要，作为一名14岁的学生，越来越看重同伴对自己的看法。如何借助同伴力量进行学习？案例采用"小组合作，分组竞赛"的方式，请更多普通学生和随读聋生组成团队，协作互动，在真实的语言环境中完成交际任务。这样既锻炼了学生主动表达的能力，丰富了练习的形式，知识练习更充分；又能促进同伴交往，满足其交往需求。

五、教学效果与反思

（一）效果

小鹏同学对所讲把字句的格式及其否定形式掌握得比较快也比较好，基本能达到处置语境中正确使用把字句。在教学过程中，教师对他的小发明以及知识领会能力的及时表扬和鼓励，使他始终保持一种微笑放松的状态，支持的过程气氛融洽，学生不仅知识上有所得，而且自尊自信水平也有一定的提升。

（二）反思

第一，普校资源教室需要专业的语法补偿课。"专业"体现在诊断、干预的科学方法上。根据教师多年在聋校从事语文教学的经验，①聋生普遍难以掌握结构形式较为复杂的句式，把字句就是其中之一。②聋生具体形象思维占优势，教学手段要尽量具体形象。可以采用实物演示、简笔画、情境对话、问答法、比较法等方式，尽量给学生"搭台阶"。自动浇花器是小鹏感兴趣的内容，因此，教师仔细倾听小鹏的主动表达，在与小鹏"闲聊"的过程中，教师迅速捕捉到他不会用把字句的问题。这里有教师的经验和预判，也说明聋校语言教学研究能够对随班就读聋生语言补偿起到积极的作用。对比普校以前资源教室反复抄写和记忆的做法，事实证明，语法补偿课积极引导学生参与到"会话"中来，不断进行语言输出的练习，学生更有兴趣和获得感。

第二，关注同班就读学生的特殊需求。对比同班就读聋生和特殊学校的聋生，二者都是听障学生，需求上有相同，也有不同。最明显的差异是同班就读聋生心理上格外渴望与健听同学交往，希望在普通学生那里得到认可和肯定。小鹏个性比较羞涩内向，在普通班里，他很少回答问题，怕听错答错，几乎没有存在感。因此，当单独的辅导使同班就读聋生基本掌握了某语法点的知识后，启动了第二阶段——小组辅导模式，围绕语言学习点，精心选择同伴，精心设计游戏活动，注重提高学生的语言实际运用能力和交际能力，兼顾同班就读聋生的同伴交往需求。实践证明，课堂气氛活跃，在实际的生活运用中，进一步巩固了语法点，同时促进了同伴交往，同班就读聋生和普通学生在小组合作中体会成功、自信和友谊，除此之外，普通学生在与同班就读聋生自然而然的相处中变得更有同理心。

第三，为同班就读学生提供个别化的适性辅导。教学内容经过个别化剪裁，淡化理论色彩，适合学生。把字句一直是对外汉语教学研究的一个重点，有关它，不仅有处置说，还有对待说以及影响说。支持教师这里只选用了处置说。同样地，把字句的下位句式也有十几种，教师根据学生掌握的速度，选取其中的一部分。面对提问，小鹏常说"不知道"，这时教师可以给学生几个选项,进一步降低回答的难度,尽量使提问接近其"最近发展区",给学生"搭台阶",增强其自我效能感。另外,可能学生的薄弱点比较多,在本案中,小鹏也存在复杂状语掌握不好的问题,比如他想表达"在这个洞下方一个厘米处再挖一个洞"这个意思时,他只能写出"用剪刀挖个洞"。建议教学中根据教学时间和学生的接受能力选取教学内容,哪怕只学一两点,也要能尽量达到语用化的水平。

相信,如果持之以恒地进行下去,学生的语言水平会提高较快。需要注意的是本案例仅为个案研究,样本小,在推广中要充分考虑个体之间的差异。这个个案个性内向、乖巧,因此支持的重点是其语言和交往。针对个性外向活泼调皮,或者有情绪行为问题的个案,支持的首要目标就不一样了,可以说,一对一的辅导是"一人一案、量体裁衣、量身定做",对其他风格的个案的支持方式今后需要进一步实践探讨。

总之,整体上看,这是一次较为成功的支持教育实践,也为普校教师个别化教育及聋校支持教师对随班就读聋生进行语言补偿提供了有价值的参考。

参考文献

[1] 哈平安. 聋人的语言及其运用与习得 [M]. 长春:吉林文史出版社,2005.

[2] 刘月华,潘文娱,故韡. 实用现代汉语语法 [M]. 北京:商务印书馆,2001.

[3] 吕叔湘. 现代汉语八百词 [M]. 北京:商务印书馆,2002.

《芦花荡》"是……的"句教学案例

陈甜天

一、教学背景及案主情况分析

高中语文课堂上，非常有必要进行语法补偿。因为在教学前的学情调查中发现，由于缺乏语法知识，学生对教材中的一些句子不能理解，语法欠缺是聋生"读不懂""不理解"课文的一个重要原因。所以，有必要在聋校高中课堂进行集体的语法补偿课。

以预科年级孙犁的《芦花荡》一课为例（人教版初中语文第八册）。

在上课前，通过对学生自主划出的不懂语句，学生完成的依文填空（调查学生字面障碍的一种方式）试卷进行整理，结果发现在句子理解方面（语法）班级学生存在以下困难点（见表1）。

表1

序号	《芦花荡》中的原句	语法点	错误率	正确率
1	她用密密的苇叶遮掩着身子，看着这场英雄的行为	连动句	37.5%	62.5%
2	撑着船往北绕一绕	连动句 A—A 结构	25%	75%
3	夜晚的风吹得长期发烧的脸也清爽多了	定语多的句子	12.5%	87.5%
4	有水有船，荡悠悠的	的字短语	37.5%	62.5%
5	有一篙没一篙	口语习惯	25%	75%
6	眼前是几根埋在水里的枯木桩子，日久天长，也许人们忘记是为什么埋的了	"是……的"句式	75%	25%
7	每到傍晚，苇塘里的歌声还是那么响，不像是饿肚子的人们唱的（《芦花荡》第 8 段）	"是……的"句式	37.5%	62.5%
8	那样大的一捆莲蓬，是刚从荷花淀里摘下来的（《芦花荡》第 56 段）	"是……的"句式	12.5%	87.5%

从结果上看，在这么多的问题中，较共性、较突出的语法方面的障碍主要是"是……的"句式，75%的学生没有掌握它的形式、意义和用法。它是影响本课字面理解、语法方面普遍存在的困难"点"。它也就成为本节语法补偿课要着重解决的一个教学目标。

二、教学过程及教学方法

在进行"是……的"句式教学时，依托建构主义有关"情境、自主、合作、意义建构"四要素的学习理论，力争教学过程体现"建构"性。不仅结合学生真实生活创设情境，在轻松愉快的氛围，激发学生使用该句式的冲动，而且在语用练习中，将"是……的"句式与《芦花荡》的文本内容结合起来，引导学生再读文本，提取其中主要信息，达到"检测学生是否理解课文内容"和"检测学生是否学会'是……的'句式"的双重目的。

（一）引入语法点
读课文中的句子。

1. 每到傍晚，苇塘里的歌声还是那么响，不像是饿肚子的人们唱的。（《芦花荡》第 8 段）

2. 那样大的一捆莲蓬，是刚从荷花淀里摘下来的。（《芦花荡》第 56 段）

3. 晒裤子用的竹竿底下，是万不可钻过去的。（《阿长与〈山海经〉》第 12 段）

在这里，我把刚学过的其他课文中有"是……的"结构的句子也呈现给学生看，目的是从课文中的句子入手，减少陌生感，利于吸引学生的注意力，降低语法学习难度。

（二）语法意义
"是……的"句式其实意义和用法很复杂。句法功能主要是表判断和表强调。

考虑到高中聋生的实际理解水平，教师精心提炼"是……的"的语法形式、意义和用法，化繁为简，在课上，对学生强调中间的部分，重点也在这个部分，主要有两种用法。

"是……的"中间部分表示说话人对主语的评价叙述等。句子带有说明情况、让人相信的肯定语气，口气缓和。

第一种：

格式（"是"）+能愿动词+动词（短语）/形容词（短语）+结构助词"的"

①穿得少（是）会感冒的。

②教室（是）有暖气的。

③他这么做是很讨厌的。

④这样做是正确的。

⑤他是会来的。

⑥不管怎么样，作业都是要做的。

⑦他的手艺是很高明的。

⑧这里的学习环境还是非常令人满意的。

第二种：

格式 （"是"）+动词（短语）/形容词（短语）+语气词"的"

用在动作已经发生或者完成的情况下，可以强调动作的时间、地点、方式、目的、用途、来源、状态，等等。

①烤鸭店是最近刚开张的。（时间）

②我是在北京出生的。（地点）

③我是跟几个同学一起去的。（方式）

④她是来中国留学的。（目的）

⑤这张电影票是好朋友送的。（来源）

⑥那套衣服是运动时穿的。（用途）

⑦那支笔是刻着字的。（性质、特点）

⑧他视力下降那么快，都是看电视看的。（原因）

以上句子中的"我""她""他"等代词，教师会根据自己对学生的了解，替换成班级里具体的学生名字，这往往能调动气氛，吸引兴趣，理解更容易。

（三）格式

肯定式 ……（是）……的

否定式 ……不是……的

疑问式 是非疑问：……是……的吗？

正反疑问：……是不是……的？

特指疑问句：……"是"+有疑问代词的短语+"的"？

以上格式是经过提炼的，易于学生模仿。

（四）语用练习

1. 说说下面的"（是）……的"表示的意义

　　①姨妈是昨天到北京的。

　　②他每天是坐地铁来学校的。

　　③我们是在四楼教室开会的。

　　④这辆汽车是德国制造的。

　　⑤我来这里是工作的，不是旅游。

　　⑥这座楼是给外地学生住的。

2. 语境提示法

今天天气怎么样？穿得少会怎么样？教室有空调吗？下雨后，操场变得怎样了？可以打篮球吗？会怎么样？

参考答案：今天的天气是阴冷的，穿得少是要感冒的。教室是有空调的。操场是湿滑的，打篮球是危险的，恐怕是要摔倒的。

模仿例句是学习的一种方式，在实际运用中，总是有例外情况，因此还要教会聋生如何灵活地处理。

（五）辅助文本

（1）造句：请你用"是……的"介绍《芦花荡》（见图1）中"芦苇"的特点以及文中"老头子"的外貌、身份、工作、业绩等情况。

图1

1. 老头子是_____的。	1. 老头子是<u>机智勇敢</u>的。
2. 老头子是_____的。	2. 老头子是<u>倔强</u>的。
3. 老头子的工作是_____的。	3. 老头子的工作是<u>危险</u>的。
4. 老头子工作时是_____的。	4. 老头子工作时是<u>专心</u>的。
5. 老头子……	5. 老头子是<u>不肯认输</u>的。
6. 芦苇是_____的。	6. 芦苇是<u>茂密</u>的。
7. 芦苇是_____的。	7. 芦苇是<u>比人还高</u>的。
8. 芦苇……	8. 芦苇……
（根据课文内容第 1~8 段回答）	（根据课文内容第 1~8 段回答）

（2）看图片，用"是……的"改写句子（见图2）。

图 2

1. 问答法
故事是在哪儿发生的？
两个女孩子是什么时候到白洋淀的？
她们是怎么来白洋淀的？
她们是来做什么的？
（根据课文内容第 9 段回答）

2. 用"是……的"改写句子 1）两个女孩子昨天到白洋淀。 2）老头子撑着船来接人。 3）他们在芦花荡遇到敌人。 4）这根竹篙用来撑船。 5）老头子浑身没多少肉，干瘦。 6）老头子的工作范围很广。 7）老头子不会让敌人伤害她们。	改写后： 1）两个女孩子是昨天到白洋淀的。 2）老头子是撑着船来接人的。 3）他们是在芦花荡遇到敌人的。 4）这根竹篙是用来撑船的。 5）什么是用来撑船的？ 6）老头子浑身没多少肉，是干瘦的。 7）老头子的工作范围是不是很广的？ 8）老头子的工作范围是很广的吗？ 9）老头子是不会让敌人伤害她们的。

此环节是本节课的教学亮点，借助课文中的插图，教师在提问中运用了"是……的"句式，并要求学生用"是……的"回答课文有关的问题。检测出学生学习的水平，也能检测出学生对文本已达到的认知程度。

三、案例反思

有了语法补偿课，聋生学会了语法点，能更好地理解句子，也为下一步理解文学作品扫除了字面障碍。聋生学习语法，并非缓慢低等，而是存在特殊需要，本节课教学过程，着力突出学生的自主建构。

1. 语法点的选择上，要找到真问题

选择语法点不能盲目，要精选学生共性的"真"问题。本课以"是……的"作为教学目标，基于前期的学情调查，教师发现学生的语法薄弱点，选择有共性的问题，增强了教学的针对性，提高了课堂的有效性。想要课堂高效，前期在疏通字面障碍调查中必须认真整理，发现学生真正的问题所在。学生的问题就是教学的起点，也是宝贵的教学资源。

2. 讲授语法时，要气氛愉快，重在运用

讲授语法，不重在"讲"全"讲"透，重在让学生能不知不觉愉快地"用"。

讲，一定要简明扼要，"是……的"句式其实挺复杂，讲得过深显然不合适。

聋生形象思维发达，语法课需要教师准备形象、具体可见、贴近聋生生活实际的各种实物教具，思考班级或者学校新近发生的事件，语法练习的时候可灵活加入本班同学的姓名，即兴表现一段对话，可利用教室环境中的各种资源。还要提供大量生活情境让学生练习使用，激发学生使用语法的冲动，能让学生在课上跃跃欲试，积极地想表达自己的观点，学生只有在主动积极地"用"语法点的过程中，才能真正地学会它。

3. 语法课落脚点，要回归于文本

语法点来源于文本，最终还要回归于文本。

"是……的"全句的表达焦点并非动作本身，而是与动作有关的某一方面，如时间、处所、方式、施事、受事等。教师围绕《芦花荡》文本提出一组问题，引导学生"聚焦"在文本的人物、情节、环境上，为下一节课的文本分析打下了基础。用造句等形式，引导学生用新的语句结构表达自己对文本的理解。同时，造句的过程也是再次读文本的过程。此时，学生将新信息、旧信息重组，不知不觉地进入文学作品的情境中了。

后来的语文教学中，学生对文本进入得很快，《芦花荡》的阅读教学课效果也比较理想。

"是……的"句式的语法补偿课，始终贯穿这样一个理念，即"学生的积极探索"，我想，这是本节课取得成功的关键所在。

巧用新闻评论

——聋生复句使用指导教学案例

鲁 纭

一、提出问题

语言是思维的工具，是情感深入发展的媒介。目前作为听力障碍学生母语的手语并不完善，还不能起到与汉语书面语同样的思维启迪和情感深化的作用。事实证明，汉语言发展迟缓的聋生，其思维的深入发展和情感的丰富性都受到一定的局限。这将严重制约听力障碍学生的全面发展和个性发展。与健听学生不同，中国听力障碍学生的汉语言学习更类似第二语言的学习，需要进行有针对性的语法教学。汉语语法教学既是听力障碍学生学习汉语的一条捷径，也是训练听障学生的逻辑思维能力的重要手段。复句作为常用的句型，其逻辑性强、关系相对复杂，在聋校语文教学中也占有重要的位置。

目前，聋校高中复句指导课一般在高考前集中举行，强调语言训练和考试指导。复句表达对聋生而言难度较大，短时间的考前突击效果并不理想。那么，在聋校高中平时的日常教学中如何引导聋生熟悉敢用复句，并在复句教学中渗透思维训练？本案例做了如下尝试。

二、案主情况分析

本案例的教学对象为聋校高一年级的学生，使用人教版九年级教材。他们已具备一定的语言知识和能力，并有一定的分析、思考、判断和解决问题的能力。由于存在听力障碍，学生汉语书面语表达并不自如，在使用复句时表现为只关注语言表层结构的合理性，忽视语言深层结构中命题的合理性。在复句使用中表现为表达的先后失当，前后句子之间缺乏连接，这些错误在客观上影响了他们的准确表达，也使其在运用书面语沟通的过程中困难重重。依据聋生的语言基础，在实际教学中将其分为三个层次（见表1）。

表1

A 类生	B 类生	C 类生
语言基础扎实，理解能力较强，作业完成情况较好	语言基础一般，学习态度认真，作业能够达到要求	语言基础较差，学习态度一般，独立完成作业困难

三、教学训练目标

1. 知识与技能

巩固已经学过的复句知识，提高运用复句的能力。

2. 过程与方法

通过寻找和修改平时写作中有问题的复句，达到对复句知识的巩固，并能够较熟练地使用复句。

3. 情感态度价值观

养成写作后勤思善改的好习惯。

四、实施过程及具体措施

针对本班学生的问题，复句的使用指导分为以下几步。

第一步：讲解知识，介绍常见复句类型（学期初，第1课时）。

第二步：学写评论。通过"每周新闻我评论"的活动启发学生勇于发表自己的观点，勤于动笔写作（学期中，利用每个周五固定的时间组织学生选择自己感兴趣的一则新闻发表一段200字左右的评论。选择新闻评论这种写作方式是因为议论性文体能够清晰地表达自己的观点态度，展现观点与材料之间的联系，需要大量使用复句，表达严密的逻辑关系。这正好能够锻炼聋生使用复句的能力）。

第三步：讲解交流。引导学生诊断修改前复句的问题，探究出复句使用的要点。展示修改后的语句，运用要点"反思"自己写作时的问题（学期末，第2课时）。

第四步：个别辅导。针对学生的问题，一对一指导，引导学生修改自己的评论。指导的原则是由大而小，即先提内容和结构上的大问题，然后提出表达上的小问题，最后老师修改语病，让学生誊写（课下）。

本课例着重介绍其中的第三步，课上讲解交流的内容。

（一）导入：引发学生思考

教师由学生调查问卷的数据引出大家对复句的使用看法：90%的学生认为自己已经会写复句了，60%的学生认为自己使用复句没有困难。教师提出自己的想法，我们从本学期所写的新闻评论中寻找一下使用复句还有哪些要点。

（二）新授：探究"要点"

新授采用讲练结合的方式，以"传授方法—诊断问题（看学生习作，合作探究）—归纳要点"的形式进行。

1. 传授方法

教师展示本学期学生们的新闻评论，引起学生的回忆，提醒学生要写好评论，首先是熟练运用书面语言，特别是复句在议论性文体中使用较多。要写好复句，就要利用检查法不断回头检查和总结。

传授检查复句的方法：

勾画关联词语——表层检查

分析分句间的意思关系——深层检查

检查标点符号，厘清句子间的层次关系——全面检查

2. 诊断问题（看学生习作，合作探究）

教师展示本学期同学们写的新闻评论中的复句，带领学生诊断问题。

从下列同学写的复句中选出你认为表达准确的(注：句末括号中是新闻标题)。

第一组

A. 现在已经是中午了，我却懒得起床。

B. 即使今天没有这个男孩子，日后黑熊可能会跑出笼子，造成大的伤亡(《河南平顶山9岁小男孩喂食狗熊时被咬》)。

C. 如果不没收无牌照非机动车，以后出交通事故了，负责人(肇事者) 找不到，反而会增加交警调查案情难度(《民警要扣车，爷儿俩真急了!》)。

D. 如果天气好，我们就去春游。

E. "低头族"随处可见，吃饭、走路甚至睡觉，手机都不离身，但随之产生的安全隐患也越来越多……（《深圳一岁女童厕所玩水溺死　妈妈玩手机未听到》)

教师询问：每句话中的关联词语是什么？观察这些关联词语使用是否合适？有无缺少或不搭配的现象？

深入追问：在句子中，是否一定要有关联词语，某些句子中的关联词语可否删去？

　　B 句中没有注意到关联词语的搭配使用，C 句是假设关系，不需要"反而"这个词，E 句中前面的分句与后面的分句没有转折的意思，因此"但"这个词可以删去。

　　归纳要点一：关联词语的使用要从句子之间的意思入手，搭配要合适，不多不少。

　　第二组

　　A. 虽然天气冷，但是要多穿衣服。

　　B. 司机虽然最终阻止了青年男子的不正当行为，但司机并没有顾虑到其他乘客的安全……（《男子公交车上要"体操"，司机劝阻无果急刹车》）

　　C. 因为很多人都说苹果 6 面积（背板）更加薄，容易弯曲，所以我劝大家不要和别人攀比，学别人买苹果 6 炫耀（《iPhone 6 首发　苹果店外中国面孔扎堆》）。

　　D. 大家如果不认真学好语文，就不会有较高的思想水平。

　　学生交流：A 句中如果是转折关系，天气冷应该是什么结果呢？有的说应该是我不怕冷就是转折了。

　　教师询问：C 句中手机背板的薄厚是攀比和炫耀的原因吗？D 句中不认真学好语文这个条件会导致思想水平的降低吗？

　　归纳要点二：复句的分句之间要能够从已知条件推出恰当的结论，符合必要的逻辑关系。

　　第三组

　　A. 我父母很担心我，甚至想陪我去四川，但我不让他们陪我去。

　　B. 新闻中开警车的大妈做得不对，因为她开警车练倒库，警车不是她自己的，而是警察的，警车不是私用的，警车是警察去办事用的车，无论是什么人不能随便乱开别人的私家车。（《大妈开警车练倒库，司法所长解释前后矛盾》）

　　C. 在这个公园里发生悲剧主要是三个原因：其一，这个家长不负责，没有看护好自己的孩子，其二，这个公园的负责人，不负责，在事件发生时没有及时赶到，其三，黑熊的笼子已经破了，导致它的嘴出来了咬了孩子，这是公园的设备不行。（《河南平顶山 9 岁小男孩喂食狗熊时被咬》）

　　D. 老师把盒子打开一看，是很漂亮的蛋糕，让大家垂涎欲滴，想一口吃掉这蛋糕，插几根蜡烛，点燃了，我许了三个愿望。

教师分别将 BCD 三个长句子拆分一下，与原句对比。

　　B 句第一次改动后：
　　新闻中开警车的大妈做得不对，因为她开警车练倒库，
警车不是她自己的，而是警察的，警车不是私用的，警车是
警察去办事用的车，
　　无论是什么人不能随便乱开别人的私家车。
　　B 句第二次改动后：
　　新闻中开警车的大妈做得不对，因为她开警车练倒库。
　　警车不是她自己的，‖ 而是警察的；∣ 警车不是私用的，‖
警车是警察去办事用的车。
　　无论是什么人，‖ 都不能随便乱开别人的私家车，∣ 何况是
警车。

教师询问：变成了两个句子有什么好处？多重复句有什么好处？
　　学生感受到分成两个句子表达比一个句子更清晰，运用多重复句的形式表达的意思更严密，逻辑层次更清楚。

　　C 句第一次改动后：
　　在这个公园里发生悲剧主要是三个原因：
　　其一，这个家长不负责，没有看护好自己的孩子；
　　其二，这个公园的负责人，不负责，在事件发生时没有及时
赶到；
　　其三，黑熊的笼子已经破了，导致它的嘴出来了咬了孩子，
这是公园的设备不行。
　　C 句第二次改动后：
　　在这个公园里发生悲剧主要是三个原因：
　　其一，这个家长不负责，没有看护好自己的孩子；
　　其二，这个公园的负责人不负责，在事件发生时没有及时
赶到；
　　其三，这个公园的设备不行，黑熊的笼子已经破了，导致它
的嘴出来了咬了孩子。

　　学生观察，句子的结构基本未变，只是增添了冒号和逗号，让行文更清晰和整齐，句子的逻辑关系就更清楚了。

D 句第一次改动后：

老师把盒子打开一看，是很漂亮的蛋糕，

让大家垂涎欲滴，想一口吃掉这蛋糕，

插几根蜡烛，点燃了，我许了三个愿望。

教师将句子分层展示，学生观察到句子表意不是很清楚。

D 句第二次改动后：

老师把盒子打开一看，是很漂亮的蛋糕，

蛋糕让大家垂涎欲滴，想一口吃掉它，

大家插上几根蜡烛，点燃了蜡烛，我许了三个愿望。

学生仔细讨论后，发现是句子成分有残缺，增加了成分后，意思就清楚了。

归纳要点三：复句使用过程中要恰当运用多重复句，注意标点符号的正确使用，句子成分的完整。

3. 归纳要点

教师将复句使用的要点进行归纳总结，以板书的形式呈现出来。

使用复句要做到：语法搭配

语意连贯

符合逻辑

分清层次

风格协调一致

（三）练习：习作"反思"

教师布置练习，从自己的日记作文中找出写得好的复句 2～3 句，摘抄下来，或找到写得不好的复句改正过来。

展示学生修改后的习作，并请学生用第 2 课时学到的要点"反思"这些句子。比如聋生写作不太注意标点符号，句子常常只有一种标点，或没有标点符号，请全班同学一起给每个句子修改或补充标点符号，使语句的意义能够清楚地呈现出来。

五、教学效果与反思

课后，学生说这次课让人明白了复句的使用真正应该注意什么，并且在课下的习作交流中，明显能感觉到他们对复句的使用要点的理解。本课的创新显而易见，但也暴露了一些问题。综合起来，复句使用的语法指导需注意如下几点。

从知识到意识。在阅读聋生的书面语作品时教师不难发现，基本结构保持完整的句子都是能够被理解的，即使那句话中同时出现好几个句法偏误。但是若基本结构不完整，即使一句话中只有一个句法偏误也会使句子变得无法理解。"形成对句子基本结构的意识，聋生就有可能写出具有正确基本框架的句子，因而获得最初步的书面语言交际能力；要想能够写出完全通顺的合乎语法的句子，还必须形成对整个句子——包括其每个局部构成的明确意识。"❶ 因而针对聋生的语法教学不应只是传授语法知识，而是帮助聋生掌握句子的基本成分和基本结构并有意识地运用这些知识，树立一种强烈的语法意识。

从讲授到建构。"建构主义认为，学习中的错误是有意义的，只有当错误发生了，而且经过讨论被及时纠正了，讨论才富有意义。"❷ "教学不再是传递客观而确定的现成知识，而是激发出学生原有的相关知识经验，促进知识经验的'生长'。"❸本课引导学生从习作中诊断问题，探究要点，具有"建构"特点。但仍存在传统讲授式的问题。比如给学生思考的时间太少，探究时间不够，甚至根本就没给学生探究的机会，直接展示修改后的答案。预设与生成的关系处理得不够好。

从效果到能力。知识的重要意义在于人对它的应用。聋生的语言实践可以有效地检验课堂内容的掌握程度，便于教师及时调整改进教学。通过教师引导和学生互动，在相互讨论中发展聋生的语言表达能力。逐步实现理论与实践相结合，提高聋生的语言水平和思维水平。

参考文献

[1] 哈平安，韦小满，李荣，张磊. 聋校学生的书面语言语法意识 ［J］. 中国听力语言康复科学，2004（3）.

[2] 黄远志. 建构主义理论与地理教学 ［J］. 中学地理教学考，2002（12）.

[3] 陈琦，刘儒德. 当代教育心理学 ［M］. 北京：北京师范大学出版社，2007.

---

❶ 哈平安，韦小满，李荣，张磊. 聋校学生的书面语言语法意识 ［J］. 中国听力语言康复科学，2004（3）：41.

❷ 黄远志. 建构主义理论与地理教学 ［J］. 中学地理教学考，2002（12）：14.

❸ 陈琦，刘儒德. 当代教育心理学 ［M］. 北京：北京师范大学出版社，2007：187.

提高高中聋生词句理解和表达能力的教学实践

卢雪飞

一、问题的提出

（一）理解的困难

聋生阅读理解中的困难，首先，集中在生字、生词和由熟字组成的生词上。

如看到"肩头"一词，他们会打手势"肩膀＋头"，而不是拍拍肩部，由此推知他们可能把一个名词"肩头"理解为身体两个部分——"肩膀"和"头"了。

其次，对一词多义在不同语境中的意义难以做出准确选择。如"我正用线把大小不同的珠子串起来，按两个大的，三个小的这样的次序。结果老是弄错"，有聋生查字典后解释"老"为"对某些方面有经验"。

再次，对某些短语理解有误。如"仅次于人聪明的动物是狼"，职高聋生中语文水平较高的都认为"狼第一聪明，人第二聪明"。

最后，对复句难以理解其强调的重点。如"我静静地在那里坐了许久，不是在想珠子的排列方式，而是在脑海中用新的观念来寻求'爱'的解释。"请选择以下哪种说法符合原句的意思（　　）。

A. 我静静地坐着想了很久的事是珠子的排列方式

B. 我静静地坐着想了很久的事是怎样理解"爱"这个抽象的概念

12 名聋生中有 6 名学生选择 A，理解错误率达 50%。

（二）表达的困难

聋生表达方面的困难，首先，在于词汇量少，一名听觉障碍学生谈作文的感受："有时心中有话却写不出来，有时眼前闪烁着事物的形象、颜色、姿态，笔下却形容不出来，而只好用'好看极了''好玩极了''有意思极了'等简单模糊的字句。"❶

---

❶　汪飞雪，吴静. 听觉障碍学生教学法［M］. 天津：天津教育出版社，2007：125.

其次，是近义词或含有相同语素的词语混用。"我把空白的水桶去到妈妈身边"中将形容词"空"误用为名词"空白"，动词"拿"错用为"去"。"我心里非常高兴，当时我年纪小不知道怎么叫尊重"中疑问代词"什么"和"怎么"的区别未掌握。

再次，是语序混乱，表达易让人误解。如"四点我从北京至通辽出发了"，聋生想表达"四点我从北京出发去通辽"。

最后，是句式贫乏、简短。"但我……的……脚……可疼啦！抽时间去修脚的地方剪指甲。但愿好了。但会疼，我可忍，咬牙，闭眼，我喜欢痛，痛完了就舒服，千万别复发，保佑保佑。"

二、提高高中聋生词句理解和表达能力的教学实践

针对高中汉语学困聋生语言学习的实际需要，教师应依托文本，从文本中提取语言点，包括常用实词、虚词、固定短语和句式，采用适宜的方法，引导聋生准确理解词句内涵。在此基础上采用多种形式进行语言运用训练，巩固所学，期末把这些语言点的掌握作为考试内容之一加以检测。

（一）表演辨析，理解近义实词的意义，体会其用法

关于语言应用，朱自清曾在《中学生的国文程度》一文中指出中学生写不通应用的文言，大概有四种毛病：①字义不明；②成语错误；③句式不熟；④体例不当即不合口气❶。一些聋生不会用词的首要原因在于字义不明，尤其是含有相同语素的近义词。

叶圣陶先生曾说一组意义相近的词，字典翻过了，讲解听过了，若不能辨别每一个的确切意义并且熟悉它的用法，还算不得阅读得其法。❷ 了解了并不代表会用了。这如同看面点老师示范做点心的过程，学生看懂了后还要自己亲自动手操作，直到能独立完成某一点心的制作，才算真正掌握这一技能。

实词教学宜采用比较法，引导聋生将易混淆的词语意义加以区分，再设计多样的练习方式加以巩固和检测。

如教学《鸟儿的侦察报告》一文，我将文本中的"趴"与课外的文字"爬""扒"（此处主要讲解"扒"的第一种解释：抓着（可依附的东西））放在一起引导孩子们学习辨析。先用表演的方式演示"趴""爬""扒"三个动作，演示一个动作指明是板书中的哪个字；然后出示词典中的解释

❶ 叶圣陶．叶圣陶教育名篇［M］．北京：教育科学出版社，2007：138.
❷ 叶圣陶．叶圣陶教育名篇［M］．北京：教育科学出版社，2007：138.

和例句，让聋生读例句，进一步揣摩三个字的具体含义和用法；最后出练习题。

①这孩子刚五个月就会_____了。（　　　）

A. 爬　　　　　B. 趴　　　　　C. 扒　　　　　D. 拔

②这小子真淘气，_____着墙头往院子里张望着，看爸妈回来没有。（　　　）

A. 爬　　　　　B. 趴　　　　　C. 扒　　　　　D. 拔

③实在太困了，我只好_____在桌子上睡一会儿。（　　　）

A. 爬　　　　　B. 趴　　　　　C. 扒　　　　　D. 拔

聋生完成练习后教师要给予及时的反馈，帮助学困聋生了解自己是否已会用这些实词。

（二）比较辨析，结合语境体会虚词的意义，体会其用法

关于虚词的理解和运用主要从两方面谈，一是语气副词，二是量词。

1. 语气副词的理解和运用

聋校的语文教学中读写知识应讲得浅一点，指导聋生应用语言进行实践多一点。汉语的"语序和虚词的运用对表达语义具有重要作用"❶，而虚词的学习对学困聋生却是难点。由于听力障碍，他们不能靠口语的朗读感受语气副词的表情达意作用，但是手势语的力度和面部表情都能很好地传达出语气副词的表达效果，课堂上要充分利用手语的这个优势。叶圣陶曾指出"对于一个词、一种句式、一句习语或成语，第一须明白它的意义。第二须取许多例子，同样的与近似而实际不同的，互相比勘，来看出它的用法。从这样的方法得来的，才是彻底了解"❷。《繁星》一文中出现"果然"一词，所以在学习"果然、竟然（居然）"一组语气副词时，先让聋生用手势语读出浅显的例句。

她答应我一定来参加我的生日会的，竟然没来。

她答应我一定来参加我的生日会的，果然来了。

由于聋生对词语和句式的理解"更多的是依靠联想和重复，而不是教师的解释"❸。所以教师要举贴近聋生生活实际的例子，唤起其自身的经历

❶ 汪飞雪，吴静. 听觉障碍学生教学法［M］. 天津：天津教育出版社，2007：95.

❷ 叶圣陶. 叶圣陶教育名篇［M］. 北京：教育科学出版社，2007：159.

❸ ［美］海伦·凯勒. 海伦·凯勒自传［M］. 张雪兰，谢萍，译. 北京：中国档案出版社，2003：248.

和体验，能有效辅助其准确理解词语内涵。给聋生充分的时间交流讨论
"果然、竟然"表达的意思和情感，虽然聋生不能靠听觉器官感受到这组词
的语气作用，但手语的示范"朗读"仍能较准确地让他们感受到"果然"是
表明猜中了，想到了，有信心；"竟然"表示说话人没想到，没猜中。

　　接着出示这两个词的书面语解释："果然"表示所说的和所预料的相
符，有"真的""确实"的意思；"竟然"表示事情超出常理，出乎意料。
手语朗读句子与书面汉语的文字叙述结合能帮聋生深入理解两词的词意，
并积累语言。

　　因为"理解一种语言是如何运作的和如何使用这种语言之间存在着重
大的差别"❶，而学会如何使用语言恰恰是聋校语文教学的重点，因此，随
后的使用语言练习极为重要。要设计多种形式的练习题，可以是选词
填空。

　　　　①刚才天还那么晴，现在（　　　）下起了大雨。
　　　　②天气预报说下午有雨，（　　　），吃过午饭不久，就下起
了大雨。

可以是给出前半句，补写后半句：

　　　　这次期末考试我努力复习了，_____。
　　　　这次期末考试我已经好好复习了，_____。

或者用"果然、竟然"造句，总之，要落实到对虚词的运用上。

2. 量词的积累和运用

　　"聋人手语句式有缺少成分的特点，缺少最多的是量词"❷。受到手语
负迁移的影响，聋人书面语表达中也存在量词使用不当或量词缺失的情
况。因为手语中量词很少，仅有"棵（株）、件、个、册、页、篇、遍、
口"不足十个，且聋人日常交流时很少打出量词，如"一张桌子"手势为
"一＋桌子"，而不是"一＋张＋桌子"，落实到笔头上聋生自然而然写为
"一桌子"。

　　教学方法是引导孩子们在学文中积累量词，职高一年级学《甜甜的泥
土》，文中有"连那只张了嘴的破鞋都甩掉了"，引导孩子积累一（　　　）
鞋。课堂上有个学生不知道"一（　　　）鞋"应该填哪个量词，另外一个

---

❶　［英］亚历山大，何其莘. 新概念英语第一册［M］. 北京：外语教学与研究出版社，
1997：15.
❷　林水英. 浅论手语对聋生学习汉语的影响［J］. 现代特殊教育，2007（1）：22.

学生想告诉他是一双鞋，但他打的手势是"二"，结果这个学生就写成了一"两"鞋。还有学生写一"张"鞋，可能是受课文上下文的影响，课文语句是"他快活地叫着、跳着，连那只张了嘴的破鞋都甩掉了"。

语言的运用是螺旋式上升的，教一次并不代表孩子就完全掌握了，需要在日后的教学中及时复习和巩固。尤其是名词短语前有较长修饰限制语时，孩子们容易被干扰。职高二年级读本《特制布鞋》中有"董必武从马褡裢里取出一双自己的旧布鞋"。练习题：一（　　）旧布鞋，有学生写成一（破）旧布鞋，教师要引导她们注意，无论名词前是否有修饰限制语，它前面的量词都不能改变。可以再补充练习题，如一（　　）红旗、一（　　）鲜艳的红旗。

（三）用自己的话解释句子含义，理解句式表达侧重点并学会运用

理解是学习者内隐的心理活动，但可以通过其外显的行为表现出来。聋生若能"用自己的话或与原先的表达方式不同的方式表达自己的思想"❶，则表明他们已初步理解了这一事物。《义务教育语文课程标准（2011年版）》编写的认知学习目标也指出"理解"是让学生"用自己的语言解释信息"❷。因此，教复句时，可以让聋生用自己的话解释复句含义，以此检测其理解水平。汉语中有很多用关联词语构成的复句，但聋生日常手语交流中很少用到汉语的关联词。有必要让他们懂这些句式强调的是哪一方面的内容，为以后自由阅读打下基础。《父母的心》一课有"与其……不如……""不仅……而且……""虽然……但……"三个复句句式，结合文本提出三个复句引起学生关注，然后让学生用手语解释自己的理解，教师适时补充，最后出示例句体会其用法。

例如"与其舍掉一个孩子，还不如爹妈儿女一家六口饿死在一起好"。要引导孩子们明确这句话强调了选择做哪件事。父亲说这句话时，表示做出了哪种选择？这时学生的交流讨论很重要，只有他们自己思考后并认可的才是他们思考的结果，老师千万不能把自己的思考结果直接告知。因为经过启发引导，学生思考获得的感知在头脑中留下的痕迹更深刻。明确了父亲说的是要选择一家六口饿死在一起，之后再出示下面的练习题：用"与其……不如……"连接下列短句，写成通顺的复句，再解释这句话的

❶ 丁海燕. 布鲁姆"认知领域"教育目标分类法在大学英语教学中的运用［J］. 课程教育研究, 2013（11）：87.
❷ 张秋玲, 王彤彦, 张萍萍. 新版课程标准解析与教学指导［M］. 北京：北京师范大学出版社, 2012：23.

意思。

　　（　　）去看无聊的电影，（　　）在家看电视。

当学生能写出"我不去看无聊的电影，我要在家看电视"，才算真正理解。

　　教学中，教师要有意识让聋生看到同一意思的不同表达方式；在词语和句式的运用练习中要鼓励学生用近义词和不同句式表达同一意思，锻炼学生句式表达的多样性和丰富性。

　　另外，造句和写日记是锻炼聋生语言表达能力的有效途径，教师的要求和鼓励能够使这种任务逐渐变为学生的自觉行动。起初聋生写的是不通顺的"流水账"，老师要及时给予鼓励和积极地反馈，圈出他们用得好的词语，肯定他们有运用某种句式的意识，同时在日记本上将规范的表达传达给学生。只要聋生肯写，愿意写，老师就能慢慢引领他们向更高程度的写作水平前进。

三、教学效果

　　经过近 3 个月的教学实践，学生的日记词汇量增多了，句式较为多样，篇幅也增长了。虽然仍有很多不通顺的句子，但其语言能力有较明显的提高。

　　附：学生 2012 年 9 月 4 日的日记。

　　　　晚上，我和妈妈去玩走了。

此学生 2012 年 11 月中旬期中考试作文如下。

《秋天的北京》

　　　　秋天到天气冷树木黄叶，大树变黄色、红色、金色叶子下落地黄叶很多，公园地点天坛玩什么？跑步、跳子、功力、棋子，儿童老人爱喜欢体育健康。走走小时候大树黄叶阳光舒服空气，好玩。树木松树、柏树、白杨树、两银杏树还多黄栌树的红叶我在天坛颜色，吹风秋天冷太阳光冰红叶不一样啊！秋天的北京公园有变黄叶完了。

老师修改后的作文如下。

　　　　秋天到，天气冷，树叶变黄，大树上的叶子变成黄色、红色、金色，叶子们落到地面，黄叶很多，到天坛公园玩什么？跑步、跳绳子、练功夫、下棋子，儿童老人最爱最喜欢体育锻炼，这样身体健康。走走，小时候大树上黄叶被秋日的阳光照着舒服，空气新鲜，好玩。公园里树木很多：松树、柏树、白杨树、两排银杏树，还有许多黄栌树的红叶！我在天坛看到各种颜色，秋风吹秋天冷，太阳光照红叶不一样啊！秋天的北京公园树叶变黄了。

虽然仍有很多不通顺的句子，但其语言能力有较明显的提高。

参考文献

［1］汪飞雪，吴静．听觉障碍学生教学法［M］．天津：天津教育出版社，2007．

［2］叶圣陶．叶圣陶教育名篇［M］．北京：教育科学出版社，2007．

［3］［美］海伦·凯勒．海伦·凯勒自传［M］．张雪兰，谢萍，译．北京：中国档案出版社，2003．

［4］［英］亚历山大，何其莘．新概念英语第一册［M］．北京：外语教学与研究出版社，1997．

［5］林水英．浅论手语对聋生学习汉语的影响［J］．现代特殊教育，2007（1）．

［6］丁海燕．布鲁姆"认知领域"教育目标分类法在大学英语教学中的运用［J］．课程教育研究，2013（11）．

［7］张秋玲，王彤彦，张萍萍．新版课程标准解析与教学指导［M］．北京：北京师范大学出版社，2012．

基于高中聋生作文"病句反馈"的
汉语语法教学实践

吴洪英

一、问题的提出

如果到了高中阶段，还大谈语法教学，这在普校是不可思议的。但是在聋校，做好学生的语法补偿，是语文教学、甚至其他学科教学的一项基础工作，是聋生融入主流社会的必要前提。因为高中聋生的汉语表达问题依然严重，而他们又难以通过自然习得的方式形成语感。

（一）语病严重制约聋生的作文表达水平

《高中语文课程标准的课程目标》要求学生"书面表达要观点明确，内容充实，感情真实健康；思路清晰连贯，能围绕中心选取材料，合理安排结构。在表达实践中发展形象思维和逻辑思维，发展创造性思维。"

但是，对于高中聋生来说，大多连初中语文课程标准中的"文从字顺"都很难达到，更难达到高中语文课程标准中"在表达实践中发展形象思维和逻辑思维，发展创造性思维"的要求。因为思维的深刻和情感的丰富是以语言为基础的。

（二）语境未能提供良好的语言习得条件

有反馈的语境是语言学习的重要因素，健听儿童不需要特别的语法教学，只需从日常生活的语境中就能无意识地习得很多语法规则，形成语感。比如教师4岁的儿子问她："妈妈，你给我带了几只玩具?"教师纠正道："玩具不能说'只'，要说'个'。"从此，他就记住了"玩具"所要搭配的量词这一简单的语法规律。

而聋生恰恰缺少这种自然的、有反馈的语言环境。由于听力障碍，多数聋生的口语使用少得多，更多地运用手语而非书面汉语。而且，汉语语法"反馈"明显不足。家长常常感慨孩子的语言颠三倒四，无从改起。教师因为高中阶段教学任务繁重，追赶进度，也不可能随时纠正学生的语病。

如此看来，高中阶段的聋生非常需要语法补偿教学。只是，这种语法补偿的难度较大，不但要对聋生具有适切性，又要能够适应高中阶段的学习节奏。聋生作文中产生的大量的"语病"，是急需得到反馈的语料，也是体现聋生语法特点的资源。本文将介绍基于高中聋生作文"语病反馈"的语法教学实践。

二、高中聋生作文"病句"问题举例

关于聋生语病类型的研究比较多，但无论研究方法、具体实例如何，最终的结论几乎都是一致的，都将聋生的语病问题归为搭配不当、成分残缺、语序不当、不合逻辑等几类。这些类型与健听学生没有什么不同，并没能真正体现聋生的汉语语病特点。

聋生常用的自然手语和汉语语法不同，一些聋生会将自然手语直接套用在汉语中，产生典型的"聋式语法"，但是一些不会手语的聋人也会出现类似的错误，所以更准确地说这种语法问题不是因为自然"手语"的影响，而是"手语思维"或者说"直观思维"的影响。以下用一些聋生的病句加以说明。

（一）以"字"造词

如"我们应该仇恩父母"。

学生想表达的意思是"我们对父母应该报恩"，但是他只记住"恩"，又由"恩"随意联想到了"恩仇"这个词，不小心写反了，写成了"仇恩"。

在现代汉语里，"词"为一个意义单元，而聋生常常将一个"字"就作为一个意义单元，并且将这个字结合某些不确切的经验进行拼接组合，随意"联想"，以"字"造词。

（二）因"形"混词

如"天气很不错，不冷也不热，让我们感到很适宜"。

"适宜"和"舒适"词义相近，且有共同的字"适"，健听学生也可能混用。但是有些词语的混用则是聋生特有的，比如"继承家业"写成"承认家业"。"继承"和"承认"词义上相距甚远，仅仅是因为有共同的"承"字而被聋生混用。

就混用词语这一点来说，健听学生多是基于"词义"的相近或相关，而聋生则多基于"字形"。也就是说聋生混用词语不是因为词义相近，多是因为字形相同，这也许和聋生视觉形象思维更具优势有关。

（三）"短语"造词

这里所说的"短语"多是聋生生造的，汉语中并不存在。

如"妈妈中午做炒鱼"。"做炒鱼"其实是"做鱼"或者"炖鱼"。因为手语里无论做什么饭菜都是一个用勺子炒菜的动作，所以聋生不容易区分"炖鱼""炸鱼""蒸鱼"等不同的做法，就统一用了"炒鱼"一词。并且还把"炒鱼"与动词"做"搭配，形成一个原本不存在的动宾词组，代替"炖鱼"一词。

再如"像刀刺杀入他的心中"，"刺杀入"其实就是"刺入"。自然手语里，"刺入"和"刺杀"都是用一个动作表示的，可能受其影响，聋生不再细致区分，直接使用"刺杀入"这个生造短语。

（四）强调重复

再如"妈妈也慢慢越老了"。这个句子乍看似乎是句式杂糅，"慢慢老了"和"越来越老"杂糅在一起，而实际上，在手语中为了弥补视觉瞬间即逝的缺点，常常一个词义或者重复，或者换用其他方式反复表达，起到强调的作用。聋生在书面表达时也出现了类似的问题。比如"一直跟随我一生""风景很好美"等。

（五）残缺省略

"'省略'是聋人手语中另一常见的独特语法现象，手语中句子成分的省略从视觉上看，主要是为提高手语沟通效率。"❶ 有时，聋生残缺的汉语句子还原成自然手语，则是非常流畅的。

如"我想握手鲁迅"实际上应该写成"我想握手的人是鲁迅"。但在自然手语里"是"字就是可以省略的。"中国手语中……常常省略表示判断和诠释意义的谓语'是'，一般语序为 SO。"❷ "鲁迅"是人，再说"我想握手'的人'"也嫌烦琐，一并把"的人"也省略。

三、教学策略

汉语表达对不少高中聋生来说确实很难，因此，写作文是他们最头疼的事。而且，高中聋生已经有了一定的语言积累，形成了自己的语言习惯，他们也很难发现自己的问题并及时修改。基于上述问题，本文提出如下策略。

（一）设置情境，进行写作练习

很多研究都证明，语法学习最好结合语境。聋生的语言学习，更需要一定的语言环境，才能更有针对性和可操作性。

写作练习：请结合以下情境，写一段不少于 40 字的片段。

---

❶ 毛赛群. 西安聋人自然手语句法研究 ［D］. 陕西师范大学硕士学位论文，2015：13.

❷ 陈亚秋. 北京地区自然手势语序特点的调查研究 ［J］. 中国特殊教育，2006（4）：27.

（1）今天语文课怎么来了这么多老师，我想……

（2）听课的老师中，有一位老师是你认识/喜欢的老师，请描述一下他（她）的外貌。

学生写作后，在课上进行了交流。

举例一：

啊！这么多女老师，连一个男老师都没有吗？难怪教课的老师都是女老师，也许比男教师教得认真、有耐心吧？哈！自己发挥平常的水平，让她们瞧瞧吧！

教师引导学生发现"自己发挥平常的水平"一句中，"水平"搭配"平常"不恰当，改为"正常"比较恰当。本句的语序应调整为"发挥自己正常的水平"。

举例二：

她戴着一副黑色的眼镜，脾气好，有时候冷漠的样子，课下就对我们笑，笑得多么热情。

教师引导学生观察"冷漠"一词，前文是描写她"脾气好"，接着写"冷漠"是否恰当。有学生说改成"冷酷"，与前文"脾气好"依旧不合适。教师询问学生原意是否想描写教师批评人时的表情，学生认可，教师说出"严肃"一词，让学生比较，大家均表赞同。另外，"笑得多么热情"，"热情"应是一种强调，所以前面加"那么"更为恰当。

举例三：

她，头发染了黄色，还扎着辫子，戴着一副颜色和我一样的眼镜，看上去挺有文化的。还有着一对炯炯有神的眼睛，还有着樱桃似的嘴巴，整个人看上去，就别提有多漂亮了。

教师引导大家观察"还有着樱桃似的嘴巴"。"樱桃似的"，比喻恰当，感觉很文雅，而"嘴巴"是一个非常口语化的词，两个词搭配起来语体风格不协调，若用"樱桃小口"更为适宜。

（二）结合作文，讲评写作病句

作文讲评时，将对聋生病句的反馈与作文主题的表达结合起来反馈，不但能指导聋生的汉语言，还能引导学生关注细节，一举两得。

讲评作文《妈妈爱吃鱼头》时，教师先对作文中的主题、拟题等问题进行了讲评，然后请学生们修改大家的病句。由于同样的写作内容，语境也基本相同，所以学生对病句内容的理解也比较容易。

（1）妈妈，我知道你在我从小就爱吃鱼头。

（2）妈妈拿起纸擦儿子嘴边到处都是米饭。

（3）我们仇恩父母。

（4）想不到自己父母养他很不容易。

（5）长大了后却忽略了母亲的感受。

……

通过修改这些病句，学生们也可以体会到漫画中所描写的内容，以及人物的表现及情感。课上聋生们针对这些病句进行了如下交流。

"妈妈，我知道你在我从小就爱吃鱼头"改为"妈妈，我知道你从我小时候就爱吃鱼头"，可见，妈妈在儿子记忆中爱吃鱼头的时日不短。

"妈妈拿起纸擦儿子嘴边到处都是米饭，"改为"妈妈拿起纸，擦儿子嘴边的米饭"，这一细节，体现出妈妈对儿子的爱多么细腻，这位学生的描写又是多么细致，充满温情。

"我们仇恩父母"改为"我们要对父母感恩"。

"想不到自己父母养他很不容易"改为"没想过父母养他不容易"。

"长大了后却忽略了母亲的感受"改为"长大后却忽略了母亲的感受"。

……

通过修改这些病句，聋生不只是学习了汉语语法，对作文的内容、主题也有了更为深入的认识。他们由漫画中的妈妈，想到自己的父母，想到父母的爱与呵护，想到自己该如何对待父母。

（三）结合实例，学习语法知识

单纯地讲解语法知识，学生会觉得很枯燥。教师借助学生作文中的病句，进行语法教学，希望在"无形"中向学生渗透病句及其他一些语法知识。

（1）一进公园大门，看见许多各种各样的树。（成分赘余）

（2）我的明星是成龙。（成分残缺）

（3）人生经历失败，但失败没什么可怕的事情。（结构混乱）

（4）我还有责任就是对父母、老师、帮助过的人要报答。（语序不当）

（5）她被我的动作吓得逃走了。（搭配不当/助词使用错误）

（6）天气很不错，不冷也不热，让我们感到很适宜。（搭配不当）

（7）我对爸爸的亲密越来越疏远了。（表意不明）

（8）走过一座桥，看到一座中央电视塔矗立在湖的对面。（不合逻辑）

或许是聋生自己的病句，他们很有热情，认真地指出错误、进行修改。

（四）调动兴趣，互改互讲病句

学生，有时也是最好的老师。教师选取聋生作文中的病句让大家进行修改，然后聋生进行讲解、交流。教师进行适当的指导。

病句一：让我们表扬鲁迅精神。

学生说"表扬"搭配"精神"不合适，将"表扬"改为"学习"。教师补充，有的同学还改为"发扬"，同学均赞同，从而扩充了搭配"精神"的动词词汇。

病句二：走过完桥，往前走远远看到了一片粉色的海洋。

学生发现"过"与"完"意思重复，去掉"完"字最为恰当，但没发现此句缺少了主语，教师引导学生加上主语，因为这篇作文是一篇游记，所以主语加"我"最为恰当。

四、教学反思，目前困惑

（一）取得的成效

教学形式受到学生喜欢。课堂上学生表现积极，参与度也较高。课后学生纷纷表示喜欢这种形式讲解病句，也比较容易理解，今后的写作中也会注意这些问题。

写作练习讲解效果较好。这种有语境的句子讲解，有利于学生修改病句、理解一些特定词语、厘清写作思路。

（二）存在的问题

教师对学生的文意理解不到位，修改和讲评针对性不够。有些句子没有分析到学生的心理、思维层面。

如"我对爸爸的亲密越来越疏远了"，当时教师直接删掉了"的亲密"三个字，将其归为"成分赘语"这个类型。但学生为什么会出现"亲密"这个词？后来才得知，学生的思维过程是这样的：亲密 = 亲密度 = 关系，所以这个句子更准确的表达应该是"我和爸爸的关系越来越疏远了"，这样的修改才能顺应聋生的思维过程，同时纠正其语言运用上的偏误。

（三）目前的困惑

1. 病句具体分类问题

病句的收集虽然比较费时，比较辛苦。但现在面临更大的问题是病句原因的分类问题。目前只是对自认为比较典型的一些病句进行举例分析，更多的病句让人感觉分类时无法下手，甚至似是而非，不知如何进行具体可行的分类，而分类不具体会直接影响对学生的语法干预。

2. 教学效果评价问题

目前没有对教学效果进行统计分析。如某位学生的同一类型病句是否有所减少，整体病句量是否降低等。并且也不太好说明学生的进步是随着年级增高的自然进步，还是教学干预的效果。

（四）一点设想

语言还是要在一定的语言环境下不断地使用，才能取得好的学习效果。如果每一个聋生，从其学习语言开始，就建立一个"语言成长册"，将其所出现的语言问题一一记录，针对每一个问题，让聋生反复地练习使用，家长、教师对其进行纠正、指导，这样或许能达到更好的学习效果。

参考文献

[1] 胡明扬. 中学语法教学刍议 [J]. 语文建设，1995 (4).

[2] 吕叔湘. 现代汉语八百词（增订本）[M]. 北京：商务印书馆，1999.

[3] 张斌，胡裕树. 汉语语法研究 [M]. 北京：商务印书馆，2003.

[4] 蔡伟. 作文教学与语法教学协同效应研究 [J]. 课程·教材·教法，2004 (12).

[5] 蔡伟，张先亮. 语法教学与语感培养 [J]. 语言文字应用，2005 (3).

[6] 陈亚秋. 北京地区自然手势语序特点的调查研究 [J]. 中国特殊教育，2006 (4).

[7] 陈玉霞. 初中语文语法教学意义探讨 [J]. 内蒙古师范大学学报，2009 (6).

[8] 毛赛群. 西安聋人自然手语句法研究 [D]. 陕西师范大学硕士学位论文，2015.

第三章

聋校其他各学科汉语言环境创设及能力培养

汉语障碍对聋生英语学习影响的研究

吕　强　刘可研　张　冕

一、问题的提出

在语言学习中，健听人在习得母语的同时，也掌握了一些概念学习的方法和一定的语法规则，而这些就可以帮助他们学习第二种语言。中国健听人学习英语时，无论是词汇、语法规则还是思维习惯，汉语基础都会起到非常重要的支持作用。

中国聋生由于失聪而丧失获得语言的自然途径，导致不同程度的语言缺陷（指有声语言方面）。聋生最开始接触语言时，常常会从手语和汉语这两种语言开始。"种种研究表明，聋生的思维工具是手语；但聋生在课堂上则学习着汉语。"❶在聋校的英语教学中只依靠手语一种语言存在一定的难度，因此还需要汉语的扶助。但由于手语不受有声语言语法规则的制约，其对汉语言的学习存在强烈的干扰。比如手语和汉语不仅在词汇量上相距悬殊，在"语法"规则上差异也较大。例如：①语序不同；②词性不分；③表述中常常无量词和虚词，等等。这些都导致大多数聋生没有形成较好的汉语思维。因此，汉语也难以成为聋生学习英语的良好中介，甚至常常成为聋生学习英语的一个"障碍"。那么，聋生要学好英语，必须明确这些影响到底是什么。以下是笔者的粗浅总结。

二、汉语言障碍对聋生英语学习的影响类型

（一）词义方面

语言要素中的词汇，反映了人们对客观世界的理解。"词汇是许多第二语言学习者的主要障碍之一。对第二语言学习者的研究表明，词汇错误

---

❶　赵锡安. 中国手语研究［M］. 北京：华夏出版社，1999：142.

比语法错误多。"❶ "一个词在词典中的定义就是词的定义知识，但是一个词的意义不只是它的'词典意义'。在任何自然语言中词汇的使用都是有语境的，在听说读写中一个词总是和其他词结合在一起出现，因此，词汇知识不仅包括'词的定义'，而且包括词的语法线索等语境知识。"❷但聋生在汉语学习过程中无论是词的定义、语法还是语境知识都存在缺陷，他们在英语学习过程中障碍重重。具体有如下几方面。

1. 汉语词汇语义积累不足

由于聋生获取信息的途径较少，因此，他们的汉语词汇积累量就少于同年龄的健听学生，时常出现不理解汉语解释的现象。例如"铡刀"英文为"hay cutter"，英文拼写没有疑问，但在理解它的中文含义时，聋生就出现了这样的疑问：这个词怎么读，这个词代表的具体物品是什么？是什么样子；而由于"铡刀"用了两个英语单词，那么"铡刀"这个词是一个词还是两个词？中国人的英语学习大多还要借助汉语，而聋生却存在对一样物品、事物很熟悉，但不知中文该如何表达的现象。这样，本应成为英语学习"中介"的汉语反而变成了"障碍"。

对于具体概念，聋生还是较易掌握的，但是，对于某些抽象概念的理解就难以掌握，英语语法教学中的一些语法术语就成了他们学习的障碍。如讲解频率副词 always（总是）时，聋生可以理解单词的含义并掌握其用法，但就是对这些词的名称"频度副词"不甚理解，在讲解的过程中教师发现聋生会抓着这个问题不放手，这样，教师首先要解决这个非英语学科的问题后，才可以继续英语教学。而在日常英语教学中，教师没有过多的时间进行这种汉语词义的讲解。

2. 汉语词汇语境知识不足

我们理解汉语词汇并不是单纯地理解词汇中的字，而是将字放在不同的词汇中理解，即字在语境中含有不同的含义，对字的理解要结合词语，词语的理解更需要一定的语境，而聋生则缺少词汇的语境知识。最典型的例子就是动词 have 的理解与运用。聋生在初次接触时词义为"拥有（动词）"，因此在后续的学习中当出现"have"时，聋生的第一反应都是"拥有"，导致在词组中不能灵活变通词义。如 have breakfast 理解为"有早

❶ 王建勤. 汉语作为第二语言的学习者习得过程研究［M］. 北京：商务印书馆，2000：237.

❷ 王建勤. 汉语作为第二语言的学习者习得过程研究［M］. 北京：商务印书馆，2000：237.

饭",而不是"吃早饭"。每当这个时候,聋生就会产生疑问和不解。只有当单词表中出现"have(吃)"的意思时,聋生才会接受 have 可以表示"吃",但聋生记住这个词义需要一段时间。在反映聋生缺乏结合语境理解词义的同时,也反映出聋生对词语的运用缺乏灵活性,习惯记忆、理解第一词义。

"聋生由于语言发展缓慢,对概念的掌握往往过于呆板和狭窄,经验又过于单调"❶,所以,常常出现不能将词义恰当地应用到特殊的场合。即由于聋生在汉语言中对词汇思维的局限,聋生理解词时易出现障碍。这种汉语思维的局限性也延续到英语的学习中,如 sweep(扫去(灰尘))与 clean(清扫,使干净)这两个词由于在词义中都有"扫"的含义,但对语境的要求稍有不同,sweep(扫去(灰尘))重在把浮在表面的灰尘除去,比如扫地。clean(清扫,使干净)重在"整理、清理",常做清扫房间、教室等。而聋生在词语学习中并没有注意这种语境要求,因此在"扫地"和"打扫房间"这两个词组中选用动词时,聋生产生混淆,将词组错误地写成了"clean the floor"(应为 sweep the floor)。这就是源于聋生对汉语字义的理解缺乏词汇语境知识,理解上不结合词语,只是关注字面的缘故。

(二)词法方面

词法包括词的分类(词性)、词的形态变化以及各词类在句子中的作用等内容。对中国健听人而言,汉语与英语都属于有声语言,词法基本规则是一致的,所以无论是知识上还是思维上,汉语词法的掌握对他们学习英语都有积极的影响。但在聋生的汉语学习过程中,词语的学习大多放在词义理解上,而对词性的学习则是一笔带过。这样,聋生并没有从汉语学习中得到最基本的有声语言的词法常识。如此一来,在英语学习中面对初次接触的"词性"时,往往障碍重重。以下仅以词性为例。

词性又叫词类,动词、名词、形容词是人类语言的三大词性。它在英语学习中非常关键,同时也是聋生词法学习中的一大难点。

1. 汉语词法常识欠缺,造成英语词汇搭配不当

这种词法常识的欠缺,主要体现在对词性的搭配上,特别是对词义、字形相近的词。词义、字形相近即词的主要含义相同,拼写方法类似,如后面提到的careful(细心的)与carefully(细心地)。由于在聋生的汉语言学习过程中没有强调词性,因此造成聋生无法正确用词的现象。这种影响突出反映在形容词与名词、副词与动词的搭配问题上。如在练习题"Lucy

---

❶　教育部基础教育司.聋童心理学[M].北京:人民教育出版社,2000:77.

is a careful girl, and she does everything very carefully. "（露丝是个细心的女孩，她做每件事都非常细心）中，careful/ carefully 词性问题就会困扰聋生。他们会问词义相近、字形相近，为什么不能用同一个词？根据我们汉语中的词法常识，名词用形容词修饰，那么在名词 girl（女孩）前面我们就要用"careful（细心的）"；而后半句是表示"她做所有事都很细心"，在这里"细心"用来修饰动词"做"，因此应该用副词，"carefully（细心地）"。而聋生因听力问题不仅没有语感，也没有词法知识，所以对此感到疑惑不解。由于课时所限，英语教师不能过多补充相关词法知识，只能用死记硬背的方法"名词前用形容词，动词前用副词"帮助聋生记忆。这种无理解的死记硬背无形中给聋生增加了负担。

2. 汉语词法常识欠缺，造成英语句子表述错误

句子成分对词性有具体要求，换言之，词语要根据词性在句子中构成不同的成分。但由于聋生在汉语学习过程中忽略这一语法常识的学习，在句子书写过程中缺少这种汉语词法知识的辅助，以致造成在英语表述上的错误。

如在英语中存在"主系表"这一结构，这个结构是用表语部分说明主语是什么或怎么样的句型结构，即"I am a teacher"（我是一位教师）等此类句型。这个结构虽然有些陌生，但是只要知道这个结构中表语部分由名词、形容词或名词、形容词、介词短语构成，那么表述上就不容易出错。但由于聋生在汉语学习中对词法知识的缺乏，不清楚词性在句子中的作用，使得他们在完成句子时不考虑词性的问题，在完成句子时出现表述错误、搭配不当的现象。如聋生将句子写成"This is ride（v. 骑）."，"骑"作为动词是不应该出现在表语位置上的。

（三）句法方面

句法包括句子种类、句子成分以及语序等内容。"根据语言类型学研究，世界上的语言具有许多共性"❶，基于汉语与英语的语言特点，两种语言中句子的种类、句子成分相差无几，因此，汉语语言表达能力的高低可以在一定程度上决定英语学习中掌握句法结构的难易。在英语句法的学习过程中，由于汉语语言中对句法知识学习的欠缺，使得聋生英语学习中对句子结构、语言规律、语言完整性的掌握同样出现难点及学习障碍。突出表现在如下几个方面。

---

❶ 王建勤. 汉语作为第二语言的学习者习得过程研究［M］. 北京：商务印书馆，2000：116.

1. 句子结构残缺

语言的完整性表现在句子上就是句子结构的完整。英语中句子结构和汉语一样也是遵循"主语 + 谓语 + 宾语"的原则，但就是这个"主谓宾"让聋生摸不到头脑，搞不清"主""谓""宾"到底指什么，在句子中的作用又是什么。比如在句型转换练习"They are cleaning the house now（对划线部分提问）"中，此句的中文为"他们现在正在打扫房间"，那么针对"打扫房间"的提问是"她们正在做什么?"汉语的提问形式聋生都掌握得很好，但当最终呈现英文时，许多聋生写成"What are they now（他们现在是什么）?"这种缺少谓语动词的句子。

2. 句子语序混乱

由于他们对句子成分了解甚少，这使他们在掌握语言规律的时候也容易出错，写出不符合语言规律、语序混乱的句子。首先表现在句子连接的问题上，聋生不会从"主谓宾"入手。如"I have a book"这句话，聋生就会写成"a book I have"等各种不符合句法以及语言结构的病句。

这种汉语中最基础的"主谓宾"结构聋生都不能理解、掌握，其他的句子成分（如定语、状语、补语）对于聋生就显得更加陌生了，在书写的过程中更不会考虑句子成分、结构的问题，因此，常常写出语序混乱、意思表达不清的句子。比如翻译"他们坐公交车去上学"时，聋生会写成"They by bus（方式状语）go to school"。聋生在翻译过程中不会考虑在英语中状语不能插在主语和谓语之间的句法结构（正确的表述应为"They go to school by bus（方式状语）."）。反过来，当看到"They go to school by bus"时，他们的汉语翻译往往是"他们去学校坐公共汽车"，也同样没有考虑在汉语中由于语序的变化意思可能完全不同，使得句子意思变为他们去学校的目的是坐公共汽车，而不是乘坐公共汽车这种交通工具到达学校。

3. 其他句法学习困难

除了影响句子的结构、语序外，在学习语言规律上的欠缺，也使老师的教学举步维艰，特别体现在一些相关的语法教学中。在此我们以学生学习从句为例。在学习定语从句、宾语从句这类复杂句型的时候，对于句子成分掌握较差的学生，句子成分就成了他们学习的最大障碍，特别是在定语从句的学习中。因为定语从句要求将从句（一个结构完整的句子）作为定语，修饰句前的名词或代词（称为先行词），而且要根据修饰词在从句中的作用（成分）选择适当的关系词（当先行词在从句中作状语时，要选用关系副词"where"等；当先行词在从句中作主语或宾语时，要选用关系代词"that"等)。例如：①This is the place I spent my childhood.（这是我度过童年的地方）与 ②This is the place I visited last summer.（这是我去年夏天参观过的地方）这两个句子在选择关系词时，就需要学生对句子结构进行分析。在①中，从句为"I spent my childhood"，通过观察会发现这个句子"主谓宾"齐全，那么先行词"the place"作为地点状语，那么要选用关系副词"where"。在②中，从句为"I visited last summer"，此句中没有宾语，因此先行词"the place"作为宾语，那么要选用关系代词"that"。记住上述语法规则对聋生来说不难，但是问题就出在对句子成分的分析上。那些汉语水平较高，语感语法较好的学生，能够正确划分从句中的各种成分，就不用老师过多地讲解。而不能正确划分句子成分的聋生，会有较长时间的困扰，从而学习热情与积极性都受到一定的打击，学习效率也较低。正如上述所体现出的问题，学生在学习语法过程中由于对汉语言规律的欠缺，导致他们在英语语法的学习中存在困难。

三、反思

通过老师的教学实践，总结了上述几种汉语言障碍对聋校英语教学的影响。

我们在客观、正确地认识这些汉语言障碍对英语学习的影响的同时，在教学中可以采用更符合聋生语言学习特点的教学策略，帮助聋生消除这些汉语言障碍，避免英语学习由于汉语言的障碍而增大难度的现象；并且加强与聋校的语文教师合作，共同探讨聋生学习语言规律的特点。

反过来，英语教师在强化英语词法、语法的教学中，能够使聋生掌握正确的英语词法、句法知识的同时，还可以使这些知识迁移到汉语学习中，对聋校的汉语教学也有一定的辅助作用。

通过加强聋校语文教学和英语教学的相互影响和渗透，最终达到使聋生正确掌握这两种有声语言的目的。

参考文献

[1] 赵锡安. 中国手语研究 [M]. 北京：华夏出版社，1999.

[2] 王建勤. 汉语作为第二语言的学习者习得过程研究 [M]. 北京：商务印书馆，2000.

[3] 教育部师范教育司. 聋童心理学 [M]. 北京：人民教育出版社，2000.

聋校历史教学中的汉语言问题及教学实践

李立艳

历史课程是人文社会科学中的一门基础课程。它以培养和提高学生的历史素养为宗旨，促进学生全面发展为目的。作为聋校历史学科的教师，不仅要完成历史知识的传授，培养聋生学习此课程的方法、技能，引导聋生用正确的价值观评判历史人物、事件（以史为鉴），增强其责任感，树立远大理想，而且还要借教学之机，对聋生进行语言思维训练和缺陷补偿。

一、聋生历史学科汉语言问题的原因分析

对聋生来说，他们学习历史与健听学生不同，有些聋生在阅读历史文本时不能准确阅读，不会准确断词断句，甚至对语句理解也存在困难，这些都会直接影响聋生的阅读质量和学习质量，进而影响历史学科的学习。究其原因，主要有以下几个方面。

（一）听力障碍

在聋校的学习者——聋生，是一个特殊群体，他们因听力障碍导致生理残疾，在历史学习中遇到的困难要比健听学生多。接受信息的渠道和信息量也会受到不同程度的限制，对古今中外的历史事件和相关知识了解较少。

（二）手语影响

聋生在学习生活中主要依靠灵敏的视觉和聋人特有的语言——手语获得新知，完成学习任务，依靠手语与人进行言语交流。众所周知，人类历史已有五千年，而手语的历史不过百年，随着时代的发展和社会的进步，新事物不断涌现，可聋人使用的手语发展并非如此之快，况且有些手势语具有一个手势多种意思的现象。另外，有些手势因动作幅度大小表达的意思也不同。聋生要靠双眼捕捉信息，进行选择和判断，因而在理解上会出现偏差。有时候，打手语者动作闪现较快，聋生来不及反应，导致不能准确理解文语之意，影响学习。

（三）差异较大

我校的聋生来自祖国多地，他们之间存在诸多差异，如年龄差别大、听力损失不同、区域生活习惯、使用的教材版本也各异（如有使用北京版、人教版、聋校教材或各省市教材的，就连同一年级同一学科使用的教材也不相同），甚至打的手语也各异。我校有一些从普校转来的随班就读生，他们初来聋校学习，根本看不懂同学或聋人老师打的手语，焦急之中不免产生烦躁不安的情绪。这些差异，都会成为聋生学习中的障碍，也会给老师们的教育教学工作带来不便。

（四）课时紧张

学生进入高年级阶段学习，课时都比较紧张。我校历史课时每周两节，每节课为 40 分钟(普校为 45 分钟，在打手语表达信息和交流时也要耽误一些时间)。教学时，老师们会为完成教学任务，忽视对聋生进行语言训练，久而久之，恶性循环，影响聋生语言发展。

总的来说，上述因素造成或者加剧了聋生在历史学科中的困难，而汉语言理解是其中重要方面。鉴于此，我借历史教学之机，特对聋生的汉语言教学进行一些粗浅研究，进行语言缺陷补偿，以利于学生更有效地学习历史。

二、聋生在历史学习中经常出现的汉语言问题及分析

聋生在历史学习中出现的一些常见汉语言问题及原因，主要有以下几方面的表现。

（一）陌生字影响正确的读音与词义理解

在历史教学调查中，我发现聋生有许多不认识的字，故而直接影响到对字义的正确理解，甚至是对语句的解读。如"氏族"的"氏"、"后母戊鼎"的"戊鼎"、"殉葬"的"殉"、"离骚"的"骚"、"郡县制"的"郡"、"蒙恬"的"恬"、"邗沟"的"邗"、"隋炀帝"的"炀"、"耒耜""粟""桀"，等等。

究其原因之一是聋生对于词汇的积累大多靠课上有限的时间进行学习，课外阅读或靠"听"获得的知识量较少。原因之二是聋生对于新知识还有记得慢、忘得快的特点。他们从"记"到"忆"的过程（识记、保持、再认和回忆）都会因听力障碍变弱。有些字聋生以前学习过，但可能当初记得不深、忆得不够再加之不常用就遗忘了。所以，再次看见它，往往感觉好像是学习过，可怎么也不能读出字音、说出字义了。

（二）不能准确理解词义、句意而影响对问题的正确分析与判断

连字成句，连句成段，连段成篇。聋生阅读文字时恰恰在理解词义、句意方面存在一定困难。他们常因不能正确理解词义或是不能准确断词断句而直接影响对句意的正确理解，影响对新授内容的了解和掌握。如《繁盛一时的隋朝》是人教版历史七年级下册第一课的课题。在学生读过课题之后，我问道：课题只有七个字，你认为我们将要学习的内容有哪些？学生的回答众说纷纭，有学生说"繁盛"，有学生说"一时"，还有学生说是"隋朝"。由此我又问道：那你知道"繁盛"的意思吗？有学生马上打出"茂盛"的手势，也有学生说"是富强的意思"；我又问"一时"说明什么呢？学生马上告诉我"是一个小时的意思"，只有少数人会说出"表示时间很短"。再如，我在讲授《夏、商、西周的兴亡》这一课时，也是先从课题切入的，我问学生："兴亡"的"兴"是指什么意思？学生很自信地告诉我说是"高兴""快乐"，很少有同学能说出"兴起""建立"。

类似这样简单的问题和回答年年如是，这样类似不是难以理解的问题对学生来说却是个问题。可见，聋生不能准确理解词义，会直接导致对主题的认知甚至对整课内容的学习。

再如认知、分析中古欧洲社会的封建等级制度时，我先出示示意图（见图1、图2），让学生了解西欧社会的等级及其相互关系，在学生理解之后，我要求他们用一句话说明这种制度的特点，即"我的附庸的附庸不是我的附庸"。其实，这句话在课本中已出现，但学生在词汇与语法上都存在困难，既不懂"附庸"之意，更不懂这看似拗口的三个"的"所表达的从属关系，因而无法作答。

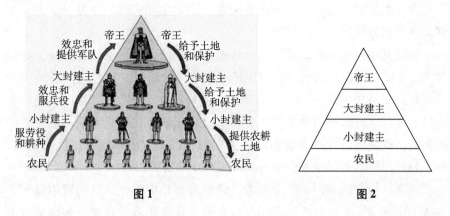

图1　　　　　　　　　　　图2

有时，聋生还会因为不理解句意闹出笑话。比如，有时他们在写《学习·探究·诊断》或《历史填充图册》中的阅读分析题时会遇到困难，需

要借鉴答案。聋生时常会写上"言之有理即可""提示……"。

三、对聋生历史学科汉语言能力培养的途径

鉴于以上聋生在学习历史课程中出现的一些常见汉语言问题，我进行了如下教学尝试。

（一）重视预习，排除陌生字词造成的障碍

预习是学习新课的一个重要环节，它可以使学生对即将学习的内容有一个初步的认知，可以发现自己的疑惑。因此，在教学前，我会让学生在预习中把不认识的字圈画出来，自查字典。在授课时，我还会把学生可能不认识的字写在黑板上，给予注音和词义解释。不过这样做也会耽搁一些教学时间。对于个别不查阅、不标注的学习自觉性较差的学生，需要老师耐心地加以引导，做思想工作，还可对预习习惯差些的同学单独辅导，或是搞"陌生字我知道"的小竞赛，让其体会到预习在新课学习中的益处，日渐培养其养成预习新知的习惯。

（二）创设情境，解决理解句意文段的难题

学生在理解句意文段的基础上，才能对问题有正确的分析和判断，才能对学习内容有正确的概括和综合，也才能对问题准确作答。抽象的书面语学习对聋生来说是有难度的，他们擅长的是直观形象思维。那么，就可以利用他们的所长规避其短处——为聋生的语句理解创设情境。创设情境是指在课堂教学中，根据教学的内容，为落实教学目标所设定的、适合学习主体并作用于学习主体，产生一定情感反应，能够使其主动积极建构性学习的具有学习背景、景象和学习活动条件的学习环境。简言之，就是在历史课堂教学中拉近学生与历史的距离，使学生如临其境，如见其人，如闻其声，加强感知，突出体验。

表演复述，是聋校最常见的一种创设情境的方式，可以在充分发挥聋生表演天赋的同时，帮助学生解决掉语句理解的难题。如在讲《社会生活的变化》一课中的"社会习俗的变化"这一部分，我事先辅导几个理解能力强、语言相对好些的学生排演小品，然后让学生在课堂上通过观看他们的表演，概括出近代西方思想对我国旧习俗的改变。学生看得饶有兴致，对不同学习层次的同学来说也都有不同程度的提升。

然而，抽象的句子对于聋生来说理解起来难度更大，他们看不懂句子也就无法表演了，这时可以巧用情境，进行抽象关系的讲解。例如学生不能依据课本上的句子"我的附庸的附庸不是我的附庸"说出"西欧封建等级制度"的特点时，我就将这句话展示在 PPT 上，然后解释"附庸"的意

思，即依附于其他事物而生存的事物。再以自己和学生为例，解释了这句话的含义：我为大封建主，A 同学为小封建主，B 同学为农民，A 同学是我的附庸，B 同学是 A 同学的附庸，但 B 同学不是我的附庸。用"对号入座"创设情境的方法，很容易就能解释清楚这句话的含义了，即"每个领主只可以管辖自己的附庸，但无权管辖自己附庸的附庸"，进而使学生懂得西欧封建等级制度的特点。

（三）重视实效，避免学习中手语带来的偏差

聋生的学习方式和交流工具一方面是以文字的形式展现出来，另一方面更多地需要依靠手语完成。手语是听障者互相交际和交流思想的一种"手"的语言，是"有声语言的重要辅助工具"，它是听障者主要的交际工具，也是听障学习者主要的学习工具。同时，聋人交流时还会伴有一些肢体语言或面部表情。尽管我国的手语随新事物的出现在不断地完善和修订，但它的词汇量还是有一定限制的，况且有些手势语会因动作幅度大小、一手势多意及闪现动作的快慢，直接影响学生的反应与理解，可能学生还没看清楚或选择出与之相对应的意思下一个手势就出现了，这些都会影响聋生"看"的效果和对学习内容的掌握。

我时常会听到老师们说："刚讲完的东西就忘了！"诚然，"记得慢，忘得快"是聋生学习的一个"通病"，这与聋生生理缺陷有直接原因，但老师们是否也曾想过：聋生在看老师讲解时是否真正看（听）懂了手势，懂得了所讲内容呢？

鉴于此，教师打手语时一定要注意"慢些"，重点的、重要的一定要反复讲，同时还有板书文字、肢体语言、面目表情等加以辅助。并且要及时复习巩固、反馈交流。

尤其是聋生事先没有见过的、不知的内容，我会在 PPT 上展示出相关的或补充的文字及图片资料（依文学语，文语相伴是聋生学习的较好方式），充分利用聋生的视觉优势，进行讲解，辅助学习。这样，就可以避免"看"手语而造成的"理解误会"，还可以避免反复打手语、解释而造成的时间紧张，更可通过让聋生有选择地朗读指导其准确断词断句，培养语感，的确具有一定教学效果。

（四）整体感知，让学生懂得词语更懂得历史

聋生容易关注局部却忽视整体。他们常常理解了一个词的意思就自以为懂了全部内容，其实仍然是一知半解。因此，让他们懂得词语懂得局部的同时，也要注意引导他们懂得整体，懂得词语背后的含义。这种方法就是"整体感知"。如"贞观之治""开元盛世""和同为一家""蒸汽时代的到来"等新课的讲授，学生看到双引号就会习惯地认为这是某某说的话或是引用，但暗含意思或现象却很难了解。如"贞观之治""开元盛世"，它们不仅表示的是一种社会现象，还用"贞观""开元"表示唐太宗、唐玄宗的年号，表示统治的时间段。聋生只是知道这些词表示的是时间，经教师讲解，可以知道是用年号表示统治的时间段，却不容易体会其内在的寓意，这里面有一种褒扬，肯定了唐太宗、唐玄宗执政时明智的改革措施，从而造就了社会的繁荣。这些更深层次的理解都需要学生通过阅读相关的文本、史料信息和学习分析唐太宗、唐玄宗当政时的主客观条件，即个人的睿智及所采用的改革措施，得出当时"社会安定""政治清明""经济繁荣"以致出现盛世景象。

诚然，以上仅为我在历史教学中的一些粗浅体会与尝试。对于聋校的历史教学工作，对于聋生在历史学习中实施的有效策略与方法，还将成为我今后教学中需要研究和实践的内容与任务。

基于聋生"学科学习"的文科副科 "汉语能力"培养实践

王玉玲　刘　舒

一、问题的提出

由于听力残障，聋生的汉语言能力发展较健听学生迟缓很多。"聋童语言发展迟缓是可以理解的，但创造条件，促进其语言发展是完全可以做到的。"❶ 聋生课堂教学中的时间占了其白天日常活动的很大一部分，这部分时间里汉语环境创设就显得至关重要。因此，特级教师叶立言强调"聋校各科教师应该具有为聋学生学好汉语而尽责的强烈意识"❷，"聋校语言教学不等同于语文教学，各科教学中都有语言教学的任务，如忽视对聋学生的语言教学，各科教学也是难以顺利进行的"❸。

历史、政治、思想品德等文科不参加高考，在聋校属于副科。副科课时不多，完成学科教学任务尚有困难，也就拿不出额外的时间解决聋生的汉语问题。而且，文科副科教材汉语文字较多，对多数聋生来说，汉语障碍比比皆是，都去解决也解决不过来。所以，首先，"各科教学和活动，不仅要传授本学科的知识和技能，同时要担负起培养听力残疾学生理解和表达语言能力的任务，把学知识与学语言统一起来"❹。其次，也要强调，文科副科对聋生"汉语能力"的培养的任务，要与"学科学习"有机结合，使二者相互促进，而不是额外增加负担。

二、词语理解与学科学习指导

对多数聋生来说，文科副科教材中都存在或多或少不认识的词汇，这

---

❶ 教育部基础教育司. 聋童心理学［M］. 北京：人民教育出版社，2000：61.
❷ 叶立言. 聋校语言教学［M］. 北京：光明日报出版社，1990：97.
❸ 叶立言. 聋校语言教学［M］. 北京：光明日报出版社，1990：24-25.
❹ 朴永馨. 特殊教育学［M］. 福州：福建教育出版社，1995：164.

些词汇直接影响对学科知识的理解。教师不需要将所有聋生存在问题的词语都在课上进行讲解，而是挑选出对学科学习至关重要的词语，巧妙施教。

（一）释义举例

"释义举例"是词语指导最基本的方法。对聋生来说需要注意的是，词典的释义阅读起来还可能有障碍，需要教师进一步简化解释。另外，所举例子一定要贴近教材与学生，可以选取教材中的例子，也可以留出一定的空间让学生去完成。

这种方法解决词汇障碍比较彻底，但较费时间，主要用于课文中的关键词的解决。比如《得天独厚的大河文明》这一题目中"得天独厚"四个字充分表达了古代文明首先在大河流域开始的原因，而恰恰这个词是绝大多数聋生的一个障碍。"得天独厚"的词典义是"得到天然的特别优厚的待遇"❶。把这个意思教给学生后，再对"天然"和"优厚"给以简单的说明：大自然给予的、特别丰厚的……还可以用自然手语解释"厚"，先用左手打出"薄"的手势，再用右手打出"厚"的手势（与"薄"相同的基本手形，拇指与其他四指距离显著拉开）。合起来表示，其他地方某种资源特别少，而我这个地方特别多，这就是"优厚"。

再举教材中的例子说明。

例1：办海鲜产业，海南岛得天独厚。

例2：加工葡萄、哈密瓜，新疆得天独厚。

例2是让学生根据教材和生活常识填空的，如果学生能说出来，就说明已经充分理解了"得天独厚"这个词语和教材相关内容。

（二）直观信息

"直观信息"是聋校最常用的一种方法。因为"聋童思维活动的显著特点是内容具体，多以形象作为对象"❷，所以，运用实物、图片、视频、动作等直观信息非常实用。需要注意的是直观信息与汉字一定要互相配合，否则聋生很可能看到相应汉语，还是不懂其含义。

为了配合历史"秦王扫六合"一课做了非常直观的课件，随着点击在秦国和被灭国之间出现一个连线和时间，继而这个国家消失了，依此类推，直到最后只剩下秦国，这个课件展示的过程中，其标题就是"亲王扫六合"。看完课件，文字的意思大致也就理解了，教师再点一下"扫"这

---

❶ 《成语大词典》编委会. 成语大词典 [M]. 北京：商务印书馆，2004：228－229.
❷ 教育部师范教育司. 聋童心理学 [M]. 北京：人民教育出版社，2000：71.

个字的使用，真如秋风"扫"落叶，怎么样呢？——轻而易举、不费吹灰之力。

（三）系统比较

"系统比较"是将课文中的一些有关系的词语放在一个系统中，进行联系与比较。高中聋生已经有一定的词汇积累和概念认识，只是由于交流机会有限，并不是很清晰、全面，这样，将词汇概念放在一定系统中教授学生的方法就显得十分重要了。

这种方式一般只在教材有相应内容时才使用。如《多种多样的社区》一课中的"社区"概念可以在"社会""西城区""社区""生活小区"几个概念的区分定位中明确；再如《自然环境》一课中的"天气"与"气候"两个词，可以在语境使用中做比较；此外，针对很多学生容易误会为"亚洲"的"亚热带"的"亚"，可以引导学生联想冠军、亚军，从而知道"亚"是"次之"的意思，再顺势类推"亚寒带"之意。

（四）文意分析

"文意分析"是对一些词语的含义进行深入分析。文科副科中一些词语如果不做文意分析，聋生会匆匆而过。而如果进行分析，不但能懂词语的含义，还能对教材内容加深理解。

《社会与历史》中"耕海牧渔"这个绝大部分聋生不理解的小标题，第一步，明确"耕海牧渔"在课文中指定是什么（"鱼类养殖"）；第二步阐释"耕海牧渔"这四个字的关系（是比喻，像耕种田地一样经营大海，像放牧牛羊一样养鱼）；第三步从教材内容的角度说明这个词体现的意义：以前的渔村主要是捕捞鱼类，现在则是捕捞与养殖结合。这样，不但解决了这四个字的理解，还帮助学生深入体会人类驾驭自然的能力大大提高这个主题。

三、文段理解与学科学习指导

即使没有词汇障碍，聋生也可能由于不懂语法关系、语感不佳而读不懂句子。老师常做的是问学生"懂吗？"虽然学生很少回答"不懂"，但实际情况却并非如此。其实，有很多更好的方式可以检验学生是否真的理解，同时又能促进对学科知识的掌握。

（一）复述练习

检测聋生是否读懂文段最简单的方式就是让学生"复述"一遍，复述这个要求对一些聋生来说可能过于宽泛，那么可以通过一些具体"练习"达到检测并帮助聋生加深对句子的理解和记忆的目的。这种方式简单易行，任何时候都可以使用。

《自然环境》前四段介绍了山脉、平原、高原、丘陵和盆地。让学生阅读这几段，并画出能够体现地形高低的示意图。在示意图中为数不少的聋生根据日常生活经验，画出海拔最高的应该是"山脉"，其次是"高原"，而实际正好相反。这时再提醒学生重新看书，书中明确写出二者的海拔分别是"500米以上"和"1000米以上"。对学生来说，有了这样的纠错过程要比教师直接告知印象深刻得多。

（二）故事诠释

教材语句言简意赅，要让学生对其印象深刻，还应该有一个从"薄"到"厚"的过程。增加事例以解释文句是非常有效的方法。

八年级上《变革与争霸》的"争霸"内容非常概括，仅有"春秋时期周王的势力减弱，群雄纷争，五位诸侯相继称霸，史称'春秋五霸'"一句。但无论从学科教学，还是从历史、文学修养、语言补偿等角度来说，"春秋五霸"的常识都很重要。不妨选取五霸中有代表性的故事给人物做注解。当然故事不可漫无目的，而是紧扣历史学习的相关内容。如齐桓公"不计前嫌"（引出管仲及齐桓公的用人气度），晋文公与"寒食节"（追溯晋文公不寻常的流亡经历），等等。

（三）补充素材

"补充素材"是指补充新的教材，其目的除帮聋生理解之外，更重要的是触动学生，帮助他们从课文上冷静的旁观中一点点走出，引导他们渐渐体验、触动、感悟、思考。

政治课中的西藏问题是当今中国社会乃至世界的热点话题，聋生同样感兴趣，但教科书里的内容不够新鲜有趣。教师收集至今保存在西藏自治区档案馆里的20世纪50年代初旧西藏地方政府有关部门致《热不典头目》的一封令人震惊的信件："为切实完成此事，需当时抛食，急需湿肠一副、头颅两个，各种血、人皮一整张，望即送来。"这教材之外文段的阅读，给聋生带来巨大的冲击。"头颅""人皮"触目惊心，一下子就把生活在现代大都市幸福安逸的学生带到新中国成立前人权匮乏的那个西藏，引发强烈的交流欲望。

四、篇章阅读与学科学习指导

很多聋生阅读质量不高，这和词句语言障碍有关外，也和聋生关注细节而不善概括思维习惯有关，还和他们的学习兴趣不高有关。所以解决好篇章阅读问题，要兼顾这几个方面，而最重要的是通过教材传授给聋生知识的同时，引领他们在兴趣盎然中提高阅读能力。

（一）结构梳理

"结构梳理"就是对教材写作进行结构分析和思路整理。聋生"不善于把部分和整体统一起来思考"❶。正因为如此，一定要注意培养学生结构梳理的意识。

思维导图是一种不错的方式，可以引导学生按照自己的喜好进行文章内容的梳理。在此之前需要较长时间对聋生加以结构梳理的指导。比如，注意每次上课尽量给出简洁清晰的结构图，这个结构图可以展示为板书，也可以用 ppt 有层次地体现；可以是老师给出，也可以是老师给一部分结构图，让学生补充完整；甚至让学生独立完成。同理，也可以设置一些概括性的问题，比如"课文从哪几个方面来体现××问题的""××的利与弊各有哪些"。

（二）信息整合

"信息整合"是指尽量通过一个提问将教材中的多处信息涉及，从而既激发学生的兴趣，又锻炼学生的阅读能力。

针对《早期国家的形成》中几段描述早期城市的文字有两种问法。问法一，"早期城市是什么样的"；问法二，"对比早期城市和现代城市有何不同，至少列出三点"。问法一答案容易找到，问法二的答案散落在各段中，难度更大；同时和现代生活建立了联系，培养了学生善于随时随地思考现今的意识，让古代城市不知不觉间和学生贴得更近了。这就是信息整合的功效。

（三）主题升华

"主题升华"是指通过某种方式，帮助聋生对所学内容的理解升华到一个更高的层面。聋生容易只停留在表象上，对内涵的深入挖掘，对主题的深入探讨，对聋生的成长是很有意义的。

《历史与社会》"在规则中自由成长"一课用两页多篇幅讨论了自由与规则之间的关系，有实例、有分析，但总体上还是说教意味较浓。学生并不太容易心悦诚服地接受。教师自绘了两幅对比图，第一幅有人正把茶壶里的水往茶杯里倒，茶杯冒出热气和茶香；第二幅同样场景，有人也正把茶壶里的水往下倒，但却没有茶杯，水洒落一地（见图1、图2）。一开始，学生大笑第二幅图的人太傻，说水都浪费了。这时，教师请学生给漫画起名字，在学生充分讨论的基础上，教师也说出了自己起的题目——规

---

❶ 汤盛钦．特殊教育概论［M］．上海：上海教育出版社，1998：245．

则。开始学生有些吃惊，之后有学生领悟过来，"水"象征"自由"，"杯"象征"规则"。没有杯，只有水，泡不出沁人心脾的香茶；没有规则，徒有自由，完不成精彩的人生。这时，再看教材中的那句话——自由与规则密不可分——就不显得生硬，而是心悦诚服了。

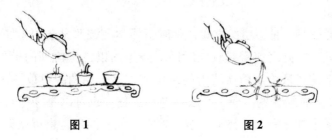

图1　　　　　　　　　　　　图2

五、语言表达与学科学习指导

"聋人的问题主要是一个沟通问题。"❶ 而文科副科又有丰富的表达与交流的资源与空间。所以更应该多给聋生表达的机会，为学生创造一个"有话可说，有话想说，有话能说"的语言能力培养的环境。

（一）问题书写

"问题书写"指让聋生把想提的问题写出来，利于教师课前了解学习需求，同时也利于发现聋生在汉语表达和学科理解方面存在的问题，给予针对性的指导。

《历史与社会》中《世界大家庭》一课，11位学生的提问在学科学习和汉语表达方面有三类问题。

其一，汉语表达有错误，且未掌握学科基本概念。如"人们在皮肤颜色几种？"除了语病，还可以看出，"肤色"这个概念学生还没有掌握。

其二，汉语表达有歧义，有可能未掌握学科概念。如"世界上有多少人种？"可能学生理解"人种"的含义，只是汉语表达有误；或者学生没有弄懂"人种"的含义，将"人种"混同为"人"。

其三，汉语表达没错误，但暴露了学科理解的问题。如"世界200多国家中……"教材上明确写着世界国家有"近200个"，并非"200多"。显然没有理解"近"的含义。

（二）话题表达

"话题"表达就是设置聋生感兴趣的话题自由畅谈，以达到对学科理

---

❶　陈军. 聋人学习语言方法［M］. 北京：中国戏剧出版社，2005：序.

念深入反思和练习汉语表达的目的。

《历史与社会》七年级下册有相当的内容是让学生认识自我的，这样的内容非常需要学生的表达，但学生真实的、酣畅淋漓的表达需要一个大家都感兴趣的话题。如《社会舞台中的角色》一课可让学生描述一下现在的我，畅想一下 30 岁的"我"，40 岁的"我"，50 岁的"我"……通过这些内容进一步巩固对"角色"的认识，激发学生"理想"感，然后教师顺其自然地点拨"从现实变为理想需要确定目标和不懈的努力"。

再如《在社会中成长》可用故事接力法让学生体会人是离不开社会的，引导是这样的——当世界上只剩下了你一个人……学生想象力被激发了，开始是自己兴奋地去超市、商场随意拿取东西，后来慢慢有了烦恼，生存受到威胁、孤独袭来，后来他又把蚂蚁变成了人，有了同伴；有了同伴后又有了新的烦恼，但是他觉得虽然麻烦但很幸福……在这样的故事接力和想像中我们由衷地得到一致的结论：人必须在集体中存在，虽然会有各种各样的烦恼和麻烦，也是一种幸福。

在学生表达中，一定先关注学生所表达的内容，先解决学科的问题；而后再反馈汉语言问题，在全班，只挑选具有普遍意义的回答，对个人可以全部指出问题所在。

六、反思与建议

无论是理念还是实践，都证实聋校文科副科关注汉语言培养是可行的。很多聋校教师也做了不少尝试，特别需要注意的有以下两点。

（一）有益于学科

要谨记，教师做的是学科教学，而不是专门的语言课，所以脱离学科学习的单纯的语言练习不可取，甚至有害。因为聋生在历史、政治、思想品德等学科中才能获得的知识、思维和情感发展被机械的语言练习挤占，损失无他处可补。因此，所有文科副科中涉及的汉语言培养必须首先基于学科学习，并且有益于而非妨害学科学习。

（二）区别于语文

一些教师在文科副科中非常关注对聋生汉语能力的培养，但是，所用方法和语文教师非常相像：喜欢问学生词义是什么，喜欢让学生概况这段话讲了什么内容，喜欢让学生进行句子仿写……对学科内容的理解过于浅显，大量的精力用于理解词句、概括主题。这样的教学难以激发聋生的兴趣，不但学科学习受损，汉语能力的培养效果也不好。

参考文献

［1］叶立言．聋校语言教学［M］．北京：光明日报出版社，1990．

［2］朴永馨．特殊教育学［M］．福州：福建教育出版社，1995．

［3］汤盛钦．特殊教育概论［M］．上海：上海教育出版社，1998．

［4］教育部基础教育司．聋童心理学［M］．北京：人民教育出版社，2000．

［5］中国聋人协会．中国手语［M］．北京：华夏出版社，2003．

［6］《成语大词典》编委会．成语大词典［M］．北京：商务印书馆，2004．

［7］陈军．聋人学习语言方法［M］．北京：中国戏剧出版社，2005．

聋校高中数学语言理解度的调查

王　莉

一、调查背景

作为聋校教师，我们都有这样的经验：学生在课堂上看似学会了，可在作业、书面测试中又漏洞百出。考虑到课堂上，教师是在用手语、书面语等多种手段相结合加以讲解，而在完成书面作业、测试时，学生面对的仅仅是数学语言文字。会不会是学生对数学语言文字理解的偏差导致他们学习的障碍呢？

另外，我国聋生学习各科文化知识都是以学科语言为依托的，他们学习、答卷、和健听人沟通……主要还是通过语言文字材料进行。而聋校教师中绝大多数是听人教师，听人教师又多用手势汉语（"手势汉语是对汉语的手势符号化"——龚群虎《中国聋人语言及语言教育问题》）与聋生沟通。如果聋生在数学语言文字的理解上存在障碍，势必会影响聋校高中数学课堂教学的实效性。

近年来，随着我国特殊教育事业的不断发展，进一步提高聋校办学水平，使广大聋生能够得到更高水平的教育，掌握初、高中各主要学科基本文化知识与技能，已经成为残疾人特殊教育事业发展过程中一个引人注目的热点。聋生经过高中阶段系统的文化知识学习，可以达到一个相对较高的水平，这为他们今后接受高等教育创造了良好的条件。因此，努力发展聋人高中教育，提高高中聋生各学科教学效果，已经成为提升聋人教育层次的关键环节。在聋人高等教育入学考试中，数学学科成绩具有举足轻重的作用，同时学好数学可以进一步发展聋生的思维能力，而这些都需要建立在对数学语言的准确理解之上。

综上所述，笔者认为，有必要对我校（北京市第四聋人学校）聋生掌握数学语言的程度等进行调查分析。

本次调查采用问卷调查法，随机选取我校高中阶段普高二和普高三两个年级六个班，46名学生全员共同参与。

二、调查过程

本次调查问卷的内容，分别从初、高中数学课程标准实验教科书（人教版）中选取代数和几何教学日常用语50句相关语句作为主要内容，并分别对学生进行切词和划主语或重点两项调查。通过切词调查学生是否能正确切分出句子中的词汇与短语，通过划分主语或重点，调查学生是否能正确领会句子的主旨。

我们的具体评分标准及说明如下。

（1）切词调查，用"｜"切分下列语句中的词语：每句话1分，共100句话，100分。如果切词错误的恰恰是影响全句中心意思理解的关键词，扣1分；如果不是错在关键词，扣0.5分；每句最多扣1分。我们知道，语义的基本单位是词的义项，它是语义结构中最小的语义单位。而我这里所说的切词，并不像语言学那样严格区分词或词汇。学生是否把短语算作词划分，我们不加以考虑。只考虑他们是否把最小的义项单位——词又进行了切分，甚至无意义地重组。如果一个学生把"系数""绝对值""定义域""中垂线"这类最小的语义单位又切开来，甚至又和其临近的汉字进行毫无意义的重组，我们就可以断定学生并没有理解这一词义。

（2）划主语或重点调查：我们要求用双下画线"＿＿＿"画出句子主语部分，如果没有主语，用波浪线"﹏﹏﹏"画出句子重点。每句话1分，共100句话，100分。对于主语的划分，也不做严格细致的要求，只要学生划对了主语部分，表明他知道这句话说的是谁就够了。对于没有主语的句子学生只要知道是要干什么就够了。如"判断下列各函数的奇偶性"，学生能在"判断""奇偶性"下面加波浪线就说明他理解了。

特别需要补充说明的是，为了提升本次调查的信度与效度，我们另出例题在被调查的6个班都进行了预测验。通过预测验，使学生理解了切词的做法，划主语或重点二选一的要求；明确了何谓主语，如何提炼重点。以此确保学生对题目要求的理解不会出现偏差。

三、调查结论

（一）切词

80分以上的12人（26%）；50~79分的20人（43%）；50分以下的14人（30%），其中4人（9%）为0分。这4人的表现为无法切出词或短语。他们只能在标点符号的位置划上切分线，或划出一个个介于句子与短语之间的成分。

通过切词，我们能够明显地看到学生对某些词义是根本不理解的。我们从几何及代数相关语句调查问卷中分别选取一句话进行说明：对于"擦去作为辅助线的坐标轴"这句话，有的学生做了如下切分："擦｜去作｜为辅｜助线｜的坐标｜轴。"可见，学生没有理解句中"擦去""作为""辅助线""坐标轴"的意思，他自然不可能明白老师的意思。对于"求两个一次函数图像与两坐标轴的交点坐标"这句话，有的学生的切分结果如下："求｜两个｜一次｜函数｜图像｜与两｜坐标｜轴的｜交点｜坐标。"可见，学生没有理解数学专有名词"一次函数"，更不理解"坐标轴"的意思，他只是根据已有知识经验捕捉到了"交点"和"坐标"两个词（切分出"交点"一词的学生有 25 人，占调查人数的 54%；切分出"坐标"一词的学生有 32 人，占调查人数的 70%）。而这种捕捉是毫无意义的，这些学生根本没有理解这句话所讲的"函数图像与两坐标轴的交点坐标"的意思。词义可直接或间接地表达句义。当我们掌握了词义和词义间的语法关系，我们就能掌握一句话的意义。由于不理解词义，学生对整句话的理解自然会大打折扣。如果他不理解的词恰恰是一句话的关键词，那么，他自然无法准确完整地理解这句话的意思。

由于我们这次调查仅仅是通过学生在切词中所反映出来的极其明显的错误，用来判断其数学语句理解障碍的程度。而实际上对于有些词，他们虽然切对了，但未必说明其真正理解了。结合切词结果，我们可以说，至少有 74% 的聋生存在明显的数学语言词汇理解障碍，从而影响他对数学课堂教学内容掌握的实效性。

（二）画主语或重点

80 分以上的 6 人（13%）；50～79 分的 10 人（22%）；50 分以下的 30 人（65%），其中 20 分以下的 18 人（39%）。

通过画主语或重点的调查，我们了解聋生对于捕捉数学语言重点产生较大困难。我们再从几何及代数相关语句调查问卷中分别选取一句话进行画主语或重点的说明：对于"等底等高的两个柱体体积相等"，这句话有的学生在画主语时，如"等底等高的两个柱体体积相等"。可见，学生没有理解句子的主旨"柱体体积相等"的意思，他自然不可能按题目的要求解答问题。对于"任何数的绝对值都是非负数"这句话，有的学生的画主语或重点的结果如下："任何数的绝对值都是非负数"可见，学生没能准确抓住句子的主语"绝对值"。之所以造成画出"任何数"为重点，完全是由于"任何数"位于句首，又是名词，很容易先入为主，被聋生先画出来（画出"任何数"一词的学生有 30 人，占被调查人数的 65%）。而"非负数"正好又位于句尾的位置，必须作为一句话的结束，所以自然也就被画了出来。由于画错主语不能正确理解这句话的重点是"绝对值都是非负数"，所以在头脑中建立起的知识也是错误的。虽然画出"非负数"一词的学生有40人，占被调查人数的87%，但这个词对学生正确理解句意所起作用很小，这种划分也是没有意义的，实际上真正理解这句重点的最多只占被调查人数的35%。

结合画主语或重点的调查，我们能够统计得出约有87%的聋生虽然看到的是一句一句的话，但能够捕捉到每句话主旨的只有13%。

从上述情况可见，绝大多数聋生所感知的并不是在严密语法体系中的汉语，而只是一个个孤立的词汇或短语，致使头脑中根本没有建立形成完整的语句，自然也就不可能画出语句的主旨，不能正确理解语句的重点，大大降低课堂效率。

事实证明，在调查中，切词、画主语或重点这两项成绩都在80分以上的学生也正是本学科及其他学科学习成绩均为优良的学生，这些学生平时在课堂上能保持较高的学习积极性，思维活跃，有良好的学习习惯和一定的学习能力，课堂学习效率比较高。

四、反思与建议

（一）反思

听力障碍对儿童言语发展造成的影响是严重的。正常儿童1岁到1岁半，处于学习单词句阶段。在这一阶段，连续音增多，开始掌握词，音意结合，有初步概括性；对语言理解开始发展，他们理解词比说出词还早。听力损失的儿童则不然，他们对于语言词汇的概念往往要等到上学后才接触。聋生在低年级接触了有限的词汇既而就转入了句子的学习，致使他们不能像健听学生那样有很强的词汇意识。从而影响他们对数学语言词汇、语句的学习。

从教育的施受双方来看，我们早已达成了以教师为主导、学生为主体的共识。从教育的实施活动来看，作为一名聋校教师，不论所教学科如何，都该把发展聋生的语言（特别是汉语言）作为重要的教学目标。因为主流社会的语言是聋生学习其他一切文化知识的基础，而特殊教育的最终目标也在于使聋生回归主流，纳入正常社会的交往与沟通。

（二）建议

（1）聋校各年级各学科教师的教学都应有意识地引导聋生建立汉语"词语"的概念。所以在教学时，注重对学科专有名词的讲解，口语与手语要准确结合，口形一定要标准，手势一定要清晰，同时注意书面语的辅助，这样才能帮助学生准确理解并建立词汇概念，同时对于重点句也要进行切词讲解或训练。

（2）有些重点内容，教师通过手语讲解，聋生可能能够理解需要做些什么，重点在哪里，但是有些聋生还存在手语和学科语言文字相互转换的障碍。这就需要聋校教师在用手语教学的同时，对于重点部分及时出示相关文字说明材料。帮助聋生建立手语、数学语言文字、概念，表达式，图形等之间的联系。

（3）教师在讲解重点、难点的同时，应有意识地应用标记重点、提炼表格、图示等进行辅助性讲解，帮助聋生抓住重点、突破难点。

（4）聋校教师定期对聋生学习本学科的学科语言理解度进行调查评测，及时发现问题加以解决，自觉地把形成和发展语言的任务落实到各个学科的教学中去。

参考文献

［1］哈平安. 聋人的语言及其运用与习得［M］. 长春：吉林文史出版社，2005.

［2］梅芙生. 聋教育，我有话要说［M］. 北京：中国轻工业出版社，2016.

［3］沈玉林，吴安安，褚朝禹. 双语聋教育的理论与实践［M］. 北京：华夏出版社，2005.

［4］张宁生. 听力残疾儿童心理与教育［M］. 大连：辽宁师范大学出版社，2002.

聋校高中的"数学概念"教学

李若南

高中阶段，随着概念的难度增大，聋生的概念学习遇到了更大的困难，这主要与听力残障造成的语言障碍和相应的思维等方面的特殊性有关。如果不正视这些问题，不但数学教学本身难以有效开展，也不利于聋生的全面发展。因此，语言教学不光是语文学科的事，各学科都承担这个责任。

一、聋生数学概念学习困难的表现分析

"数学概念的教学就是要帮助学生认识概念的来源和意义，理解概念的性质，并学会运用概念解决问题的教学。"❶ 普校的概念教学往往不是教学难点，而在聋校则不然。聋生由于听力残障导致语言、思维上的相应不足，数学概念的学习困难主要表现为以下三个方面。

（一）难以解决概念中的字面障碍

有精确数学含义的数学概念是用汉语加以表述的，对健听学生来说不存在任何问题的"汉语"却往往成为聋生理解时的障碍。比如"中心对称图形"这个概念。

如果一个图形绕某一点旋转 180 度，旋转后的图形能和原图形完全重合，那么这个图形叫作中心对称图形。

有些聋生不懂得"一个""旋转后的""原""这个"的限定，而单纯地看"图形"一词重复 5 次，就认为概念描述的是 5 个图形（前 4 个"图形"指的是同一个图形），从而产生疑惑；有些聋生无法正确挑出句子主干，认为"一个图形绕某一点旋转 180 度，旋转后的图形能和原图形完全重合"的主干是"点与图形重合"，因而无法正确解读概念。

---

❶ 刘华祥. 中学数学教学论 [M]. 武汉：武汉大学出版社，2003：144.

（二）　缺少分析概念成立条件的过程

数学中各种结论的获得都要依靠逻辑推理，但语言能力会直接影响逻辑推理的进行。语言不足，逻辑思维能力受到限制，这自然也影响聋生头脑中数学概念的形成。以"增函数"概念为例。

> 一般地，设函数 $f(x)$ 的定义域为 I：如果对于属于 I 内某个区间上的任意两个自变量的值 x_1、x_2，当 x_1、x_2 时，都有 $f(x_1) < f(x_2)$. 那么就说 $f(x)$ 在这个区间上是增函数。

此概念句式复杂，涉及了多个高度抽象的名词，在概念的语言表述中通过四个量 $[x_1, x_2, f(x_1)(x_2)]$ 在动态发展过程中的大小关系说明了增函数概念产生的条件：在定义域内的指定区间内，函数值随自变量的增大而增大。从发现概念的成立条件，到得出最后的结论，这本身就是一个严密的逻辑推理过程。而这依赖语言、需要一定概括水平的逻辑分析，对聋生来说，是很难在短时间内掌握的。比如有些聋生在学习概念时，看到"如果……那么"这对连接词，就很容易把"当 x_1、x_2 时，都有 $f(x_1) < f(x_2)$"这个条件忽略，而武断地将概念理解为"一般地，设函数 $f(x)$ 的定义域为 I：如果对于属于 I 内某个区间上的任意两个自变量的值 x_1、x_2，那么就说 $f(x)$ 在这个区间上是增函数。"

（三）　缺乏抽象概念本质的意识

数学概念根据抽象程度不同分为一级概念和二级概念。一级概念是指通过直接观察概念的肯定和否定例证，并分析出其本质特征的概念。二级概念是指直接用定义形式解释本质特征的概念。

聋生由于语言发展缓慢，大量手势运用，他们难于抽象出外表差别大而内容相似的事物。从事物中分清非本质与本质特征的抽象能力较差。同时，聋生一开始掌握用词标志的概念受情景的直接制约，所以其概括水平也长期停留在具体形象阶段，难以对认知的事物进行多层次的概括加工，因此，更易于掌握相对具体的一级概念而难以掌握抽象性、概括性强的二级概念。例如，在学习"圆"的概念时，聋生在低年级接触的是"圆"的一级概念，老师指着"圆"说，"这是圆"，又指着"椭圆"说，"这不是圆"。如此多次重复，通过大量的正、反例证，聋生能够比较顺利地获得"圆"这个概念。但进入高中阶段学生却很难接受圆的二级概念，即"圆是定点距离等于定长的点的集合"。聋生不能理解"圆"和"点的集合"之间是如何建立的关系，其原因是聋生缺乏从成百上千个不同大小和不同位置的圆中去提取其本质属性——"定点""距离""定长"——的意识，在头脑中，现象与本质两层皮。

二、高中聋校数学教学概念教学的问题与再实践

（一）目前高中聋校数学概念教学容易出现的问题

除了聋生自身语言能力方面的不足外，教师在教学过程中，有意无意间对概念教学的回避或忽视也是造成学生概念学习困难的一个因素。

高中数学的教学，主要有三个方面的内容：数学概念的教学、数学命题的教学（定理、公式、法则、性质）、数学解题的教学。教师们普遍重视后两个方面的教学，忽视数学概念的教学，认为前两者容易看到成果；而数学概念的教学，需要教师先帮助学生解决语言上的困难后才能进行，不仅需要花费大量的时间，在短期内教学效果也并不明显。因此，在很多新授课上，教师对概念仅进行简单说明，就用大量时间进行命题和解题的教学，由于在课堂上没有帮助聋生扫清语言障碍，导致他们对数学概念一知半解，难以深入其中，更无法在今后进行自主复习。

要提高聋生学习数学概念的效果，首先要转变的是教师的概念教学观念。只有教师重视概念教学，学生才能学好概念。而一味地重视命题、解题学习，忽视概念的掌握，虽然在短期内看不出弊端，但随着高中阶段数学学习内容的抽象程度、综合程度越来越高，必将阻碍学生数学能力的进一步提高。特别是对聋校教师来说，不教会学生表达概念的语词，就不能算是完成了教学任务。

（二）数学概念教学的实践策略

那么，在具体的概念教学活动中，我们可以在数学概念的引入、新授、巩固等过程中，有意识地进行概念教学。

1. 概念的引入

概念的引入是概念教学的第一步，引入的效果直接影响学生对概念的理解和掌握，要格外重视。比如等比数列的概念可以通过古印度国王与大臣下棋的故事引出，这种"故事引入法"能够激发聋生学习兴趣，开发学生思维能力。再如函数的概念可以以细胞分裂为例引出，这种"实例引入法"与学生熟悉的事物密切相连，容易将学生带入主动探究的状态中。

在实际的课堂教学中，概念的引入通常是几种引入方式结合在一起使用，但无论采用哪种方式或哪几种方式的组合，都要在契合学生实际能力的前提下根据讲授概念的特点，确定引入方法。以下着重介绍比较符合聋生语言及思维特点的直观引入法和类比引入法。

（1）直观引入法

直观引入法就是通过直观信息引导学生理解概念的引入方法。比如观察有关实物、图示或模型等。借助适当、充分的感性材料，可以比较顺利地帮助聋生理解数学概念，大大促进其思维活动。

以集合单元的交集、并集、补集的概念教学为例。

交集：两个集合 A 和 B 的交集是含有所有既属于 A 又属于 B 的元素，而没有其他元素的集合。

并集：若 A 和 B 是集合，则 A 和 B 并集是有所有 A 的元素和所有 B 的元素，而没有其他元素的集合。A 和 B 的并集通常写作"A∪B"。

补集：一般地，设 S 是一个集合，A 是 S 的一个子集，由 S 中所有不属于 A 的元素组成的集合，叫作 S 中子集 A 的补集（或余集）记作 CsA.

这三个概念句型复杂、语言抽象、符号术语多，对聋生来说存在语言上难以逾越的障碍。如果直接给出，难以为聋生所接受。这样的概念就特别适合采用直观引入的方法进行教学。

我们让学生观察图片（A），关注两个圆形中间用不同颜色表示的公共部分；观察图片（B），发现两个圆形合并后统一为同一颜色；观察图形（C），体会图形中的阴影部分与小椭圆共同构成了图形的整体（见图1）。

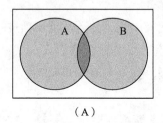 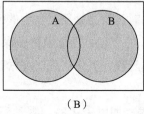 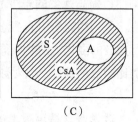

（A）　　　　　　　（B）　　　　　　　（C）

图1

在学生充分地观察和教师有意识地引导后，再出示交集、并集、补集的概念。由于学生在阅读文字表述的同时可以对照直观图形，因为语言造成的理解难度将大大降低，学生也会更为深刻地接触概念的本质。

（2）类比引入法

类比引入法是一种抓住新旧知识的本质联系，有目的、有计划地让学生将有关新旧知识进行类比，得出新旧知识在某些属性上的相同（相似）结构而引入概念的方法。对于高中生来说，随着高中阶段学习内容的不断深入，许多新的概念都可以通过类比联系紧密的旧概念出发引入新概念。对于聋生来说，"一方面聋生在进行两个或几个事物的比较时，倾向于把事物区分开，找出事物间的差异，不易发现事物之间的共同点；另一方面聋生在对事物进行比较时，还缺乏全面性、深刻性"，❶ 而类比法正是培养聋生数学思维的一种重要方法。

如图 2 所示，聋生在比较正弦函数与余弦函数图像时，会发现两个函数的单调区间不同，却很难发现二者都是周期函数、周期相同、最值点的横坐标相同等这些共同点。

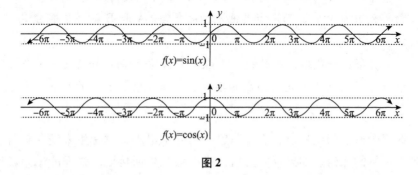

$f(x)=\sin(x)$

$f(x)=\cos(x)$

图 2

可以说，有意识地采用类比引入不仅满足了随着聋生年龄的增长，认知结构中的知识不断积累、智力不断发展的需要；同时采用类比引入，也有助于培养聋生综合分析问题的能力，增强聋生比较事物时的全面性、深刻性，提高聋生的思维品质。

采用类比法引入概念时，要充分复习学生的已有知识，并要对类比项进行充分的强化，使新概念在已有的概念中精确深化。如类比分数引入分式；类比指数函数，引入对数函数；类比一元二次方程，引入一元二次不等式。

2. 概念的新授

数学概念是用数学语言加以表述的。数学语言简练、概括、完整、准确、严格、含义丰富，充分体现了数学的抽象性、科学性和严谨性。但这样的语言如果不作处理，或只做简单处理，都是很难被聋生接收的。这就需要我们对数学概念进行"二次加工"。所谓的二次加工就是在通过多种方式阐述、解释、分析概念，有意识的延长概念在学生视觉中的停留时间，使学生有足够的思维时间消化概念。

在实际的课堂教学中，"二次加工"的形式是多种多样的，在聋校以

---

❶ 教育部师范教育司. 聋童心理学［M］. 北京：人民教育出版社，2000：47.

下三个步骤是比较有效的。

第一步，使学生形成概念的初步认知。教师将概念完整地用手语和口语相结合的方式叙述一遍。教师要语速适中，手语幅度大，口型清楚。

第二步，使学生理解概念中的关键字词。比如在进行"弦"的概念教学时，首先要提醒学生它与生活中的弦的不同（有些聋生会想到琴"弦"），然后通过具体的语句帮助学生分析数学概念的"弦"所指为何物——"连接圆上两点的线段"。这个概念是描述特定位置的两点的关系，而体现这一关系的关键词是"连接""线段"。教师在讲解完这两个词在概念中的重要性之后，要再将概念叙述一遍。这一次要在叙述中，注意突出关键词。虽然聋生听不到，教师无法通过语音的抑扬顿挫强调关键词，但可以通过手语幅度的大小、节奏的快慢，和用力强度将其加以突出。在读到关键词的地方可以手势幅度大一些，速度慢一些、力度强一些。通过突出关键词，帮助学生扫清字面障碍，体会概念的形成条件，更好地把握概念的本质。

第三步，帮助学生理解完整的语言表达。会用手语表达概念、懂得概念中的关键词后，学生未必能准确地把握概念的内涵，因此教师还需要对概念中的语言表述进行解释。例如注意把概念中一些科学的数学语言改造成通俗易懂的教学语言，将"形如""称之为"等词改为"像……这样""叫作"等。再如将难读、难于理解的长句子切分成短句。以有效数字概念为例："从左边第一个不是零的数字起到这个数最右边一个数字止的所有数字都叫作有效数字"，就可以将其切分成"从左边第一个不是零的数字起／到这个数最右边一个数字止／的所有数字／都叫作有效数字"。将概念切分后，再讲明"从……起"，"到……止"的含义，并通过几个具体数作为例子加以解释，这样，概念就只剩下"所有的数字都叫作有效数字"这个短句需要学生理解了。

像这样经常对表述文字概念的句型结构进行分析、拆分，不但降低了学生理解概念时的难度，还在潜移默化中教给了他们学习策略，有些学生甚至能够将这种学习方法迁移到其他方面。

3. 概念的巩固

聋生虽然学习了概念，但是头脑中有的词还没有获得真正的概念的含义，只是反映相应事物的最一般的外部特征、外部联系。而因为聋生对刚刚接收的语言概念的理解并不深刻，所以在记忆时往往采用死记硬背的方法逐字逐句地机械记忆，这就造成他们对概念的掌握通常是不全面、不准确、不牢固的。为了弥补聋生在这方面的不足，还需要教师在课堂教学中进行及时的巩固，在巩固的过程中加深学生对概念的理解。通过几年的课堂实践，我认为可以通过以下几个途径进行概念的巩固。

（1）让学生诵读概念

学生跟随老师，逐字逐词地边打手语边有节奏地将概念诵读一遍。在这个过程中，教师再一次利用手语和表情强化关键词，学生则同时通过手语体会、理解概念。教师根据学生在诵读中的反应——如是否能有意识地在关键词处停顿或进行手势强化——初步判断学生对概念的理解情况，并对出现问题的学生给予及时、适当的辅导。

（2）让学生复述概念

让聋生复述概念，既能检查学生是否理解概念，还能帮助学生对概念进行有意义的记忆，更能借助手语帮助学生巩固所学。此时不必追求文字的精确。有个学生用手语这样表述圆的概念：抬起左手，伸出食指向前一点固定（代表定点），右手食指绕着左手食指所代表的定点在空中画一个圆。虽然他没有将圆的文字概念"到定点距离等于定长的点的集合"一字不落地表述出来，但我们肯定他已经抓住了这个概念的本质，并且他的手语表述兼具了直观形象和揭示本质两个优点。这样的方式不仅对巩固概念、运用概念以及培养学生的逻辑思维能力非常重要，还可以大大的增强学生学习数学概念、表达数学概念的自信心。

（3）让学生自举例子

鼓励学生自举例子巩固概念。通过自举例子不仅可以加深聋生对概念的理解，还可以检验学生对概念的掌握情况。比如在学完交、并、补集的概念后，让聋生列举一些生活中的交、并、补集的例子。有的聋生会举计算机班和美术班的课程交集是什么，并集是什么；一个班是全集，男生的补集是女生，等等。虽然因为聋生的词汇量少，生活经验单调，所举例子大都限于校园范围内，但是能够用自己熟悉的事物作为数学概念的例子，确实说明他们完全理解了这个概念。

事实上，作为数学教师，应该格外重视概念教学，而作为聋校教师更是必须重视概念教学。因为，"聋校的各科教师应该具有为聋生学好汉语而尽责的强烈意识"。❶ 聋校数学教师，应该充分利用概念教学的机会，提高学生的语言能力，反过来，聋生的语言能力提高，掌握概念及概念系统的能力也可以得到增强，从而形成良性循环。为了聋生得到更为全面的发展，我们还需要在数学概念的教学上继续进行探索和研究。

---

❶ 叶立言. 聋校语文教学［M］. 北京：光明日报出版社，1990：97.

参考文献

［1］叶立言. 聋校语文教学［M］. 北京：光明日报出版社，1990.

［2］刘华祥. 中学数学教学论［M］. 武汉：武汉大学出版社，2003.

［3］教育部师范教育司. 聋童心理学［M］. 北京：人民教育出版社，2000.

高中聋生数学语言"理解能力"
现状及教学对策探究

徐艳平

一、研究背景

"数学教学也就是数学语言的教学"❶，学习数学在一定程度上可以说就是学习数学语言，学习数学的过程也就是数学语言不断内化、不断形成、不断运用的过程。

目前，在聋校高中数学教学以运算能力、逻辑思维能力、推理论证能力、空间想象能力作为数学能力培养的重要内容，而对数学语言的能力培养没有给予充分的重视，使聋生在数学学习中产生很多的问题。

本人认为要想改变上述现状，必须进行数学语言能力的培养。这是因为，在教师传授的数学知识和学生的数学理解之间存在一道数学语言的屏障，只有突破了这个屏障，聋生才能更好地进行数学学习，对学习数学才能更有信心。教学实践表明，数学语言能力水平低的学生，课堂上对数学语言信息的敏感性差，思维转换慢，从而造成知识接受、理解上的困难。心理学研究也表明语言是思维的工具和载体，可以影响思维的产生和发展。❷ 因此，提高数学语言能力，对提高数学思维能力和实际教学效果具有重要而现实的教育意义。

二、聋校高中生数学语言的现状

（一）数学语言中出现的听、读、看、想、记方面的问题

1. 学生读不懂题目，甚至听不懂老师在讲什么

例如1：计算：$\log_2 (\log_3 9)$ = _____；

---

❶ [苏] A. A. 斯托利亚尔. 数学教育学 [M]. 丁尔陞，千惠芬，等，译. 北京：人民教育出版社，1984：221 - 232.
❷ 过家福. 高中生数学语言能力的现状与对策研究 [D]. 上海师范大学硕士学位论文，2007 (10)：2.

学生看到这个题后，根本读不懂题目，而误认为 $\log_2(\log_3 9) = \log_2 \cdot \log_3 9$，而忽略了对数 $\log_a b$ 的完整性，对数中必须包含"对数符号 $\log$，底数 a，真数 b"这三部分，缺一不可。

例如2：已知函数 $f(x)$ 是定义在 $(-\infty, +\infty)$ 上的偶函数，当 $x \in (-\infty, 0)$ 时，$f(x) = x - x^4$，求当 $x \in (0, +\infty)$ 时，$f(x)$ 的表达式；

学生读完题后，根本无法理解本题的意思，他们的第一反应就是：当 $x \in (0, +\infty)$ 时，$f(x) = x - x^4$ 老师追问答案是怎么得出来的？大部分聋生回答："题目中已经告诉了'当 $x \in (-\infty, 0)$ 时，$f(x) = x - x^4$'，所以当 $x \in (0, +\infty)$ 时，$f(x)$ 的表达式为：$f(x) = x - x^4$"。

他们认为题目中的所有字母 x 所表达的意思是完全一样的。老师告诉他们答案是错误的时候，他们很不以为然。

造成这种问题的原因是"高中数学的高度抽象性"。"用字母 x 表示数"本身就比较抽象；而且在高中教材中，自变量 x 不但表示数，而且是表示不同区间内的数，并且不同区间内有不同的对应法则，这样高度抽象性的问题对健听学生来说理解起来就比较费力，对丧失听力的学生来说更是难上加难。

2. 在读题过程中无意丢掉或添加条件的问题

这种情况，在平时的上课、作业、考试中也屡次出现。

例如1：设奇函数 $y = f(x)$ 在区间 $[3, 7]$ 上是增函数，且 $f(3) = 5$，则 $f(x)$ 在区间 $[-7, -3]$ 上应有最_____值为_____；

大部分学生画图画到中途都不会了。

老师：请大家仔细读题，看看本题告诉了几个条件？

学生：明白了，我丢了"奇函数"这个条件。

于是学生顺利地完成了图像，也得出了正确的答案。

由于聋生的短时记忆容量较小❶，同时，学生不能很快地筛选题目中的所有限制条件，因此丢掉限制条件的情况频频发生；

例如2：已知 $\sin\alpha = \dfrac{1}{2}$，则 $\alpha = $ _____；

几乎全班80%的同学给出的答案是：$\alpha = 30°$；

老师追问：为什么是30°？

❶ 贺荟中. 听觉障碍儿童的发展与教育 [M]. 北京：北京大学出版社，2011：58.

学生几乎异口同声地回答：角 α 是锐角！

老师又追问：题目中给出了"α 是锐角"这个限制条件了吗？

全班同学愣住了！这才发现自己随意给题目添加了限制条件。

其实这是由思维定式造成的。初中学过锐角三角函数，当时也做过类似的题目，只不过要在此题的基础上再加上"在直角三角形中"。加上这个限制条件后，答案 $\alpha = 30°$ 就是完全正确的了。

3. 错误地理解图形语言或符号语言信息的问题

在学习"分段函数"时，人教 B 版必修 1，

P42 的例题 4 的图像如右图所示：

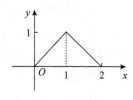

此题的解析式为：$f(x) = \begin{cases} x, & x \in [0, 1] \\ 2-x, & x \in (1, 2] \end{cases}$

学生看到解析式（符号语言）和图像（图形语言）后，很自信地回答，此题中的分段函数表示的是两个函数。

老师又追问：那这个分段函数你认为表示的是哪两个函数呢？

某同学：表示 $f(x) = x$ 和 $f(x) = 2-x$；

老师问其他的同学：同意这个说法吗？

几乎全班同学都异口同声地回答："同意。"

在前面已经学过了一次函数、反比例函数和二次函数，且知道它们的图像是一条直线或抛物线。但是，对于这种折线型的函数是第一次接触，于是学生们误认为"$f(x) = \begin{cases} x, & x \in [0, 1] \\ 2-x, & x \in (1, 2] \end{cases}$"就是"$f(x) = x, x \in [0, 1]$ 和 $f(x) = 2-x, x \in (1, 2]$"的简单组合，这是大错特错的。

4. 公式、定理的模糊记忆造成的错误问题

这种模糊记忆的现象在平时上课、作业、考试中频频出现。

例如：利用公式将 $(3-x)^2$ 展开；

一个学生的过程如下：$(3-x)^2 = (3+x) \cdot (3-x) = 9 - x^2$；

很显然这个展开式是错误的。

老师追问："答案怎么算来的？"

该生十分自信地说：$(3-x)^2$ 符合平方差公式啊！

老师继续说：请你将完全平方公式和平方差公式在草稿纸上写一遍。

该生迅速地写出他模糊记忆中的"平方差公式：$(a+b)^2 = (a+b) \cdot (a-b)$ 和完全平方公式 $a^2 + 2ab + b^2 = a^2 - b^2$"；这两个公式全写错了！

老师看完，哑口无言！然后给出正确的公式是：

平方差公式：$a^2 - b^2 = (a+b) \cdot (a-b)$；完全平方公式 $a^2 \pm 2ab +$

$b^2 = (a \pm b)^2$；

造成这种现象的原因是，由于先天听力的丧失，聋生的遗忘性很大，对于以前学过的公式和定理只有模糊的记忆，当再次应用时，他们就会根据模糊的记忆乱写公式，至于写得对错与否聋生很少去思考，只是急于把题做完而已。

再如下面学生的作业中，模糊记忆公式造成的错误情形：

图1：将公式 $\alpha \log_a M = \log_a M^\alpha$ 错误地应用成：$\alpha \log_a M = \log_a \alpha M$；

图2：将公式 $a^m b^m = (ab)^m$ 错误的应用成 $a^m b^m = (ab)^{m \times m}$；

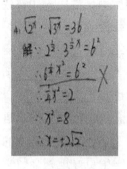

图1　　　　　　　　　图2

（二）在数学中遇到的汉语言问题

1. 不能理解某些汉语言中的词语或句式

比如"至少""至多""比……大……""比……小……""谁是谁的几倍""谁是谁的几分之几""谁是谁的几倍还多几""谁是谁的几倍还少几"，等等。

有一道题是这样的："比3大2的数构成的集合"；

一个学生竟回答是：$\{2\}$

如果让学生直接"计算3＋2"，相信学生肯定全能答对。但是换种说法，聋生就不会做了，这说明学生对汉语言当中某些固定的词语或句式未掌握好。

2. 搞不懂句子的成分

比如，绝对值等于2的数是____；平方等于4的数是____；立方等于8的数是____；

学生读完这几个句子后，根本不知道这3道题在说什么，以至于不会做题。

但是将上述3道题换种方式问，情况就大不同了。

$|\quad\quad| = 2$；$(\quad\quad)^2 = 4$；$(\quad\quad)^3 = 8$；

这种形式给出后，大部分同学都能答对。

可见，对语言的理解、对句子成分的分析判断，都影响数学学习。

三、培养聋校高中生数学语言能力的对策

（一）力求数学文字语言的规范性

数学中的每个概念都有确切的含义，每个定理都有确定的条件制约其结论。因此，在教学中教师要力求做到用词准确，叙述精练，前后连贯，逻辑性强，避免用日常用语代替数学专门术语。

但是，在聋校数学教学中，为了给学生解释清楚高度抽象的数学概念而常常以简略的形式代替完整的语句，这是因为对于抽象的概念聋生难于理解，而且手语的使用也多少会损失一些数学专业术语的严谨，同时如果手语太长聋生也难于记住。当然，在学生听懂之后，聋校数学教师还会把抽象的数学概念再用数学专门术语复述一遍，尽量让学生模仿规范的数学文字语言。对于重要条件和定理的讲述要根据学生的认知实际，设置疑问或强调方式让学生更好地领会数学语言的严谨。

培养聋生进行数学文字语言的规范使用，可以提高聋生在读题、听课等方面的理解能力。

例如 1：函数 $y = \dfrac{1}{x}$ 在 $(-\infty, 0) \cup (0, +\infty)$ 上为减函数；若说成"函数 $y = \dfrac{1}{x}$ 在 $(-\infty, +\infty)$ 上为减函数"，忽视了函数图像的不连续性。另外，还常见教师课堂失误现象：把 $(3x)^2$ 说成"$3x$ 的平方"；$\log_2 8$ 应该读作：以 2 为底 8 的对数，误说成"$\log$ 以 2 为底 8 的对数"。规范表达有利于学生正确思维及口头表述。

例如 2：书写对数 $\log_2(x+1)$ 时不能与 $\log_2 x + 1$ 混淆；不能将 $5_{53}^{\log}$ 与 $5\log_5 3$ 混淆。

（二）挖掘数学符号语言含义的深刻性

数学中每个数学符号都有深刻的含义，只有深刻揭示其含义，才能培养学生正确使用数学符号提高解题能力。

函数符号 $f(x)$ 是高中数学一个极为常见的符号，与初中习惯于用字母 y 表示函数相比显得较为抽象，实际教学中可以从以下几个方面引导学生进行意义理解。

第一，理解基本含义。$f(x)$ 是以 x 为自变量的一个函数，表示的是

一个映射或对应关系 f: $x \rightarrow f(x)$。如当 $f(x) = 4x + 1$，$x = 5$ 时，有 $f(5) = 4 \times 5 + 1 = 21$ 表示函数在 5 处的函数值为 21。

第二，增强对"对应"的理解。$f(x)$ 表示的是括号中的对象与对应对象的一种对应关系，不管括号中的对象（自变量）取什么值，与其对应的都是在对应关系结构（如果关系是可以用数学式表示）中用这个值代替对象 x 而得到的值。如"$x - 1$"对应的不是 $f(x) - 1$，而是 $f(x - 1) = 4(x - 1) + 1$，甚至用"$\triangle$"（数或式）对应的是 $f(\triangle) = 4(\triangle) + 1$。

第三，换角度进一步加深对 $f(x)$ 意义的理解。可以设计问题：①已知 $f(x + 7) = 2(x + 7) + 3$，求 $f(x)$；②已知 $f(x + 7) = 2x + 17$，求 $f(x)$……通过分析、讨论，提升对符号的认识与理解。

（三）揭示数学图式语言的直观形象性

在数学教与学的过程中，我们会遇到大量的图形、图像、图表。能否准确揭示数学图示语言的直观形象特征，直接影响学生对数学概念的理解与问题的解决。

首先，要让学生学会识别图形、图像、图表。包括几何体的形状、大小、位置关系；函数图像、图表所反映出的函数性质与对应关系……所以，对观察和分析就有一系列的特殊要求，在识别图形时应通过理解概念的本质和图形的性质结合起来进行。这是从图式语言到文字语言或自然化语言的翻译过程。

同时，聋生的视觉比较发达，视觉是聋生获得信息的主要途径（贺荟中，2011）。因此，在数学教学中，应注重数形结合帮学生理解问题。

例如，在学习"函数单调性"时，

增函数的图式语言：$y = f(x)$

$$\uparrow y_1 = f(x_1)$$
$$y_2 = f(x_2)$$

将上述图式语言翻译成自然化语言：小→大

增函数的自然化语言：在区间 M 上，若 x_1 小于 x_2，那么得到的 y_1 也小于 y_2，则称函数 $y = f(x)$ 在区间 M 上为增函数；

还可以说成：在区间 M 上，若 x_2 大于 x_1，那么得到的 y_2 也大于 y_1，则称函数 $y = f(x)$ 在区间 M 上为增函数。

有了图式语言和自然化语言的翻译后，学生就容易理解教材中关于增函数的文字语言表述，也加深了学生对函数单调性的深刻理解。

其次，要重视训练学生的基本作图能力。由于学生在平时的练习中，对文字语言和符号语言的运用较多，针对图式语言的训练不多。所以，对基本作图的操作与认识应该给予相当的重视。如问题"学习了二次函数 $f(x)=x^2$ 的图像与性质后，请你说出函数 $f(x)=x^2+1$ 的相关性质，其处理流程应该是：作出函数 $f(x)=x^2$ 的图像→图像平移得到函数 $f(x)=x^2+1$ 的图像→根据图像说出函数的性质。

实际教学中，要将数形结合的研究策略贯穿于学习新知的全过程，不断强化训练学生对基本函数、基本图形的作图能力，并能通过图像、图形的平移、截取、叠加等变换手段进一步提高对图示语言的绘制水平。

最后，要培养学生一定的图像、图形处理能力。一方面能通过对图像、图形的直观处理辅助解题；另一方面让学生在图形的变式和非标准位置图形中灵活运用概念、性质等。此外，在函数及其图像、方程与曲线的教学中都要加强图形语言能力的培养。

例如，对数函数中比较大小的一道题：

$\log_{2.56} e$ _____ $\log_{2.56} \pi$ ；

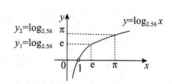

要求学生画出图像，一目了然就可以得出答案：

$\log_{2.56} e > \log_{2.56} \pi$。

（四）加强数学语言词汇的理解教学

鉴于数学语言的准确性特点，当一个学生阅读理解一段数学文字如一个概念、定理或其证明时，必须了解其中出现的每个数学术语和每个数学符号的准确含义，不能忽视或略去任何一个不理解的数学词汇。所以，数学语言学习中准确理解数学语言词汇非常重要。那么，在数学语言教学中，一定要注意数学语言词汇内涵的揭示，尤其是最具数学特性的数学符号语言和图表语言。教学中既要注意语义解释，又要注意句法分析，强调数学语言的形式与所表达内容的正确联系，避免形式与内容脱节，防止数学学习上的形式主义。

比如，作为语言学中的三角形概念，只知道它的形状就可以了，而不必知道它的更深层次的性质；而数学中学习它，就不仅要从直观层面上清楚它的形状，而且重点要从抽象层面上知道它的内涵和性质特征，语句中一出现"三角形 ABC"或"$\triangle ABC$"，就会联想到内角和、边角关系等数学相关内容。

再比如："至多""至少"。

例题：集合 A 中至多有 6 个元素，至少有 3 个元素，请问集合 A 中可能有几个元素？

教师要讲明白："至多"就是"大于等于"的意思；"至少"就是"小于等于"的意思。

可以说，数学语言的学习面临的是语言发展和思维发展的双重任务。

（五）加强数学语言句法的分析教学

由于数学语言有比较独特的逻辑结构，其概念、符号需按一定的逻辑关系组合。了解这些句法规则是学生会用数学语言的必要条件。因此，在教学中要进行必要的"咬文嚼字"和对比分析，要求学生在学习数学语言时注意熟悉数学句法特点，掌握句法分析技能。

在集合教学中，曾有这样的一道题：比 2 大 3 的数构成的集合是_____；

一个学生竟然回答：$\{5\}$；

可以看得出来，聋生对"比"字句理解得不好。

于是，数学教师通过问题串，对"比"字句进行了细致的教学分析：

例如：$5-2=3$ 可以翻译成：5 比 2 大 3；

$5-3=2$ 可以翻译成：5 比 3 大 2；

反过来："5 比 2 大 3"可以翻译成 $5-2=3$；

"5 比 3 大 2"可以翻译成 $5-3=2$；

然后再出几道类似的问题让学生练习。

之后，再将"比字句"进行拓展：

例如："比 6 大 2 还多 1 的数"可以翻译成 $6+2+1$；

"比 6 小 2 还少 1 的数"可以翻译成 $6-2-1$；

"比 6 小 2 还多 1 的数"可以翻译成 $6-2+1$。

通过反复的训练，帮助学生体会、区分、理解，进而适应并会说。对一些较长的语句，应作必要的分解，并使用自然化语言做出相应的补充和解释。

例如：圆是到定点的距离等于定长的点的集合。

聋生很难理解这个长语句。在数学教学时，教师是这样将句子分解的：

圆是集合；

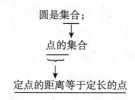

圆是集合；

点的集合

定点的距离等于定长的点

四、结论

效果：通过近一年数学语言理解能力的培养，聋生的数学综合能力有了一定的提高。在读题方面能准确地找到题目给出的所有已知条件，也很少有丢条件或随意主观添加条件的现象出现，也能独立自主地利用数形结合思想分析问题。有时，对较复杂的问题，学生也能独立解决。总之，学生体会到了数学学习的成就感，激发了学习数学的兴趣，提高了数学思维和能力。

反思：由于听力损伤的影响，聋生的汉语言阅读能力、理解能力、思维能力都比较弱，这导致他们数学学习的速度较慢、遗忘性大、重复性高。所以教师要学会"等待"，多帮助进行复习，对于较复杂的问题要耐心地多讲解几遍……

但是，由于聋生视觉较发达以及教学中手语的使用，这对聋生的认知能力、理解能力和记忆力又有了一定的补偿。所以，在教学中，教师应注意图形语言的使用，多发挥他们视觉的作用，直观地发现问题、分析问题、解决问题。并通过手语的准确使用，增强聋生的语言理解能力，提高数学认知能力。

参考文献

［1］［苏］A. A. 斯托利亚尔. 数学教育学［M］. 丁尔陛，千惠芬，等，译. 北京：人民教育出版社，1984.

［2］过家福. 高中生数学语言能力的现状与对策研究［D］. 上海师范大学硕士学位论文，2007（10）.

［3］贺荟中. 听觉障碍儿童的发展与教育［M］. 北京：北京大学出版社，2011.

数学课堂中高中聋生"汉语表达"的
影响因素及教学实践

李若南

一、研究背景

在聋校的数学课堂上聋生的表达问题堪忧。相信很多聋校高中数学老师对以下情形并不陌生，教师提出一个数学问题，几乎无人响应，常常遭遇冷场，即使有人回答，也往往答非所问或词不达意；教师引导学生讨论，要么变成老师的"独角戏"，要么会因为师生间、生生间的沟通障碍而不得不一次又一次地中断。这些都反映聋生在数学课堂上，在表达方面存在极大的困难。聋生在数学课堂上的表达困难不仅影响其数学学习，也让教师的课堂教学难以有效进行。

《普通高中课程标准》（实验）中特别指出："要提高学生数学的提出、分析和解决问题的能力、数学的表达和交流的能力。"聋生的课堂表达用语既有汉语又有手语，对于聋生来说，提高其表达能力更具重要意义。

其一，关注聋生的表达为提升聋生思维能力所必需。数学是一门思维性较强的学科，数学思维的发展与语言的发展是相辅相成、互为促进的。让聋生把话说完整，可以培养聋生思维的严密性；让聋生把话说得规范，可以培养聋生思维的准确性；让聋生把话说得有条理，可以培养聋生思维的条理性。数学课上对聋生语言表达能力的训练并非单纯的语言训练，更是与思维训练相结合的产物。在说理清楚、有根有据的语言叙述中，不仅聋生的思维能力得到发展，同时，也将促进聋生数学学习的全面提高。

其二，关注聋生表达为促进聋生汉语言发展所必需。与普校的学科教学不同，聋校教师除了要解决学科问题，还要面对聋生在数学学习过程中不断产生的汉语言问题。而"聋校各科教师都应该具有为聋学生学好汉语而尽责的强烈意识"❶,发展和培养聋生的汉语言能力是每一聋校教师的职责所在。聋生的汉语言能力包括"听"(看)"说""读""写"几方面,在课堂教学中关注聋生的"说"即表达问题,并采取相应的教学策略正是提高聋生汉语言能力的重要途径。

其三,关注聋生的表达是促进师生之间沟通交流、提升教学实效性所必需。数学课堂是一个小型的数学共同体,是教师和学生交流思想的场所,教学要通过共同体成员间的交流才得以深入和发展,教师将知识通过语言传递给学生,而学生则可以对所学内容发表看法,学生的表达为下一步教师的教学提供重要的依据。学生可以从同伴的表达中获得启发,使自己的思路更加清晰,总之,表达促进了师生间的沟通,对教学效果产生重要的影响。

作为聋校数学老师应该关注聋生在课堂上的表达问题;探究聋生数学课堂上表达问题的成因;在工作中进行聋生表达能力教学实践,以提高、改变目前高中数学课堂沉闷、低效的现状。

二、聋生数学课堂表达问题产生的影响因素

(一)教师的态度及行为

目前聋校数学课堂教学多采用传统的讲授式,过多地关注学生的答案正确与否,花费大量时间让学生进行重复性训练,而忽视学生的学习过程,不注意给学生表达的机会,学生的表达能力并不能得到有效的训练。

(二)聋生数学学习的心理障碍

聋生受到其语言能力的限制,数学学习障碍极大,数学成绩长期不理想,在学习数学的时候,自卑感强,甚至有的聋生认为聋人天生学不好数学。在这样心理的影响下,相当数量的聋生不愿意表达自己的想法。面对教师的提问,要么摇头,要么以简单的"不知道"来回应,其实都是聋生内心"不敢说"和"不想说"的表现。

(三)手语的局限性

"手语,是聋生交往最自然流畅的交际工具,在学习和交流时,他们乐于用手语表达自己的思想、观点。"❷ 但到了高中阶段,聋生对手语的依赖限制了数学课堂上的表达,这一工具在进行数学化表达时存在明显的先天不足。手语词汇没有汉语丰富、准确。"汉语手势语言的手势词语与汉

---

❶ 叶立言. 聋校语言教学 [M]. 北京:光明日报出版社,1990:98.
❷ 教育部师范教育司. 聋童心理学 [M]. 北京:人民教育出版社,2000:63.

语的词句不完全存在逐一对应的关系"❶，与数学相关的词汇更少。《中国手语》中，涉及数学语言的词汇仅有 160 余个，当中还有一些词汇，如百分数、百分比、百分号只能共用同一手语，远远不能满足聋生在高中数学课堂中的表达需要。除了缺少相关的数学专业词汇，手语中也缺少逻辑连词，这就造成聋生难以使用手语去准确表述像"如果……那么……且……则称"这样的复杂句型。

（四）聋生的汉语言障碍对聋生数学课堂表达的影响

聋生由于听力障碍，汉语言能力远落后于同龄的健听学生，其用词及造句能力欠缺使他们在表达时，即使想说，也说不好。

（1）聋生在数学课堂上的词汇使用问题。由于掌握的词汇量小、对词义理解得不够准确，聋生在数学课上进行表达时，常出现用词不准、用词不当的问题。比如将"x 值增大"说成"x 值大了"，将"持续升高"说成"坚持升高"，将"每一个值"说成"有一个值"。

（2）聋生在数学课堂上的句子应用问题。句子不完整、句式杂糅是高中阶段聋生在数学课堂表达中常见的语法错误。比如"$f(x) = 2x$ 在 $(-\infty, +\infty)$（上）是减函数""到定点等于定长的（点）组成的图形是圆"。这是因为汉语语法水平与所学的高中阶段的数学知识对语法的要求还存在差距。很多高中聋生的汉语言还处在说简单的短句子水平上，但高中阶段的数学知识却需要用如"当……时，则……是"，这样复杂句型表述，聋生表达起来非常困难。同时，"聋生的逻辑思维弱，思维的严密性不足做出判断时往往忽略必要的因素"❷，导致他们在使用具有较强内部逻辑关系的长句子进行表达时，常出现句子不完整，混乱颠倒的情况。

三、提高聋生数学课堂中的语言表达能力的教学实践

作为一名高中聋校数学教师，在课堂教学中，不仅要致力于数学知识的传递，还要注重对聋生语言表达能力的提高。笔者在教学实践中进行了以下几方面的尝试。

（一）创设轻松课堂，帮助聋生克服心理障碍

课堂教学过程不光是数学知识的传递和建构过程，也是师生之间进行信息传输和情感交流的过程。教师一个鼓励表情，一个邀请的手势，就可能令一个平时胆怯的学生鼓起勇气站起来回答问题。教师不但要让学生敢

---

❶ 叶立言. 聋校语言教学 [M]. 北京：光明日报出版社，1990：51.
❷ 教育部师范教育司. 聋童心理学 [M]. 北京：人民教育出版社，2000：74.

于站起来说，还要加强课堂中的合作交流，推动学生间的对话，使他们在"倾听"与表述的双向过程中，学习语言、积累词汇，从而提高自身表达能力。总之，教师的一言一行、一举一动都直接影响聋生的情绪，创设适宜聋生表达的课堂氛围，可以让聋生在数学课堂敢于表达，乐于表达。

（二）创设直观情景，激发聋生的表达意愿

"与逻辑思维能力相比，聋生的直观思维能力更强。他们喜欢观察，也善于观察，具有较强的观察能力和空间感知力。"[1] 教师可以在教学中利用图片和视频为聋生创设直观情景，发挥聋生的思维优势，激发聋生的表达意愿。

在《弧长与扇形面积》的教学中，为了启发学生意识到弧长受圆心角和半径两个因素的影响，教师为学生播放了短跑名将博尔特参加 100 米和 200 米赛跑时的起跑视频。在问及两段视频的不同之处时，学生争先恐后地回答。

"起跑线的位置不同。"

"100 米的起跑线是（水）平的，200 米的是斜的。"

"200 米的外边和终点近，里面的和终点远。"

教师抓住学生的发现，继续问："那么，里道的人跑的距离长，外道的人跑的距离短，不公平啊。"

"不对，外面的圈大，里面的圈小！"

"你说的圈是指什么？是圆吗？"教师追问。

"不是，是……"学生打了"弧"的手势。

"那么，为什么里面的弧短，外面的弧长呢？"教师又问。

学生终于在教师的追问和自己的观察与思索后得出结论："弧长不同，因为半径不同。"

可见，同一个情景，不同的学生又有不同的发现，好的直观情景可以激发聋生的好奇心和表达欲望。充分利用直观情景，启发聋生表达观点，促进生生间、师生间的互动交流，可以很好地提高聋生的表达能力。

（三）鼓励聋生多元表征数学问题，提升聋生表达的自信心

数学问题，可以从语言、数学符号、图形图示三种方式去表述，对于聋生来说，他们还有第四种方式：手语。几种表达形式的相互转换也是不同思维形式之间的转换，这种互译、转换可以加深聋生对知识的理解，同

---

[1] 教育部师范教育司. 聋童心理学 [M]. 北京：人民教育出版社，2000：36.

时，多元的选择也让聋生表达起来更为自信。虽然，如前文所提及的，手语在表述数学问题时，存在各种不足，但不可否认"使用手语可以让聋生更加自信，这是单纯的口语表达难以体验到的"❶。因此，某些聋生无法用口语明确表达的数学问题，不妨鼓励聋生用他们习惯的，喜欢的方式去表述，用手语表达。

函数的奇偶性的图像特征"奇函数的图像关于原点对称，偶函数的图像关于 y 轴对称"。如果聋生将其用手语表述为如图1、图2所示❷，则足以说明他已经理解了这两种函数图像特征的本质，教师应该给予肯定，并在此基础上，引导聋生理解语言文字，最终使其进行规范的、完整的语言表达。

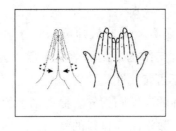
图1

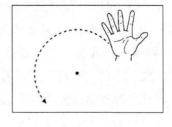
图2

（四）提供表达范式，降低聋生表达的难度

提供聋生规范的、确定的表达范式，可以有效地降低聋生的表达难度，让聋生在数学课堂中有话可说。教师提供的表达范式可分为两种。

一种是普遍意义上的用来表达自己想法的范式。它可以让聋生把句子说完整，说流畅，从而锻炼聋生组织语言的能力。例如在学生叙述自己的想法时，教会他们这样说："我是这样想的，因为……所以……""我认为可以先……再……这样就可以……"这种范式不仅有助于聋生在数学课上表述自己的想法，而且对聋生数学课堂之外的表达也有积极的意义。

另一种则是更为数学化的表达范式。包括推理型范式，如归纳推理"是……是……它们都是；"类比推理"有……有……它也可能有……"以及针对某一特定数学知识的表达范式，例如，在平面几何中的"联结……并延长交……于点……""延长……到……使……等于……"，单调性的"……函数在……区间上是……函数"，函数奇偶性的"关于……对称的函

---

❶　教育部师范教育司．聋童心理学［M］．北京：人民教育出版社，2000：36.
❷　图1、图2手语图为孙联群根据作者意图所做的绘图。

数是……函数"，等等。

教师运用这些表达范式，引导学生选择必要的确切词语，按一定的逻辑和规律表述，可以使聋生逐步习惯在数学课上完整地、有条理地说话，从而发展聋生的表达能力。

（五） 引导数学阅读，提高聋生表达能力

"数学阅读，即从数学文本中获取意义的积极的心理过程，它是掌握数学语言的基础，也是进行数学表达的前提条件。"❶ 培养聋生的数学阅读习惯，对其表达能力的建构有积极的意义。比如在学习函数单调性定义"一般的，$y = f(x)$ 的定义域为 A，区间 $M \subseteq A$。如果取区间 M 中的任意两个值 x_1，x_2，改变量 $\Delta x = x_2 - x_1 > 0$，则当 $\Delta y = f(x_2) - f(x_1) > 0$ 时，就称函数 $y = f(x)$ 在区间 M 上是增函数；当 $\Delta y = f(x_2) - f(x_1) < 0$ 时，就称函数 $y = f(x)$ 在区间 M 上是减函数"时，教师可以引导学生画出"如果……则当……就称"这样的条件句结构，提示学生注意"区间 M"反复出现多次，体会"任意"一词的不可替代性。

总之，聋生的数学阅读离不开老师的启发和指导。提高聋生的阅读能力，需要教师根据聋生的汉语言能力及数学阅读材料的特点，引导聋生在阅读时"咬文嚼字"定"词眼"，边读边画"结构"，体悟并掌握正确的阅读方法，形成良好的数学阅读习惯。引导聋生模仿阅读材料中准确的数学表述，组织聋生在阅读后进行交流，逐步提高聋生表达的规范性和严谨性。

四、教学反思

表达能力的培养绝非一日之功，但教师的坚持，一定可以换来学生积极的转变。虽然面临课时紧张、缺少相关语言教学的知识等困难，但笔者相信，通过实施有效的教学策略，组织切合聋生实际能力的课堂活动，一定可以提高聋生的表达水平，改变目前高中数学课堂沉闷、低效的现状。

在教学实践的过程中，笔者也越来越深刻地体会到，表达是外壳，理解是内核，数学课堂上的表达能够促进学生的理解。但同时，表达能力的提高从根本上是要建立在理解力提高的基础上，表达能力的培养离不开对聋生数学理解的关注。日后的研究需要更关注理解与表达二者的相互促进。

---

❶ 李兴贵，幸世强. 中小学数学阅读教学概论［M］. 成都：四川大学出版社，2013：1.

参考文献

［1］叶立言．聋校语言教学［M］．北京：光明日报出版社，1990.

［2］教育部师范教育司．聋童心理学［M］．北京：人民教育出版社，2000.

［3］中国聋人协会．中国手语［M］．北京：华夏出版社，2003.

［4］李兴贵，幸世强．中小学数学阅读教学概论［M］．成都：四川大学出版社，2013.

从单调性概念教学中浅探对聋生"数学阅读"的指导

李若南

一、指导思想与理论依据

数学教学的最基本目标就是实现学生的可持续发展，就是让学生学会学习，掌握学习的方法，学会独立地获取知识。而阅读能力就是让学生独立获取知识的核心要素，学会阅读，学好阅读，是聋生独立获取知识的前提。

全日制义务教育《数学课程标准》强调"在尊重学生的个体差异，满足多样化学习需要时，对于学有余力并对数学有浓厚兴趣的学生，教师要为他们提供足够的材料，指导他们阅读，发展他们的数学才能"。

普通高中《数学课程标准》中也提出"高中数学课程还应倡导自主探索、动手实践、作交流、阅读自学等学习数学的方式"。应提倡多样化学习方式，可以是教师讲授，也可以是在教师指导下学生的自主探索和合作交流，应鼓励学生独立阅读、写专题总结报告等；对不同的内容，可采用不同的教学和学习方式。

阅读是聋生获得语言信息的主要途径。数学阅读可以在实际运用中巩固聋生在数学课上学到的数学语言，可以开阔聋生语言知识的视野，使他们的词汇量不断扩大，可以使聋生逐渐形成一种自我语言的判断能力，最终懂得怎样的语言是准确的、符合规范表达习惯的，从而提高聋生书面语的表达能力。更为重要的是，数学阅读还有助于聋生思维能力的发展。

二、教学背景分析

（一）对教学内容的分析

数学概念是数学内容的基本点，是逻辑导出定理、公式、法则的出发点，是建立理论系统的着眼点，同时也是学生认知的基础，是学生进行数学思维的起点。因此，数学的概念教学是数学教学的重要内容。同时，数学概念中往往包含丰富的抽象词汇、复杂的句子结构，因此也是培养聋生进行数学阅读的主要材料来源。

但与聋生进行其他类型的阅读（如读语文课本、读课外书）不同，聋生的数学阅读常常要在教师的指导下完成。这是因为，数学概念一般是直接反映客观事物的空间形式或数量关系；或是在已有数学概念的基础上，再经过多层的抽象、概括而形成的。这种高度的抽象性，往往脱离了聋生的实际接受能力。如数学概念教学中的传统教学难点——函数单调性的概念。

一般地，设函数 $y = f(x)$ 的定义域为 A，区间 $M \subseteq A$。如果取区间 M 中的任意两个值 x_1，x_2，改变量 $\Delta x = x_2 - x_1 > 0$，则当 $\Delta y = f(x_2) - f(x_1) > 0$ 时，就称函数 $y = f(x)$ 在区间 M 上是增函数；当 $\Delta y = f(x_2) - f(x_1) < 0$ 时，就称函数 $y = f(x)$ 在区间 M 上是减函数。

"一般地"和"任意的"的语言表述、"$M \subseteq A$""$y = f(x)$"的高度概括以及习惯于用简单不等式表达不等关系的思维定式，都给聋生带来感知上的障碍，影响聋生的数学阅读。难以想象，脱离了教师的帮助和引导，聋生如何独立阅读这样的数学概念。

（二）案主情况分析

笔者所教的班级为聋校高一年级计算机班，共有聋生 5 名，虽然人数少，但背景差异很大：2 名从本校预科升入高一，1 名从北京另一所聋校转入我校，1 名从外地聋校转入我校，还有 1 名是刚从普校转入聋校仅一年的学生。他们的数学成绩高低分明，有好有差，但在学习方式上有一点是共同的，就是他们几乎从不进行数学阅读。问及他们原因时，他们有的说"不用读，背下来就可以了"，有的说"读概念没用，考试不考默写"，甚至还有的认为"老师教这个（数学概念）怎么读就是浪费时间，还不如讲讲练习呢"。可见，他们对数学概念的阅读没有兴趣，更不愿尝试。

三、教学中的具体实践

（一）布置阅读作业，让聋生"读"中有思

阅读需要时间，数学概念的阅读更是如此。如果让学生将数学阅读都放在课上进行势必会影响其他内容的教学。因此，布置有效的预习作业是非常重要的。根据以往的经验，读一读或者是抄写类的作业难以调动学生

的积极性，学生很可能敷衍了事，这种不加思考的"预习"可以说是毫无意义。因此，笔者在进行"函数的单调性"教学前布置的预习作业是"读一读函数单调性的概念，抄写在笔记本上，将重要的字、词或句子结构画下来，并思考它（们）为什么是重要的"。后面的"画下来……并思考……"旨在让学生带着问题去读，充分调动学生的思维，让他们反复思考，反复推敲，为课上进行的概念教学做充分的铺垫。

（二）教授阅读方法，让聋生能够"读"有所获

在多年的教学实践中，笔者总结聋生进行数学阅读有几大特点。

（1）阅读速度慢，即使到了高年级遇到数学概念也常逐字点读；

（2）易出现跳行、颠倒字词等现象；

（3）阅读时停顿次数太多，或读着读着就不知道读到哪里了；

（4）对词或短语划分不正确；

（5）读后不能回忆阅读的内容，读过就忘。

低效的阅读使他们从概念中"读"无所获，从而产生"读没用，还不如讲讲练习实在"的想法。因此，要转变聋生的态度，就必须帮助聋生掌握一定的阅读方法，让聋生能够"读"有所获。

因此，在学生课前进行充分的预习铺垫后，课堂教学中，笔者进行了这样的尝试。

师：哪位同学能分享一下他的阅读体会，说说哪些是重点的字、词或句子结构？

学生迟疑，都不愿意开口先回答。但根据教师目测，学生都已经在书上单调性概念的位置做了标注。于是，教师选择等待，用鼓励的眼神看每一名学生。

生1：则当……时……

师：很好，你为什么觉得这个句子结构重要呢？

学生感觉回答困难，教师继续启发："你把这段话完整地读下来，看看'当……时……'对应什么？"

生1：就称函数 $y=f(x)$ 在区间 M 上是增函数。

师：那么完整地说，你找到的句子结构应该是"当……时……就称"。对吗？

生1：是的。

（教师将"当……时……就称"板书）

师：这其实是一个条件判断句，你能说说哪部分是条件，哪部分是结论吗？

生1：当……时是条件，就称后面是结论。

师：结论是什么？

生1：函数是增函数还是减函数。

师：非常好。通过对定义的句子结构进行分析，我们发现定义是一个判断函数单调性的重要依据。其他同学还有发现吗？

生2：区间 M。

师：为什么觉得它重要呢？

生2：出现了好几次。

师：你能具体说说吗？

生2："区间 $M \subseteq A$""取区间 M 中的任意两个值""在区间 M 上是增函数""在区间 M 上是减函数"。

师：那为什么在增函数、减函数的定义中会反复出现"区间 M"呢？

生2：说明它很重要。

师：大家觉得呢？

很多同学点头表示赞同。

师：为什么重要？区间代表了什么？

生2：代表范围……说明函数是在一定范围上的……

师：一定范围上的什么？看看结论。

生2：一定范围上的增函数或是减函数。

师：很好，这说明函数的单调性是函数的一个局部性质，增函数、减函数的讨论一定要结合具体的区间。对吗？

生2：是的。

（教师板书"区间 M——函数的单调性是函数的局部性质"）

师：还有哪位同学来说说？

无人应答。

师：在数学的概念或定理中常常存在不能删除、无法替代的关键词句，这个定义里面就有，你们发现了吗？

看学生反应，有人迟疑地做出"任意"的口型。

师：我们来体会一下"任意"一词的用法。你怎么理解任意？

学生都说：随便的。

师：那我就换成"随便"可以吗？

生3：不行，不像数学语言，太随便。

师：那任意到底是什么意思啊？

有学生打手势：很多，非常多。

师：那我就把"任意"换成"很多""非常多"可以吗？

有的学生点头，有的学生犹豫，没有结论。

师：那我们看看这两句话"我和这个学校任意的学生都是好朋友""我和这个学校很多学生都是好朋友"。大家说，这两句话的意思一样吗？

学生齐齐地回答：不一样。

生4：与很多人是朋友，也有可能和一两个人不是朋友。和任意的人是朋友就是和所有的人都是朋友。

师：很好，那么"任意"一词中我们可以体会到 x_1，x_2 在 M 上具有一般性，这个词用得怎么样？

生：不能换，没法换。

（教师板书"x_1，x_2 的取值具有任意性"）

（三）新的阅读材料让聋生学以致用

在教师对概念中关键词、关键结构充分剖析的基础上，提供给学生与概念相关的新的阅读材料可以帮助学生应用阅读方法巩固所学。在上一教学环节后，我为学生提供了下面的阅读材料。

判断"定义在 (a, b) 上的函数 $f(x)$，若对有无穷多的 x_1，$x_2 \in (a, b)$，使得 $x_2 - x_1 > 0$ 时，有 $f(x_2) - f(x_1) > 0$，那么 $f(x)$ 在 (a, b) 上是增函数。"是否正确。

在反复阅读的基础上，学生很快就发现了阅读材料中用"无穷多"替代了概念中"任意的"。于是有的学生说，句子不对。

教师接着追问，为什么"无穷多"不能替代"任意的"呢？

由于前面的教学中，对关键词"任意的"分析得足够深入，学生可以用刚才老师举的例子说明，也能举出其他的例子说明二者的区别。

四、教学效果及反思

（1）聋生在数学阅读过程中教师的态度起至关重要的作用

首先，教师对数学阅读的认识和态度决定学生的行为。不论什么课堂教学模式，都应该给学生一定阅读的时间，不能让数学阅读流于形式，变成"用荧光笔画一画"式在走过场。其次，要针对聋生的阅读特点和教学材料的特点，制定相应的教学策略。

（2）聋生的阅读是师生互动、思想碰撞的过程

建构主义提倡在教师指导下以学习者为中心，既强调学习者的认知主体作用又不忽视教师的主导作用。教师在学生阅读时是帮助者、促进者，也是学生的阅读伙伴。"弟子不必不如师，师不必贤于弟子"，在阅读时，师生间的互动、讨论使双方对概念的理解得以深化。

（3）数学阅读的指导离不开反馈的环节

阅读效果的反馈是教师制定教学方法的依据，仅仅重视课上对阅读方法的指导，但不注意阅读反馈信息的回收，使阅读与讲授脱钩则是不完整的阅读教学。教学中要通过新的阅读材料或多种形式的习题检测学生的阅读效果，并及时调整教学方法，以适应新的教学对象和教学内容。

参考文献

［1］孔凡哲．数学学习心理学［M］．北京：北京大学出版社，2009．

［2］叶立言．聋校语文教学［M］．北京：光明日报出版社，1990．

对聋校高中数学教师课堂教学语言的思考

李若南

一、聋校高中数学教师在课堂语言方面遇到的困难及原因分析

与健听学生不同，聋生需要"以目代耳"获取教师的教学信息，由于应试教育的现实，教师和聋生都无法拿出足够的时间进行语言训练，结果低年级的语训结果得不到巩固，高年级聋生的口语能力反而下降。因此高中聋校数学教师普遍采用口语与手语相结合、恰当使用书面语辅助的语言形式进行课堂教学。这种方法满足了大部分听力损失比较严重的聋生上课时对手语的依赖，也兼顾了一部分听力较好、有一定看口能力的聋生或从普校转入聋校就读的随班就读生不懂手语的需要。然而，教师在这种语言形式使用过程中，遇到了以下几方面的困难。

（一）手语的词汇量少，句子结构简单，限制了数学教师课堂教学语言的使用

在高中的数学课堂教学中，教师的课堂教学语言是多姿多彩而又严谨规范的。但聋校数学教师在实际教学中可以使用的手语词汇却非常有限。"汉语手势语言的手势词语与汉语的词句不完全存在逐一对应的关系"❶，《中国手语》中收录的手势词语有3330条，以名词、动词、形容词为主，而量词、序数词和数学类词汇分别只有52条和112条。收录的这些数学词汇中大多为基本的、常用的数学词汇，比如"算术""加法""半径""方程"等，缺少高中数学教学中常用的如"自变量""单调性""推导"这一类专业性、抽象性较强的词汇。因此，在课堂教学中，教师即使是"巧妇"也"难为无米之炊"。

高中数学教师的课堂教学语言的语句结构复杂、逻辑强。但"手语句

---

❶ 叶立言. 聋校语言教学 [M]. 北京：光明日报出版社，1990：51.

子常常是不完整的，常常需要省略许多成分"❶。很多数学定理、定义的句子，一个名词前面要有好多限制词作定语，甚至用一个句子做定语副句。经常会出现如"存在……对于任意的……都""对于每一个……都有一个……使……"等这样的逻辑连词重叠使用的情况。在几何教学的语句中，还存在大量带有文言文色彩的介词结构，如"过×点"，"以×为圆心，以××为半径"。由于手语词汇中缺少对应的像"存在""对于""虽然"这样的介词和连词，教师很难用手语表达句子结构复杂的数学化教学语言，在教学中不得不选择突出句子的主要成分，忽略句子的次要成分，靠表情和姿势来显示句子的语法逻辑关系。而这往往是以牺牲数学语言的严谨性和科学性为代价。

（二）聋生的语言接受能力制约了教师教学语言的运用

手语是聋生不能离开的交流和获取信息的工具，目前又存在千差万别的地方差异。《中国手语》在聋校学生中的持有率很低，在高中聋生中的普及率也不高。《2010年中国残疾人事业发展统计公报》显示，目前全国为盲、聋、智残少年儿童兴办的特殊教育学校发展到1705所，其中高中聋校仅有84所，在校生5284人。这个数据意味着很多高中聋生都是异地就学。这些聋生在原来的聋校对一些基本常用数学词汇的手语已经形成了固定的打法，这些打法往往是不同的。笔者从所任教学校的预科年级中挑选了3名分别毕业于平谷聋校、东城特教学校和唐山聋校的学生，让他们用手语打出课堂教学中出现频率较高的"倍"一词。图1❷、图2、图3❸所示分别为《中国手语》，原北京第二聋校，东城特教学校打出的手语。

图1　　　　　　　　图2　　　　　　　　图3

聋生手语的地区差异性给他们在数学课上接受教学信息带来了困难，也使教师课堂教学语言的运用难以顺利进行。

大多数聋生能够掌握的词汇量较少，教师在教学中使用的距离生活较

---

❶　叶立言. 聋校语言教学［M］. 北京：光明日报出版社，1990：56.

❷　中国聋人协会. 中国手语（下）［M］. 北京：华夏出版社，2003：858.

❸　图2、图3手语图为孙联群绘图.

远、平时使用率较低的词语会干扰他们接受数学教学信息。比如，在某节聋校高二年级的数学课上，教师总结解题方法时说"同学们要善于挖掘题目中的隐藏条件……"这句话本身并不难懂，如果授课对象是健听学生，那么课堂教学会很顺利地进行下去，但对于聋生来说，就不一样了。课堂上有几名聋生都表现出茫然和困惑。一名男生看了老师的手语后就不再继续看课而是不停地重复老师刚才"挖掘"的手势，几分钟后，摇了摇头，表示放弃，问他身边的一个同学："老师为什么要挖坑?"另外，聋生对数学中一些常用的基本词和基本概念，如"有且仅有""互为相反数""任意非零正数""并且""存在""如果……那么……"也往往缺乏正确的认识和理解。

聋生经常对一些数学语言中出现的词语用常用的生活性、常识性、直观性的理解代替准确的数学定义。比如，学生会将数学中的名词"集合"理解为平时生活中的动词"集合"，将数学中的名词"比"理解为平时生活中的"比较"。

聋生的注意力特征使他们的注意很难长时间地保持在教师的课堂教学语言上。"注意是心理活动对一定事物的指向和集中。它能保证各种心理活动更及时、正确地反映客观事物的变化，使人们能够更好地适应环境，改造环境。"聋生由于听力损失，在学习活动中只能"以目代耳"接受教师的教学信息，其视觉很容易出现疲劳现象，这种依靠视觉刺激引起注意不可能无限地保持，稳定性较差。这导致"聋生在课堂上很容易出现离开教师教学语言，将注意转移到新的刺激物上去"❶。

（三）课堂教学中的操作演示与手语让数学教师难以二者兼顾

数学虽然是一种需要把具体的事物抽象为数字化进一步深入研究的学科，但数学教学中也绝对离不开必要的形象化的教学演示。特别是对于聋生，"他们的思维还是以直观思维为主，抽象思维、逻辑思维能力弱"❷，在教学过程中更需要教师借助教具、模型、实物、图形进行操作演示。这是一种在普校很常用的教学方法，但在聋校却很难实施。由于聋校教师的教学语言要依靠手语表达，讲解与演示很难同步进行。也有教师在演示的过程中尝试三者兼顾：一手演示一手打手语同时使用口语，但效果却并不理想，教师用一只手打手语，一只手操作教具，不仅会令讲解丢失很多内容，同时手语也失去了准确性和形象性，而且单手操作教具也会产生操作不稳定，失误率高的现象。例如在一节三角形内角和定理的证明课上，教

---

❶ 教育部师范教育司. 聋童心理学［M］. 北京：人民教育出版社，2000：41.
❷ 教育部师范教育司. 聋童心理学［M］. 北京：人民教育出版社，2000：72.

师采取先剪后拼的方法向学生说明三角形内角和是一个平角，理想效果如图4所示。

但教师试图兼顾手语和演示，一手打手语，另一只手努力地捏住三个角，试图让这些角的边落在一条直线上，结果手中的三个三角形不是掉了一个、两个在桌子上，就是单只手捏不牢，三条边根本就没有落在一条直线上。

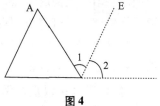

图4

而聋生无法同时既听教师讲课又看教具，只能按先后顺序先看教师说话，再看教具；或先看教具、再看教师说话。这就造成聋生感知教学内容缺乏完整性，教学效果可想而知了。

二、在聋校的数学课堂教学中，对教师的课堂语言问题的探索与实践

（一）解决课堂教学中教师语言问题的前提是教师要认识到课堂语言的重要性

苏霍姆林斯基说："教师的语言是一种什么也代替不了的影响学生心灵的工具。……高度的语言修养是合理利用教学时间的重要条件，很大程度上决定学生在课堂上脑力劳动的效率。"在聋校，教师的课堂语言对创设良好的语言环境、培养聋生的语言能力具有重要的意义。聋校数学教师一定要消除那种"讲究语言表达是语文老师的事情，理科老师的课堂语言没有必要仔细斟酌"，"反正我说什么学生都听不见，课上说话随便一点没关系"的错误观点。"工欲善其事，必先利其器"数学教师的"器"，就是教师的课堂教学语言，只有教师使用了高质量的课堂语言，才可能产生高质量的课堂教学效果。

（二）解决课堂教学中教学语言问题的关键是处理好手语、口语、书面语的关系，发挥教学中各种语言形式的优势

1. 数学教师使用手语，要避模糊、不准确之短，扬生动、形象之长

数学教师课堂教学语言的特点是清晰、精确、严谨、抽象。但手语在这方面却存在"先天不足"：词汇量少，特别是介词少，反映抽象事物、行为或状态的词更少；兼代过多、使用牵强，不同的词可能都用一个手势；句子结构简单，不完整。因此在课堂教学中，如果教师发现在教学语言中出现了手语无法精确、严谨表达的语句时，应该积极转变，使用书面语做替代。

不过，在聋校，我们也会发现一个很普遍的情况：聋生喜欢看聋人老师讲课，而且对知识的掌握情况要比上健听老师的课要好。除了同是聋

人，容易产生亲近感的原因，更重要的是聋人教师的手语生动、形象，善于利用手语抓住问题特点、本质。如果数学老师在教学中能够充分发挥手语的优势，一样可以收到良好的教学效果。

2. 数学教师的口语要简洁明了，适合学生的接受水平，尽量使用短句和易于学生理解的词语

"数学教师在课堂教学中为了让自己的教学语言更为确切，往往要把一个句子中的某些成分添加上很多限制词，或者把条件说得很透彻，这样一来，句子就会变得很长"。❶ 使用长句子是数学老师在课堂教学中的一个普遍现象。但正如上文所提及的，教师的句子过长，既不符合聋生的理解力特点，也不符合聋生的注意力特点。由于教师担心聋生理解不充分，或因为走神漏看手势，经常会在一个句子上重复好几遍，这也很容易让聋生产生心理、视觉上的双重疲劳，影响聋生的看课情绪。

3. 高年级数学课堂上需要适当增加书面语言的使用比例

聋生的看口能力随年级升高而降低，手语又在表达严谨、精确的数学语言方面存在"先天不足"。高中数学课堂教学中的信息量却越来越大。因此，聋校高中的数学教师必须在课堂教学中增加书面语的使用比例。

（1）在课堂教学语言中使用书面语的积极意义

首先，书面语可以弥补手语在表达抽象性、专业性较强的数学教学语言方面的不足。而且，阅读文字材料获得的效果无论是在接受信息的清晰度上还是在时空稳定性上都优于仅靠看手语、看口语摄取信息。

其次，教学语言中的书面语将聋生在课堂上获取信息的方式由"看"转换成了"读"。而"阅读有利于聋生思维能力的提高"。

尤其是在高年级的数学课堂教学中，增加书面语言的使用比例可以培养学生对数学文字材料的"语感"，对提高聋生解题能力有极大的帮助。

（2）教师课堂教学语言中有以下三种情况需要书面语言呈现

①词：当教学语言中出现了日常生活中使用频率较小的词语，如"挖掘"；第一次使用的专业性词汇，如"单调性"；

②句：教学中涉及的句子较长，专业词汇较多的数学定理、概念；

③段：教学中出现了文字量较大的应用题、对某一个问题的大段讲解。

（3）教师课堂教学语言中书面语呈现方式的选择

高中数学课堂教学中，教师可以选择书面语的呈现工具有很多，板书、PPT、交互式白板都能够作为呈现工具。板书的优点是灵活，及时性

---

❶ 陈永明. 数学教学中的语言问题［M］. 上海：上海科技教育出版社，2009：103.

强，教师可以随时将教学中遇到的语言问题落实在黑板上。但它耗费时间、效率低，书面语中的句、段均不适宜选择这种方法呈现。用 PPT 和交互式白板呈现教学语言可以极大地提高课堂教学效率，但要求教师课前要做充足的准备，不仅要备内容、备学生，还要备语言。另外，选择 PPT 和交互式白板作为书面语呈现工具时，不宜使用强大的动画功能，以免分散聋生的注意，影响教学效果。

（三）发挥教研组的力量，积极开展以教师课堂教学语言为主题的校本教研为成功解决教学中的语言问题提供有力的支持

开展以高中聋校数学教师课堂教学语言问题为主题的校本研究可以促进同组教师之间关于这一问题的钻研与交流，一方面将教学中遇到的一些具有普遍性的语言问题整理出来，集体讨论，提出解决方法；另一方面也可以推广教师在教学中针对某个语言的好的处理方法，提高整个教研组成员的教学语言水平。

开展以高中聋校数学教师课堂教学语言问题为主题的校本研究可以推动学生关于数学类手语的规范和统一。教研组可以在聋生预科入学即对其数学常用语的掌握和使用情况进行摸底，在之后的课堂教学中，教师就可以逐步地进行数学类手语规范化与统一化工作。这个工作做好了，可以提高聋生对教师课堂语言的接受效率，提高课堂教学质量。

总之，"没有教师的教学语言，就没有数学课堂教学"。❶ 只有坚持对这一问题进行思考和研究，提高自身的教学语言水平，才能真正地提高课堂教学质量，促进聋生全面发展。

参考文献

［1］叶立言. 聋校语言教学［M］. 北京：光明日报出版社，1990.

［2］教育部师范教育司. 聋童心理学［M］. 北京：人民教育出版社，2000.

［3］中国聋人协会. 中国手语［M］. 北京：华夏出版社，2003.

［4］顾定倩，刘扬，冬雪，等. 关于中国手语推广与研究情况的调查分析［J］. 中国特殊教育，2005（10）.

［5］陈永明. 数学教学中的语言问题［M］. 上海：上海科技教育出版社，2009.

［6］庞东元. 聋生语言发展问题分析与行动策略［J］. 教师，2011（1）.

---

❶　涂荣豹，王光明，宁连华. 新编数学教学论［M］. 上海：华东师范大学出版社，2006：190.

聋校高中数学课关注汉语言问题的实践研究

李若南　徐艳平

一、研究背景

"聋校高中数学课关注汉语言问题的实践研究"是促进聋生全面发展，提高聋校数学课堂教学质量的必要研究。

（1）语言是由词汇按照一定的规则构成的复杂信号系统，是人们思考交流的工具，有研究表明，"学生在语言上存在障碍直接影响学生的数学学习。数学教学中，有些学生数学学习困难是因为他们缺乏语言的技能和能力"[1]。"语言发展水平低的学生，课堂上对数学信息的敏感性差，思维转换慢"[2]，从而造成数学知识接受质量差，数量少，成绩不良。因此，关注聋生在数学学习过程中的语言问题，既是提高聋校数学课堂教学质量的必然要求，也是提高聋校数学教学质量的有效途径。

（2）造成学生数学学习困难的原因是多方面的，但与同龄的健听学生相比，聋生因听力缺失造成的汉语言问题在诸多原因中表现得更为突出。"在聋校的数学学科教学中，学生的语言文字理解能力的薄弱，一直严重制约着聋生数学能力的提高。"[3]提高聋生的语言能力，必将对聋生的数学学习起到积极的推动作用，因此，关注聋生数学学习过程的汉语言问题是促进聋生全面发展所必需的途径。

（3）"聋校的各科教师应该具有为聋生学好汉语而尽责的强烈意识。"[4]聋校数学教学除了向聋生教授数学知识，培养数学能力外，还肩负创设适宜本校、本教学班聋生学习汉语的语言环境，发展聋生汉语能力的责任。所谓适宜聋生学习汉语的语言环境，"就是要调动一切积极手段，

---

[1] 谢明初，苏世东．数学学困生的转化 [M]．上海：华东师范大学出版社，2009：71.

[2] 郑发美．影响数学阅读的因素探析 [J]．江苏教育学院学报，2006（3）：77.

[3] 葛连辉．聋校数学教学中提高学生语言文字理解能力的几点做法 [J]．才智，2010（6）：87.

[4] 叶立言．聋校语文教学 [M]．北京：光明日报出版社，1990：97.

将聋生学习汉语与认识世界统一起来，并十分强调让汉语作为客观事物、现象和过程的本质特点的反映"❶。在聋校数学课上关注聋生汉语言问题正是基于此观点的实践研究。

二、聋生汉语言问题在数学学习过程中的具体表现

（一）聋生在数学学习过程中对"字""词""短语""句子"的识别、理解、使用存在不同程度的困难

1. 字

聋生在学习过程中，不认识或不理解的字会成为他们数学学习的障碍。笔者所任教学校预科年级一个班讲授勾股定理时，发现在黑板上写完课题后，有几个学生在下面交头接耳，经询问才得知，有几个学生不认识"股"字，而在讲授逆定理时，有多一半的学生认识"逆"，但不明白"逆"的意思，可以想见，不理解"逆"，自然就不理解什么是"逆定理"了。

2. 词

聋生在学习过程中对一些词的理解不够准确会成为他们数学学习的障碍。学习材料中在数学教学中的词分两种，第一种是数学专用词，其意义有专门的定义，如"半径""截距"；除此以外经常用到的是第二种，往往没有专门的规定，比如，涉及指定对象的这（个）、那（个）；涉及对象数量的每一个、任意个；涉及变化过程、方向、时间的增加、减少、增加到、增加了；涉及对象间关系的与、且、既……又。聋生在词义理解上的错误往往影响其数学学习，有的学生在学习集合时，由于不理解"或"和"且"而造成交集和并集学习的困难；有的学生将"增加到"和"增加了"混淆，而影响解题中相关数量的确定。

3. 短语与句子

聋生在学习过程中，对短语和句子的认识不足会成为他们数学学习的障碍。聋生读句子，往往逐字逐字地读，这样的结果是只见字、不见结构，而离开了句法结构就不能整体地把握学习材料。比如在几何学习中常见的名词性短语"经过某点的切线"，由于缺乏相应的语言能力，学生会将重点落在"点"字而非切线上；再比如聋生常常将"两数和的平方 $((a+b)^2)$"与"两数平方的和 (a^2+b^2)"混为一谈，其实这对短语在其所表达的运算顺序上有天壤之别。而对于高中阶段出现率极高的定理法则用语，如以"叫作"等描述的判断句，以"如果……那么……"等描述的

---

❶ 叶立言. 聋校语文教学［M］. 北京：光明日报出版社，1990：92.

条件句，学生理解起来困难更大。

（二）聋生在阅读数学材料的过程中存在读速过慢、读法不当、读效不佳的现象

在对聋生的数学试卷进行分析时可以发现，应用题的得分率非常低，原因固然是多方面的，但通过与学生交流发现其最主要的原因就是题目文字太长，读不完题或读不懂题。

聋生阅读数学文字材料读得很慢而且效果不佳，究其原因一方面因为上文中所提及的聋生对字、词、短语、句子的掌握还存在不足；另一方面也是因为他们长时间停留在用手指点读，出声读的水平；处理句子或段落时，习惯于提取个别自己认识或熟悉的字词作为关键信息，造成对题意的理解与现实偏差极大。他们既缺乏从整段文字中快速筛选关键信息的方法，也没有将各个量之间的关系进行有效分析整合的能力，得不到正确的解题思路，面对应用题，他们如同置身于文字的迷宫，找不到方向。

汉语言障碍的后果，除了解不出应用题之外，还严重影响聋生对数学教材的阅读，进而影响聋生数学的自学能力，大大制限了聋生数学学习的空间和时间。

（三）聋生在数学课堂的语言表达和沟通上存在较大的障碍

与应用题解题相比，聋生更擅长单纯的计算题。可即便是对那些能够将解题步骤完成得相当完美的聋生，也难以将自己的思考过程和解题思路完整、清晰地表达出来。有的聋生愿意表达，但他说得颠三倒四，含混不清，还有更多的聋生并非羞怯，而是真的无话可说。语言是思维的外壳，对于那些没有正确解出题目的聋生来说，他的问题可能处在思维上，但对于那些能够正确解题却无法清晰表达或不能表达的聋生来说，问题肯定是出在了语言上。

数学课堂上，生生之间，师生之间的探讨也开展得非常艰难。比如在一节讲授"一元二次方程解法"的数学课上，老师请学生分四组讨论，并总结不同解法的使用范围。老师把要求说到第三遍，学生才在老师的帮助下完成分组，而分组后，所有的组都有这样的组员，他们的第一句是用手语问其他人"说什么"，有的同学幸运地得到了同伴的回答，而更多的组是其余的聋生互相问"说什么"。在请每个组选派一名同学进行总结时，4个代表中，1名代表站在那里1分钟，打了一句手语，"怎么说，不知道该怎么说"；第2名代表说，"我和他一样"；第3名口语能力较强的同学表达了自己的观点，可是他不会手语，尽管老师知道他的想法，但其余的聋生不知道他在说什么，于是他在老师赞许的目光和同学疑惑的目光中，回到了座位；第 4 名代表用手语说了一大段他的观点，但老师根本不知道他在说什么，最后只能微笑地请他回去。学生看不懂老师的问题，老师也看不懂学生的回答，学生之间无法进行小组讨论，这样的情况在聋校非常普遍。这也就造成了聋校的数学课堂通常是数学老师一个人的"独角戏"。

三、聋校高中数学课排除汉语言障碍的教学策略

（一）合理分配教学语言使用比例

教师生动、流畅的手语可以极大地激发聋生的学习兴趣，但是手语和汉语之间并不是一一对应的关系。抽象、概括性的词汇在手语中往往找不到对应的打法，高年级的数学知识想依靠手语讲清楚是不可能的。因此，数学课堂教学中必须向聋生呈现一定量的屏幕语言，即出现在黑板上或多媒体课件上，以汉字形式呈现在聋生视野里的语言，一定要防止"只识图，不识字"的现象出现。曾经有一件教学案例让笔者印象深刻，"等腰三角形两个底角相等"是一个简单易学的知识点，在课堂教学中笔者用口头问答的形式对学生的掌握情况进行了考查，几乎所有的聋生都正确地回答了问题，掌握情况非常好。可是在课后的书面测验中，却出现了大面积的不及格现象，经过调查寻找原因，发现原来老师上课提问的时候，为了直观、形象，也为了方便、省事用的是手语"等腰三角形"（见图1❶），考试的时候出现的是文字"等腰三角形"。聋生只识此等腰（手语），而不识彼等腰（文字）。可见，教学中手语与屏幕语的紧密结合有多么重要，如果课堂教学中，能够在打出手语的同时，反复地将文字和手语进行对应性的说明，可能就不会出现上面的情况了。

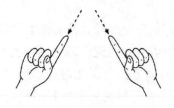

图1

（二）适度引导聋生汉语"听""说""读""写"

1. 强化聋生的（听）

聋生的"听"其实是他们"看"手语（或口型）再将看到的信息

---

❶ 此处手语图为孙联群绘图。

（手语或口型）加以转化或翻译成内部语言的过程，是接受、输入、意会知识的过程。健听学生听到的信息基本上就是老师所表达的信息。而对聋生来说，他们的汉语言感知能力差，他们"听"到信息受到个体之间手语差异，接受者汉语言能力及接受信息的环境及其当时的心理、身体状态等多方面的影响。举个简单的例子，老师说，"打开课本 59 页"，如果学生没有完全专注地看老师，很可能只看到"打开……页"或"……59……"，即使是每一个手语都看清楚了，有的聋生会对"课本"和"本"究竟打开哪个而疑惑，有的聋生则就是看了，但就是不懂。可以在课堂教学中，设计这样的小环节，教师在叙述某一个知识点或提出某一个问题时，让学生将自己看到的内容写出来，最后和老师表述的相对照，每节课坚持练习一句或几句，帮助他们准确理解输入信息含义，提高运用汉语言进行交流和思维的能力。

2. 强化聋生的"说"（打）

聋生的"说"，其实是一种手语口语相结合的表达形式，是聋生用数学语言实践表达的一种形式。这对聋生来说很难，但对其思维的锻炼效果也最好。可以让学生从表述一个算式，一个计算结果开始，逐步地提高要求。刚开始时，聋生对数学语言的表述肯定是不令人满意的，不精练、不准确，甚至是不知所云的现象都可能会出现。教师在不降低标准的前提下，也要允许学生有一个从表达得准确，到表达得完整，再到表达得精炼的过程。对学生的"说"要鼓励、引导、纠正、肯定，对"说"的过程中出现的比较有代表性的言不达意的语言现象，要进行收集、整理、分析，培养聋生的语感。

3. 强化聋生的"读"

聋生的"读"是他们主动获取知识的重要手段。目前聋生'读'的能力很差，自我要求也较低，他们只是简单地看一遍，遇到困难就放弃，不求甚解。聋校数学教师要在引导学生阅读方面舍得花时间。通过示范读，引导读，鼓励聋生独立读的同时，教给学生阅读数学材料的技巧和方法，充分利用现有的文字类的学习材料，对聋生今后的学习有长远的意义。

4. 强化学生的"写"

"写"是聋生对数学语言的交流、输出的整个加工处理的过程。只有通过"写"，聋生才能更完整、更全面地认识自己接触的事物。在教学实践中，可以在作业中布置改错环节，让学生用文字分析一下某一个题目自己错误的原因，也可以在数学测验结束后，让学生写一个考后总结，这个总结是针对数学考试的，因此，其间必定会同时涉及汉语言问题和数学问题。让聋生在数学能力提高的同时，汉语言能力也能得到相应的发展。

（三）类化解决学习中的汉语问题

在数学教学中，数学教师对聋生的汉语言问题要发现一个，解决一个。但聋生的汉语言问题千差万别，教师的处理方法也应该根据问题有所不同。

1. 字、词类问题及时解决

学生在课堂上暴露出在汉语言字、词方面的障碍，如果解决起来耗时不长，那么及时解决效果最好。教师与学生交流的过程中发现有学生不认识的字，马上表音、解意，如果是比较重要的字或词，还可以通过组词、造句等形式加深学生的理解。如上文所提及的"逆"字。当教师发现学生不明白"逆"字的含义后，除了及时讲解字义，还组词"逆水行舟""逆流而上"帮助聋生加深理解；再比如学生"不理解有且只有一个实数根"中的"且"与"$x=1$ 或 $x=2$"中的"或"，教师可以及时给学生举例子"今晚作业写 A 组题或 B 组题"与"今晚要做 A 组题且要做 B 组题"，分别要完成几组题？对于学生作业中出现的汉语言问题，如"某量与某量否关系"的表达时，不仅要给他标出来，改过来，还要与学生面对面地交流，为什么要用"没有"而不用"否"。

2. 标志明显、结构明显的题型或问题可以归纳起来，集中解决

数学问题中，有一些题型中会出现标志较为明显的关键词，如增长率问题中会出现"后一年比上一年""逐年（月）"等信息，等差数列问题中，往往会出现"每……增加（减少）多少"等信息，教会学生识别并捕捉这些关键信息，将大大提高聋生数学应用题的读题速度和解题正确率；再比如在解决三角函数图像移动类问题时，通过对大量"从……移动到……""把……移动到""将……移动到""为了得到……需要将"句型的句子进行分类、示范、讲解，帮助学生掌握这一类题目的解决方法。

（四）系统计划本学科的汉语补偿

在聋校数学教学中，还存在大量不能在数学课堂教学中解决的汉语言问题。这些汉语言问题虽然影响聋生的数学学习效果，但讲解起来耗时较多，且看似零散地分布在不同年级的学习内容中，难以形成系统。这就需要数学教师将几册甚至十几册的数学教材的教学内容进行梳理，对其中的语言现象，包括字、词、短语、句子进行分类、整合，根据该语言现象出现的时间，对聋生进行有计划的、提前性的语言教学。让数学的语言教学走在数学知识的学习前面，降低因汉语言问题而对聋生数学学习造成的障碍。

总之，我们要根据目前聋校数学教学中聋生的实际情况，为他们建立一个关于汉语言问题的支持体系。聋校数学教师要树立正确的"语言观"，从多角度、多方面为学生提供汉语言方面的帮助和支持，充分关注聋生在汉语言方面的需要，促进他们数学能力和汉语言能力的共同发展。

参考文献

［1］叶立言. 聋校语文教学［M］. 北京：光明日报出版社，1990.

［2］郑发美. 影响数学阅读的因素探析［J］. 江苏教育学院学报，2006（3）.

［3］谢明初，苏世东. 数学学困生的转化［M］. 上海：华东师范大学出版社，2009.

［4］葛连辉. 聋校数学教学中提高学生语言文字理解能力的几点做法［J］. 才智，2010（6）.

发展高中聋生数学语言的探究与实践

王　莉

数学语言是数学知识的重要组成部分，它包含多方面的内容，其中较为突出的是文字语言、符号语言及图形语言。它具有符号性、逻辑性、严谨性、抽象性、精确性、简捷性等特点。数学语言既是数学思维的载体，又是数学思维的具体体现；既是表达的工具，又是交流的工具。因此《课标》中指出"动手实践、自主探索与合作交流是学生学习数学的重要形式"❶。联合国教科文组织将有效的数学交流作为学习数学的目标之一，实现有效交流的前提是学习和掌握数学语言。

但由于数学语言是一种高度抽象的人工符号系统，所以它常成为数学教学的难点。老师的教与学生的学是以不同的数学语言信息形式进行沟通的。学生在数学学习中对数学语言的分辨、理解与使用能力直接关系到他们的数学思维的发展，及对数学知识的理解、掌握和应用。

作为一名特殊学校的高中数学教师，笔者面对的学生是有听力残疾的聋童。"听力损失影响聋童语言的正常形成和发展，又影响聋童的思维能力的正常发展，特别是抽象能力的发展。"❷ 所以，聋校教育的首要任务是发展语言。数学学习思维以抽象思维为主，数学思维的发展是离不开数学语言的同步发展的，丰富数学语言系统，提高数学语言水平，对发展数学思维、培养数学能力和素质，在聋校具有更重要的现实意义。因此，聋校数学教师应把发展聋生的数学语言作为主导思想，提高聋生数学思维水平，培养数学能力。

一、借助阅读材料积累数学语言

我国数学课本编排逻辑严密、条理清晰、语言准确简明，同时将文字语言、符号语言及图形语言这三种形式全部呈现其中，交相呼应，相互融

---

❶ 数学课程标准（实验）［S］. 北京：人民教育出版社，2003：11.
❷ 教育部师范教育司. 聋童心理学［M］. 北京：人民教育出版社，2000：78.

合。教学中，如果因为聋生阅读慢、理解力差，因为要赶教学进度，教师要一味以讲授为主，而忽略聋生"阅读课本"这一环节，聋生将永远处于被动状态，无法接触到最准确严谨的数学语言和知识，更无法最大限度地发挥学习积极性，无法主动构建知识体系。课本既可以作为"预习""练习""复习""构建知识体系"的根本依据，更可以作为聋生积累数学语言的资料库，方便聋生学习数学知识。

阅读课本初期，教师可以引导学生采用给出提纲的形式，使学生带着问题阅读，积累课本中多种形式的数学语言，促进其相互结合与转化，以达到对阅读内容的理解，便于在大脑中构建知识结构。

案例1：指导聋生阅读《人教版——普高标准教科书数学必修1》课本中第15页"交集"的有关知识。

已知 $A = \{1, 2, 3, 4, 5\}$，$B = \{3, 4, 5, 6, 8\}$，由这两个集合的所有公共元素构成一个新的集合 $\{3, 4, 5\}$。

一般地，对于两个给定的集合 A，B，由属于 A 又属于 B 的所有元素构成的集合，叫作 A，B 的交集，记作 $A \cap B$，读作"A 交 B"。例如：$\{1, 2, 3, 4, 5\} \cap \{3, 4, 5, 6, 8\} = \{3, 4, 5\}$

阅读后回答下列问题：

（1）集合 $\{3, 4, 5\}$ 中的元素与集合 A，B 的元素有什么联系？（所有公共元素）

（2）具有这样特点的元素构成的集合的名称是什么？（交集）

（3）符号？读法？（$\cap$，交）

（4）表示方法？（$A \cap B$）

（5）举例说明？（$\{1, 2, 3, 4, 5\} \cap \{3, 4, 5, 6, 8\} = \{3, 4, 5\}$）

这段阅读材料帮助聋生积累"交集"这一数学概念中的多种形式的数学语言，如文字语言"所有公共元素"，符号语言"$\cap$"，数学表达式"$A \cap B$"，"$\{1, 2, 3, 4, 5\} \cap \{3, 4, 5, 6, 8\} = \{3, 4, 5\}$"等，丰富了聋生的数学语言资料库。这些不同形式的数学语言在聋生大脑中相互转化与结合，便于构建集合运算的相关知识结构，更准确地理解"交集"这一概念。

二、结合图形破译数学语言

数学语言的高度逻辑性、严谨性、抽象性、精准性的特点都充分地体现在数学概念之中，所以数学概念往往是单调、乏味、枯燥的。概念中的数学语言烦琐抽象，增大理解记忆难度。"由于失聪导致聋生的形象思维占优势，抽象思维发展迟缓。在抽象思维时缺乏以词为中介，难以对现实进行多层次概括，对信息的处理往往达不到揭示客观事物本质属性的深度与广度。"❶ 因此，概念教学成为聋生数学学习中最大的难点。所以在教学中，结合图形可以发挥聋生形象思维的优势，弥补抽象思维发展迟缓的劣势。"如果没有图形作为形象思维与抽象思维之间的桥梁，聋生就难以形成较抽象的概念。"❷ 图形可以将概念中的数学语言破译出来，既直观清晰，帮助聋生补偿语言，又可以帮助聋生轻松准确掌握概念，一举两得。

案例 2：函数奇偶性概念的教学。

教学设计：

（Ⅰ）

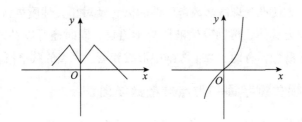

（Ⅱ）

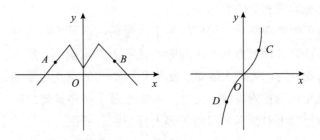

提问：（1）观察两组图形，找出不同之处？（（Ⅰ）不对称，（Ⅱ）对称）

（2）（Ⅱ）图为什么会产生这种对称性？（定义域关于原点对称）

（3）分析（Ⅱ）中的两个图形的对称性各是怎样表现的？（左图关于 y 轴对称；右图关于原点对称）

（4）点 A 与点 B，点 C 与点 D 坐标的特点？（点 A 与点 B 横坐标相反，纵坐标相同；点 C 与点 D 横、纵坐标都相反）

---

❶ 教育部师范教育司. 聋童心理学［M］. 北京：人民教育出版社，2000：71.

❷ 教育部师范教育司. 聋童心理学［M］. 北京：人民教育出版社，2000：72.

（5）用数学表达式表示：$(f(-x)=f(x); f(-x)=-f(x))$

（6）下定义：（奇函数定义：设函数 $y=f(x)$ 的定义域为 D，如果对 D 内的任意一个 x，都有 $-x\in D$，且 $f(-x)=-f(x)$，则这个函数叫作奇函数，它的图像关于原点对称；偶函数定义：设函数 $y=f(x)$ 的定义域为 D，如果对 D 内的任意一个 x，都有 $-x\in D$，且 $f(-x)=f(x)$，则这个函数叫作偶函数，它的图像关于 y 轴对称）

这个案例结合图形特征，将概念中的符号语言（$y=f(x)$）的定义域为 D，$-x\in D$，$f(-x)=-f(x)$ 或 $f(-x)=f(x)$），文字语言（如果对 D 内的任意一个 x，奇函数，偶函数），图形语言（图像关于原点对称，图像关于 y 轴对称）等一连串数学语言——准确地破译出来，直观揭示出奇函数与偶函数的来龙去脉。为奇偶性概念中的数学语言赋予图形信息，聋生易于感知和接受，方便准确理解函数奇偶性的概念及对相关性质进行应用。将数学语言化抽象为具体，帮助聋生破译数学语言，同时还可以补偿聋生语言，正确理解数学概念，有助于聋生头脑中形成和谐、完整的数学概念。

三、捕捉关键字词和重点推敲数学语言

文字语言是数学语言的最基本的表达形式之一，其中每一个关键的字和词都有确切的意义，须仔细推敲，明确关键词句之间的依存和制约关系，这是掌握数学知识的前提。

聋生由于生理缺陷导致他们损失了大量的语言词汇与信息。通过调查得出，聋人语言的理解力水平较同龄的健听人严重偏低。所以，聋生在捕捉数学语言重点时产生较大困难。捕捉不到语句的重点或是关键字词，势必造成对语句不能正确理解。再有，不能推敲出某些词句之间的依存和制约关系，致使聋生对数学知识的理解大打折扣。所以，在教学中应有意识地训练聋生捕捉语句的关键字词和重点，提高推敲数学语言的能力。

案例3：捕捉数学概念中的关键词及推敲。

平行线：在同一平面内不相交的两条直线叫作平行线。

教学时首先引导聋生画出如下的关键词："在同一平面内""不相交""两条直线""平行线"；然后结合这四个关键词，思考"在什么情况下形成平行线"；接下来，思考"平行线"表示的是什么样的关系（直线之间的相互位置关系）；继续理解"相互"一词的含义（不能孤立地说某一条直线是平行线）；最后强调"在同一平面内"这个前提。通过对平行线概念中关键词的捕捉及推敲，从而加深对平行线的理解。

案例4：捕捉题目要求中的重点，推敲题目要求。

在图中标出当函数取得最大值和最小值时的 x 的值。

题目中的重点数学语言有"在图中标出""最大值和最小值""x 的值"。推敲时着重强调"最大值和最小值"是题目的前提条件，是用来限制"x"的取值情况的，并不是最终要完成的任务，所以本题实际要求为"求 x 的值"；完成任务的方式为"在图中标出"，所以要观察图像之后在图像上进行标记，而不能用文字写出或是说明。通过训练聋生的审题能力，培养其捕捉题目中的重点字词并进行仔细推敲，为正确解答题目打好基础，最终实现对数学语言的准确理解和把握。

四、规范手语正确掌握数学语言

聋生的学习以手语为主要工具，但手语却不能和语言文字等完全地对应起来。因此，也不能将数学语言的抽象性、逻辑性一一准确地表达出来，极易造成语义理解上的偏差。所以聋生对数学语言的理解受到手语的限制，不能形成正确的数学语言，进而影响他们对数学知识的学习和掌握。因此，教学时要规范数学专有名词的手语，同时适当结合讲解，使口语与手语准确结合。做到口型一定要标准，手势一定要规范清晰，这样才能帮助学生准确理解并积累数学语言。

案例5：规范"整数"与"正数"的手语。

整数：

（1）双手侧立，掌心相对，向下一顿（见图1）。

（2）一手直立，掌心向内，五指分开，交替抖动几下（见图2）。

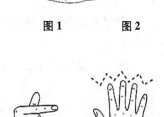

图1　　　　图2

正数：

（1）一手拇指，食指搭成"十"字形（见图3）。

（2）一手直立，掌心向内，五指分开，交替抖动几下（见图4）。❶

图3　　　　图4

聋生在学习"有理数"的概念后，对有理数的分类掌握比较混乱。有理数由定义来看，可以分为整数与分数，按照符号又可以分为：负数，0，和正数。类似 -8，-2，0，3，119 等这样的数字叫作整数；类似 1/3、0.5、8、21/4、100 等大于 0

---

❶ 中国聋人协会. 中国手语（下）[M]. 北京：华夏出版社，2003：858 - 860.

的数字叫作正数。

$$\frac{1}{3}, \ 0.5, \ 8, \ \frac{21}{4}, \ 100, \ \cdots$$

"整数"与"正数"从读音分析看，虽然音同调不同，但是发音的口型是完全相同的。所以对于聋生来讲只要发音相同，口型相同，就可以使用相同的手语表示这两个完全不同意义的数学名词。如果长期使用相同的手语表示这两个不同意义的数学语言，会使学生误解数学语言，混淆数学概念。因此，在教学中，规范了"整数"与"正数"的手语。通过"整"的手语（双手侧立，掌心相对，向下一顿）强调"整数"的意义是比较整齐的数字；通过类似"＋"的手语强调"正数"概念中"正"的意义代表的是符号，且必须是大于0的数字。

案例6：规范"约分"与"抵消"的手语。

高中聋生来自全国各地，他们中流行的一些打法比较简洁形象，但常把不同数学概念打成同一个手势。除坚持规范打法之外，教师也采纳了一些聋生中流行的、合理的手势，但对不同概念的相同手势进行了微调。

约分：把一个分式的分子与分母的公因式约去，叫作约分。约分在乘除法运算中进行。

例如：$\frac{(x+y)^2}{x^2-y^2} = \frac{\overline{(x+y)}\,(x+y)}{\overline{(x+y)}\,(x-y)} = \frac{x+y}{x-y}$

约分因常在分子分母中进行，所以是上、下方向的手语。

约分：

双手食指侧斜，上下排列，指尖向前，同时向斜下方画线（见图5）。

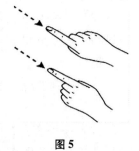

抵消：消去式子两侧相同的项或消去式子同侧相反的项，叫作抵消。如 $3 + (-3) + 4 = 4$，那么3和 -3 就是同侧相反（正负）抵消，$3x + 6 = 5x$，则 $6 = 2x$，这时在方程两侧同时抵消 $3x$。抵消在加减法中进行，是针对同一个式子而言，所以是在同一水平方向上，因此是左右方向的手语。

图5

抵消：❶

双手食指侧斜，左右排列，指尖向前，同时向斜下方画线（见图6）。

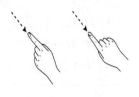

图6

---

❶ "约分"与"抵消"的手语图为孙联群绘图。

"约分"与"抵消"这两个手语，虽然手形相同，运动方向相同，但是左右手的位置不同。在使用这两个手语时，强调两个手的位置一定要正确，同时配合相应的口型：当聋生看到左右方向的手语并结合"抵消"的口型，很自然地联想到抵消是在同一水平方向上的运算，所以是加减法运算；而看到上下方向的手语和"约分"的口型自然就联想到分子与分母，即乘除法之间的运算。反过来，看到式子中的加减法，也能在大脑中顺利反映出在同一水平高度上的左右方向的手语，可以帮助聋生正确理解"抵消"的含义；看到分子分母，则顺利联想到上下方向的手语，又可以帮助聋生理解"约分"的意义。两个不同位置的手语可以帮助聋生更好地区分和记忆数学语言。

所以，教学中使用规范的手语，既可以降低学习难度，帮助聋生准确掌握数学语言和知识；同时，又可以帮助聋生在手语和文字之间进行精确的转换，发展数学思维、培养数学能力和素质。

五、转换形式互译数学语言

数学语言主要有文字语言、符号语言、图形语言等。不同形式各有其优越性：文字语言严密，完整规范，能揭示概念等本质属性，但是最难理解和掌握；符号语言指意简明，书写方便，且集中表达数学内容；数学式子将关系融于形式之中，有助运算，便于思考；图形语言表现直观，有助记忆，有助思维，有益于问题解决。

数学语言各种形式之间的转化是指一种语言形式向另一种语言形式之间的相互转换，通过转换达到相互翻译。从某种意义上讲，转化可以理解为互译。在数学学习中掌握不同语言形式之间的转换，有利于对数学知识的理解和记忆，并为合理、简洁、准确地用数学语言表达数学思维过程和解决问题铺平道路。

案例7：求证：等腰三角形两底角的平分线交点到底边的两端点距离相等。

此题是一道富含数学语言的几何文字证明题。如果将题目直接呈现给学生，题目中"两底角的平分线""平分线交点""交点到底边的两端点距离相等"这些文字语言都是聋生所不能理解的。所以，解决问题前应引导学生将文字语言转换成其他形式的数学语言，方便学生理解题意。

设计如下：

（1）学生按教师要求作图：$\triangle ABC$ 中，$AB = AC$，
$\angle B$ 与 $\angle C$ 的平分线交于点 O

（2）学生观察图形结合教师叙述写出已知条件（同上）

（3）观察图7，找出除去已知条件之外的等量关系

（4）猜想本题所求问题

（5）写出求证：$OB = OC$

（6）将"已知"与"求证"转化为文字，并用文字叙述出来：

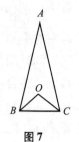

图7

等腰三角形两底角的平分线交点到底边的两端点距离相等。

在此设计中先由教师将文字语言转换成符号语言，降低聋生理解文字语言的难度，再由聋生将符号语言转换成直观的图形语言，再将图形语言转换成简明的符号语言，最后将符号语言转换为准确的文字语言。通过对聋生进行这一系列的转换训练，帮助其建立文字语言与图形语言、符号语言间的联系，实现数学语言间的互译，提高对各种形式的数学语言的理解与应用。帮助聋生积累多种形式的数学语言，降低学习难度，便于聋生探究知识，解决问题。转换和互译有助于激发学生学习兴趣，加深对数学本质的理解，增强辨析能力，转换的过程体现对立统一的辩证思想，有助于不同思路的转换与问题化归。

数学语言的教学不能是孤立的，教师应当在数学语言的教学过程中有意识地归纳技巧和方法，提炼策略和升华思想，将思想方法教学融于数学语言教学之中。通过教学实例展现：零星的观点汇聚形成有用的思路和特殊的技巧，有效的思路演变为系统的方法和策略，科学的方法蜕变升华为科学思想。总之，在数学教学中，教师应指导学生严谨准确地使用数学语言，善于发现并灵活掌握各种数学语言所描述的条件及其相互转化，以达到发展数学语言、加深对数学知识的理解和应用的目的。

参考文献

［1］教育部师范教育司．聋童心理学［M］．北京：人民教育出版社，2000．

［2］中国聋人协会．中国手语［M］．北京：华夏出版社，2003．

［3］数学课程标准（实验）［S］．北京：人民教育出版社，2003．

物理教学中对聋生汉语言能力的培养

李文艳

一、问题的提出

聋生在高中聋校学习物理的过程中，存在很多学习障碍。由于语言阅读、理解能力的薄弱，影响知识掌握的问题格外突出。例如"求电流做功多少？"在教师没有对这个问题的具体含义进行分析之前，全班 12 名学生中有 6 个学生最后求出"电流的大小"。他们没有理解这个句子的关键词是"功"。如果换成"求电流所做的功是多少？"全部学生都能理解正确。

造成这种现象的原因在于听觉障碍使聋生对外部世界反应的范围缩小，完整性降低。他们不能通过自然途径掌握语言，故他们感知的外部世界没有语言的及时概括、巩固和指导。

聋教育专家叶立言老师说过："聋校语言教学不等同于语文教学，各科教学中都有语言教学的任务，如忽视对聋学生的语言教学，各科教学也是难以顺利进行的。"❶

因此，在聋校物理教学中对聋生进行物理知识教学的同时，汉语言学习的培养亦成为当务之急。在长期的聋校物理教学中，笔者注重从多个角度对聋生的汉语言学习进行培养。

二、在物理教学中对聋生汉语言能力培养的策略

（一）排除汉语障碍，保证教学顺利进行

1. 排除专有名词障碍

物理的学科特点使许多常见的词有了特定的意义，学生必须掌握词语在物理学科中的特定含义才能理解句子的意义。

例如"功"，平时我们组词为功劳、功夫等，在九年级物理学科里，

---

❶ 叶立言. 聋校语言教学 [M]. 北京：光明日报出版社，1990：24–25.

功指"力与在力的方向上移动的距离的乘积"。学生要明确什么是力，力的方向、移动的距离以及力的方向与移动距离的方向等诸多含义，只有排除了词组含义给聋生造成的障碍，才能保证教学顺利进行。

初中物理八年级上第四章为"物态变化"，教师先对"物态变化"这个词的含义对学生进行前测，大部分聋生理解为："物"——事物、物体、物品东西，"态"——态度，组合起来的意思是"事物的态度变化"。教师要结合物理学科特点进行解释：物——物质，例如制作电脑柜的材料是铁，铁是一种物质；态——状态，此时可以举例说明，问学生生活中最常见的水，有什么特点。学生会说动态、飞溅……在此引导学生，水具有动态，瀑布能够飞溅，是因为水的液态性质。为了巩固，继续提问生活中常见的液态物质有哪些，学生生活经验少，一时想不起来，可以提示他们，爸爸喝的酒、牛奶，有的学生会想起血液……教师最后引导学生总结物质的常见状态包括气态、液态、固态，比如水是液态的，冰是水的固态，水蒸气是气态的，变化就是指物体的三个状态之间的 6 种变化。学生理解了"物态变化"这个词组的含义后，就知道了全章的知识要点都在围绕"物态变化"进行。

2. 运用切词法，帮助聋生理解句子

聋生由于语言积累的匮乏，对课本中呈现的用句子表述的物理概念、物理规律不能正确理解其含义。在指导他们正确掌握句子的含义时，教师经常用到切词法。

例如："压强表示压力的作用效果。"引导学生经过切词后为"压强/表示/压力/的/作用/效果。"这个概念涉及"压强""压力""作用""效果"四个名词。健听人也很容易把两个词的含义混在一起用。而且在手语中"压力""压强"的手势有很大的相似性，为了区分不同的词，教师要先与聋生约定：左手的拳头向上挥动为"力"，向下挥动为"强"。"效果"这个词的手语在第一次接触时聋生看教师的口型结合手势，不知教师打的手语是什么意思。理解起来很困难，教师把它的含义解释为"结果"。"压力"是指物体的支撑面所受到的垂直作用力。把压力对支撑面的作用的结果称为压强。压力作用结果显著称为压强大，作用结果不显著称为压强小。

牛顿第二定律："物体加速度的大小跟作用力成正比，跟物体的质量成反比，加速度的方向跟作用力的方向相同。"经过切词后为"物体/加速度的大小/跟/作用力/成正比，跟/物体的质量/成反比/，加速度的方向/跟/作用力的方向/相同"。定律的内容要分层理解，首先，"加速度的大小跟作用力成正比"的前提条件是物体的质量一定；其次，"跟物体的质量成反比"，指是加速度的大小还跟物体的质量成反比，学生容易产生疑惑，造成误解。在引导学生分析语句时要强调是物体的加速度大小跟物体的质量成反比，而且成立的前提条件是物体所受的作用力一定。最后，定律中指明了加速度的方向。通过切词，特别要注意相关词组要联系在一起，便于学生对语句的理解。

3. 运用情景图，引导聋生读懂文段

物理题目经常通过大量的文字描述一个情景，把若干显性、隐性条件包容其中。聋生面对这些文字感到很困难，不能有效地从文字中提炼出必要的信息，不知道题目中说的是什么，束手无策。读不懂题的原因是聋生在汉语言的理解、运用方面有一定的困难。

要解决这个问题必须先提高学生的审题能力。学生面对一道题目，经过认真阅读、思考，弄清楚题目说的是怎样一种物理图景（状态或过程），熟练地画出示意草图。

例如高中物理必修一第二章中的课后练习：神舟五号载人飞船的返回舱距地面 10 km 时开始启动降落伞装置，速度减至 10 m/s，并以这个速度在大气中降落。在距地面 1.2 m 时，返回舱的四台缓冲发动机开始向下喷火，舱体再次减速。设最后减速过程中返回舱做匀减速运动，并且到达地面时恰好速度为零，求最后减速阶段的加速度。

"神舟五号载人飞船""返回舱""启动""降落伞装置"等题目中的专业术语使学生感到很陌生，"并以这个速度""10 km""1.2 m"这些条件提示出的含义具体是什么？学生不能从题目中提炼有效信息。此时教师要指导学生把文字表述变为情景图（见图 1），标出已知量、待求量，使学生结合物理情景进行状态分析、受力分析，使问题得到解决。

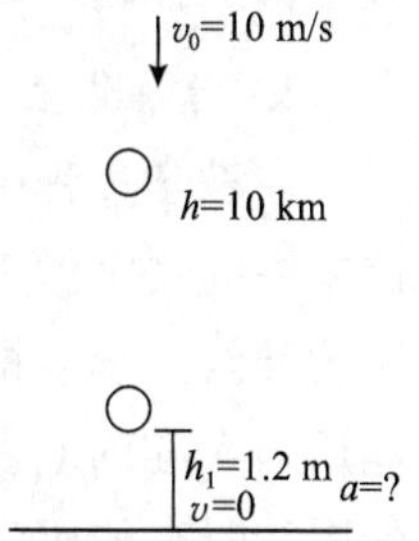

$v_0 = 10 \text{ m/s}$

$h = 10 \text{ km}$

$h_1 = 1.2 \text{ m}$ $a = ?$
$v = 0$

图 1

学生可以用一个图形代表返回舱，画出情景图。通过情景图可以分析出题目中的第一句话只是一个情景的描述，10 km 这个条件在具体解题时是无关的条件，"并以这个速度"的含义是指返回舱一直以 10 m/s 的速度降落，可以看作是再次做匀减速的初速度。此时清晰地呈现出已知条件和待求量，学生可以运用已有知识解答问题了。

在教学中适时地排除对文字的理解障碍，聋生才能正确地运用物理规律解决问题。

（二）创设汉语环境，发展聋生逻辑思维

语言的培养必须有其特定的环境，在物理教学中教师要有意识地创设汉语言学习的环境，使聋生在一定的语言环境中，发展其对语言的理解、掌控能力。通过语言的训练，发展聋生的逻辑思维能力。

1. 指导聋生运用完整语句描述物理情景

例如：归纳"增大、减小压强的方法"的教学内容，课前请学生预习，联系生活列举一些生活中增大压强、减小压强的事例。有的学生在作业本上只写到"跳板""蹦蹦床"。它们是怎样增大或减小压强的，并没有详细描述。在课上学生进行描述时，只打出如下手语：右手的食指和中指伸直并拢立在左手掌上，向上弹一下，然后再用食指单独弹一下。聋生通过简单的手语可以把一件事情说得很形象，其他的聋生也能看明白手语的意思，但是手语的兼带性太强，表达意义有模糊和混淆性，需联系上下文理解才可正确把握。为了完善学生的语言学习，教学中要注意随时提供准确、规范的语言例句，帮助学生建立有序的语言。但是这个时候要求学生尽量利用手语打出完整的语句。把例子描述清楚：同一个运动员用双脚在跳板（蹦蹦床）上跳，能弹起一定高度；换单脚跳时，与接触面的接触面积减少了，跳板（蹦蹦床）形变程度增大，运动员反弹的高度更高。

聋生把手语转化成严谨的句子有一定的困难，在课上教师要严格要求学生把手势转化成文字，通过句子帮助学生形成更严密的思维逻辑。

2. 指导聋生运用汉语说明直观信息

在教学过程中教师经常在课堂中提供大量的信息资料，如利用图片为课本中的文字做直观形象的补充。发挥聋生直观形象思维的优势，进行一定的补偿。学生根据教师呈现的图片，能理解图片所表达的信息，但是不能用语言准确地表达出来。例如在"压强"一节中，学生看到斧头、剪刀的图片时，能用手势表达这些工具的刃很薄，很锋利，使用的时候比较快。知道它们是利用增大压强的实例。教师此时应要求学生用严密、完整的句子表述所应用的物理规律。可以先在图片上出示范句：当压力一定时，器具的刃越薄，受力面积越小，压强越大。请学生模仿范句，对其他实例进行分析，例如分析推土机上哪些地方应用到了增大压强和减小压强的原理。在聋生"口欲言而未能之貌"的时候，教师恰当地引导启发，使学生能够"达其辞"，使其直观形象思维与抽象逻辑思维共同发展。

3. 指导聋生运用书面汉语归纳实验结论

物理学是以实验为主的学科，在实验后，教师要引导学生结合观察的实验现象，分析得到的实验数据，组织语言用完整的语句归纳实验结论。

（1）例如：探究阿基米德原理的学生分组实验，在得到实验数据后，教师要引导学生在寻找数据之间的规律时，可以从对应数据是否存在简单的和、差、积、商等关系进行比较。对表中的数据进行分析，利用数据可以得到什么？计算浮力的公式 $F_浮 = G_物 - F_水$，计算桶中水的公式 $G_排 = G_{桶+水} - G_桶$。把实验获得的信息归纳、概括成结论（见表1）。

表1

	$G_物$（N）	$F_水$（N）	$F_浮$（N）	$G_桶$（N）	$G_{桶+水}$（N）	$G_排$（N）
完全浸没	1.8	0.2	1.6	0.2	1.79	1.59
浸入2/3体积	1.8	1.0	0.8	0.2	1.0	0.8
浸入1/3体积	1.8	1.4	0.4	0.2	0.6	0.4

学生通过观察、比较发现两组实验数据中的差值相等。从而可以发现 $F_浮$ 与 $G_排$ 的关系。教师接着引导学生分析"$F_浮 = G_排$"的物理意义：$F_浮$ 代表浸入液体里的物体受到的浮力，$G_排$ 表示物体排开的液体受到的重力。两个意思整合得到阿基米德原理的文字表述：浸入液体里的物体受到的浮力等于它排开的液体受到的重力。

（2）再例如："增大、减小压强方法"在教学设计中，课上教师设定了一个学生踩气球的实验。

器材：若干个吹好的大小相近的气球、约0.5平方米的薄三合板、体重较轻的女生、配合实验的4个学生。

实验步骤为：

①薄板下放1个气球，请学生双脚站在木板上；

②薄板下放6个气球，请学生双脚站在木板上。

教师引导学生根据实验现象，得出结论：压力一定，受力面积越小，压力的作用效果越明显。

③ 薄板下放6个气球，请另一个较重的学生双脚站在木板上。

要求学生根据②③得出结论：受力面积一定，压力越大，压力的作用效果越明显。

这个实验可以很自然地渗透"控制变量法"的思想，使学生从形象直观的实验现象中，学会组织语言总结物理规律。

三、总结

聋生汉语言学习不是一蹴而就的，需要教师和学生长期不懈地坚持和努力。在聋校的物理教学中，由于聋生对汉语言的理解能力有限，因此教师容易重视让学生背公式，忽视对公式所反映的物理规律、物理意义进行解读。于是造成学生公式背得很熟，遇到用文字描述的物理情景，依然看不懂，不会解决问题。因此，教师要在物理教学中为他们创设学习语言的环境，有意识地对聋生的汉语言学习进行培养、训练。针对不同类型的教学内容，采取不同的策略，以帮助他们更好地对学科知识进行理解和掌握。

参考文献

［1］叶立言. 聋校语言教学［M］. 北京：光明日报出版社，1990.

［2］唐挈. 谈如何解答物理习题［M］. 北京：北京四中，2008.

［3］教育部师范教育司组编. 聋童心理学［M］. 北京：人民教育出版社，2000.

［4］郑蓉梅. 开发奇妙的物理实验资源［M］. 北京：北京师范大学出版社，2005.

［5］北京市基础教育课程改革实验工作领导小组. 北京市普通高中新课程物理学科教学指导意见和模块学习要求（试行）［M］. 2007.

［6］郭震仑. 对物理学科能力的几点认识［J］. 西城教研中心，1995.

物理学科培养聋生汉语言能力的教学实践

李文艳

一、问题的提出

从教聋校物理教学十几年，在教学中感到聋生在物理知识的学习过程中，存在很多学习障碍，如对于物理概念、物理规律的理解，对于物理知识的综合应用，等等。究其原因，很大程度是由于聋生语言阅读、理解能力的薄弱，影响其对物理概念等知识的理解、应用。

聋教育专家叶立言老师提出："语言是学习的工具，一个学生只有不断提高理解语言和运用语言的能力，才能听得懂老师的课，看得懂教科书，学好各门功课。"[1] 在聋校进行物理知识教学的同时，物理教师有责任、有义务对聋生提高理解语言和运用语言的能力进行培养。

二、物理教学中对聋生汉语言能力的培养

聋学生在学习各门功课时因语言障碍造成的困难要比健全学生突出得多。因此需要研究特殊的教学策略，具体如下。

（一）排除词语障碍，理解物理概念

"聋生由于听觉障碍使得他们的感觉和知觉异常，直接引起言语活动障碍，影响到他们逻辑思维能力的发展，使其认识过程不够完善。"[2]

在物理教学过程中，使学生准确地理解物理基本概念是掌握物理知识的前提，是进行正确推理和判断的基础。如果对物理概念没有透彻的理解，就不能牢固地、深入地掌握基础理论知识和有关的基本技能，就不能使学生灵活运用这些知识。[3]

我校聋生在进行物理学科知识的学习过程中，对于教师呈现的词汇凭

---

[1] 叶立言. 聋校语言教学［M］. 北京：光明日报出版社，1990：7.

[2] 叶立言. 聋校语言教学［M］. 北京：光明日报出版社，1990：3.

[3] 孙枝莲. 中学物理教学论［M］. 北京：北京师范大学出版社，2010：114.

借自己的前概念进行理解，往往与词汇的正确物理意义存在偏差。物理学科中许多常见的词汇有其特定的意义，学生必须掌握词语在物理学科中的特定含义才能理解词汇所反映的物理意义。在教学设计过程中教师首先要考虑到聋生的实际学情，设计符合学生认识的实际例子引导学生对词汇进行准确的理解。在教学实施环节，教师要结合学生回答问题的情况了解每个学生对于相关知识前概念的掌握情况，再鼓励学生从物理学科的角度理解词汇的物理意义。只有排除了词汇含义给聋生造成的理解障碍，才能保证物理教学的顺利开展。

物理学科中常常提到"物体""物质"两个词汇，学生对于"物体"的理解就是身边存在的，眼睛可以看到的；对于"物质"的含义，学生不知道应该如何表达。在教学中教师先结合学生举的身边的例子，如桌子、人、汽车等是物体；教师再补充地球上的山川河流、动物植物、行星恒星等这些都是物体，并且以图片的形式呈现，防止聋生名称与事物对应不上。指出"物体有一定的形状，占据一定的空间，是有体积和质量的实物"。在明确了"物体"的概念后，再引出"物质"："物质是构成物体的材料。"例如铁、铜、铝、空气、水、木头、塑料等，注意结合学生思维的实际情况进行列举。"一切物体是由物质组成的。"木桌子是由木头组成的，铁块是由物质铁组成的。结合实物和图片对"物体"和"物质"进行解释后，在以后的教学中教师通过手势打出这两个词汇，学生能准确理解相关概念。

例如人教社物理八年级下册第七章第一节"力"，介绍题目时，学生理解为力量、力气、有劲儿等。在物理学中，"力"指"物体对物体的作用"。在实践教学中，教师在讲台上放一辆玩具汽车，用手推动小车，请学生描述观察的现象，学生表述为"老师推车""手推车""人推车"，教师板书"人推车"，再启发学生举类似的例子，"人踢球""手压桌面""狗拉雪橇"，等等，教师用粉笔圈住"人""狗"等词汇，请学生用一个词语概括，在学生自由发言后，统一用"物体"这个词表述，"车""球""雪橇"也可以概括为"物体"，"推""踢""拉""压"在物理学中称之为"作用"，这些作用发生时，都要用到"力"，因此"力是物体对物体的作用"，前者称之为"施力物体"，后者称为"受力物体"，力不能脱离物体而存在，力具有作用力和反作用力，并不仅限于我们肉眼所见的力气。

（二）呈现直观情境，分析物理问题

聋生的思维具有具体形象性，对于教学过程中过于抽象的问题往往不知所云，在聋校物理教学中教师要设计直观形象的教学情境，以适当的汉语提问为桥梁，辅助学生分析抽象的物理问题。

例如，人教社八年级物理下册第十一章"功和机械能"第三节"动能和势能"，探究决定动能大小因素的实验中，学生分析实验设计思路，理解每个实验环节的关键点是个难点。在教学设计时，教师设计了利用直观图片和磁贴代替钢球的情境，逐步分析以下 4 个问题：①在实验中如何控制钢球的质量不变？②如何改变钢球的质量？③如何保证钢球进入水平面的速度相同？④怎样做可以让钢球进入水平面时的速度不相同？

在图 1 中，教师说明我们用磁贴代表钢球，先在第一个斜面上贴上大磁贴，提问学生："如何改变钢球的质量？"学生回答："可以用一个小磁贴代表质量小的钢球。"教师拿起小磁贴问学生："这个小磁贴应该放在什么位置，保证钢球进入水平面的速度相同？"学生思考后能回答出："应该放在和大磁贴位置相同的地方。"学生的回答是具体的，教师引导学生概括抽象为"放在同一高度"，此处的设计降低了学生理解问题的难度，通过直观的图形分析实验中学生难以理解的抽象问题，既解决了学生理解的问题又渗透了研究问题的方法。结合图 2，学生分析出利用相同的钢球确保不同实验中物体的质量相同；钢球放在不同的高度可以让钢球进入水平面时的速度不相同。

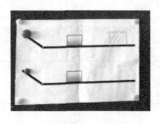 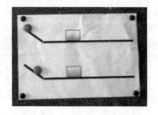

图1　　　　　　　　　　　图2

引导学生进一步思考：如何将钢球动能的大小直观地表示出来？学生根据图片及教师提供的实验器材，思考后在图片上用粉笔画出木块移动的距离，通过木块移动的距离表示动能，可以通过木块移动距离的多少表示动能的大小。

此环节的设计，学生能很好地理解每一个实验环节设计的目的，即①用同一个钢球，确保质量相同；②用大小不同的钢球，区分不同质量；③小球在同一高度由静止滚下，确保小球进入斜面时的初始速度相同；④让同一钢球从不同高度由静止滚下，小球进入斜面时的初始速度不同。

在物理教学中提供直观形象的实物及图片等资料，结合教师设计的相关符合学生认知的有梯度的问题，有利于学生对于抽象物理问题的分析理解。

（三）辅助汉语支持，归纳实验结论

物理教学中物理实验是实现物理教学目标的主要手段之一，通过分析实验现象归纳实验结论，是物理教学中常见的形式。

如上述探究影响动能大小因素的实验中，对实验目的、设计思路进行分析后，学生开始分组实验，对实验现象进行记录。实验的最好环节是通过分析实验数据归纳总结实验结论。此阶段聋生往往不知如何表述，教师在教学设计时要考虑学生的实际情况设计有层次的问题，在学生初步接触探究实验时，设计以填写关键词的形式出示语句，给予学生一定汉语支持，逐步形成对实验结论的表述方法。如结合表一教师提供如下语句："运动的速度（　　　）的钢球，质量（　　　），推动木块移动的距离（　　　），钢球的动能（　　　）。"学生结合实验数据，进行分析归纳。在手语中"大小""多少"的手势类似，学生的意识中两个词汇的词意也是相同的，常常混淆使用，教师需要引导学生根据语境选择适当的词汇表达。学生讨论后填写结果为"运动的速度（相同）的钢球，质量（越大），推动木块移动的距离（越长），钢球的动能（越大）"（见表1）。

表1

实验次数	钢球的质量	钢球下落的高度	钢球到达底端的速度	木块移动的距离（填"长"或"短"）	钢球的动能（填"大"或"小"）
1	大	h	v		
2	小	h	v		

在后续的探究实验中，要求学生模仿例句组织语言，完整表述实验结论。聋生把手语转化成严谨的句子有一定的困难，在教学过程中教师不能急于要求学生归纳符合学科特点的实验结论，一定要考虑聋生的实际情况，首先给予学生一定的汉语支持，通过一定的练习后学生会逐步准确表述物理规律。

（四）完善语句表述，概括物理规律

物理规律是由概念组成的，并用一定的文字语言或数学语言把这些概念之间的逻辑关系表示出来。❶聋校物理教学中设计的物理规律大部分是

---

❶ 孙枝莲. 中学物理教学论［M］. 北京：北京师范大学出版社，2010：122.

通过观察和实验进行归纳推理，验证前人总结出的物理规律。

人教社九年级物理第十七章中欧姆定律的表述为"导体中的电流，跟导体两端的电压成正比，跟导体的电阻成反比"。要想学生准确理解欧姆定律的含义，教师要设计相关的学生实验，让学生亲自做实验，置身于物理世界中，获得探索物理规律所必要的感性认识，学生通过在实验过程中观察实验现象，获得实验数据，分析数据间的定量关系，总结定律的内容。

同学们在探究学习"欧姆定律"时，得出一些数据，如表2、表3所示。

表2

次数	电压（V）	电阻（Ω）	电流（A）
1	2	10	0.2
2	4	10	0.4
3	6	10	0.6

表3

次数	电压（V）	电阻（Ω）	电流（A）
1	4	5	0.6
2	4	10	0.3
3	4	15	0.2

从表2中，可以得出的结论是：（　　　　　　　　　）；

从表3中，可以得出的结论是：（　　　　　　　　　）。

学生在结合分组实验后，教师引导学生分析获得的实验数据，观察表2，有的学生回答："电阻都是10欧，电阻相同。"教师结合学生的回答板书"电阻相同"，也可以表述为"电阻一定"。在分析电流与电压的关系，学生直观的感觉是"电压大，电流也大"，教师提示学生能否用数学方法分析，用数学语言表述电压与电流间的关系。此时教师可以用箭头连接例如（4→2）（0.4→0.2）、（6→2）（0.6→0.2），在经过教师提示后，学生能发现数据间的倍数关系，结合他们的数学知识，表述为"电压与电流成正比"。此时教师提示学生，我们研究的是电流与电压的关系，一般表述为"电流与电压成正比"，表2获得的结论完整表述为："电阻一定时，电流与电压成正比。"同种方法，表3得到的结论为"电压一定时，电流与电阻成反比"。

教学中运用分布实验获得两个结论后，再加以综合获得欧姆定律的完整表述内容"导体中的电流，跟导体两端的电压成正比，跟导体的电阻成反比"。

欧姆定律的内容所包含的两层物理意义，只有学生在实验操作后结合实验数据分析才能准确理解。教学过程中只有将实验结论落实为严谨的语句表述，才能引导学生正确理解物理规律的内涵。

三、启示与反思

聋校的物理教学设计应关注学情。教师的教学设计应关注学生的学习情况，而不是教师备课时的主观臆想。聋校物理教学设计尤其如此，因为聋生的学情与健听学生相去甚远，往往出乎教师的意料，像前文所谈的聋生对"物体""力""物态"等概念的理解。

聋校的物理教学应关注学生特殊性。聋生直观形象思维发达，但抽象思维较弱，而物理学科既需要直观观察，又需要抽象的概括。因此，了解聋生的特殊性，在教学设计时教师既要提供直观形象的实物资源，注重设计课堂演示实验和学生分组实验，又要引导学生对物理现象进行抽象概括，通过言语描述形成物理认识。

物理学科同样要营造汉语言的学习环境。"聋生具备一定的语言能力是学好各科知识、掌握技能技巧的必要条件。聋生获得语言能力的一个重要渠道是要在学习各门功课的过程中学习语言。"❶ 物理学科的教师也要意识到在物理课教学过程中培养聋生理解和表达语言能力的重要性，要把学生学习物理知识与学习汉语言统一起来。在物理课中有意识地运用各种途径消除学生的语言障碍，针对不同类型的教学内容，采取不同的策略，对聋生的汉语言学习进行培养、训练。只有这样，才能确保学生学会物理，学好物理。

参考文献

［1］叶立言．聋校语言教学 ［M］．北京：光明日报出版社，1991．

［2］朴永馨．特殊教育学 ［M］．北京：教育出版社，1995．

［3］孙芝莲．中学物理教学论 ［M］．北京：北京师范大学出版社，2010．

［4］唐茂春．高中理化生实验大全 ［M］．广西：广西师范大学出版社，2004．

［5］李新乡．物理教学论 ［M］．北京：科学出版社，2009．

---

❶ 叶立言．聋校语言教学 ［M］．北京：光明日报出版社，1991：9．

[6] 盛焕华. 高中物理研究性学习 [M]. 北京：龙门书局，2003.

[7] 龚霞玲. 高中物理实验 [M]. 北京：龙门书局，2003.

[8] 北京市基础教育课程改革实验工作领导小组. 北京市普通高中新课程物理学科教学指导意见和模块学习要求 [Z].

[9] 肖少白. 布鲁纳的认知——发现学习理论与教学改革 [J]. 外国中小学教育，2001.

物理学科通过"配图配话"培养聋生汉语表达能力的尝试

刘发茂

　　语言是人类最重要的交际工具，也是正常人进行思维的工具，言语是人们在交际活动中应用语言的过程和产物。语言和言语的关系十分紧密，言语离开语言则无从表达，语言离开言语活动则无从发挥其交际功能。聋生因为失聪，言语表达发展迟缓，从而影响其对汉语言的学习，进而影响其思维的发展。因此，在聋校，各科教学都应当把发展学生的语言能力放在重要的位置，通过言语表达（口语表达和手语表达）和书面语表达，促进他们对汉语言的学习和理解，进而促进其思维的发展。思维的发展反过来促进他们对学科知识的理解；学科知识又为言语活动提供丰富而系统的背景知识，从而达到言语表达和学科学习的双向促进。

　　高中物理概念多、公式多、定理多、定律多，知识系统性强，对于语言和抽象思维发展迟缓的聋生来说，学习起来的确困难重重。要让他们很好得理解这些知识，关键要给他们一个知识的支撑点。物理课本中多数定理定律或概念的学习顺序是：配图讲解—定义定律—公式呈现—公式运用。但在复习阶段和问题解决中，再按照这样的顺序讲解，如同新知识学习，学生很容易产生学习厌倦情绪，所以需要改变教学顺序。笔者根据聋生善于视觉观察的特点，尝试以图为学生理解知识的支撑点，改用"公式—试题—配图—配话"的学习顺序，受到学生的欢迎。

　　"配图"即对公式或试题中涉及的物理量，以图的形式把它们描画出来，这类可描画的物理量几乎可以包含于高中物理的各个章节，如各种各样的力、位移、电流、点电荷、磁场强度、电场强度、电场线、磁感线……"配话"即对配出的图进行语言描述，可以是言语表达：口语表达和手语表达，也可以是书面语表达。

一、在公式复习中运用"公式—配图—配话"培养聋生语言表达能力

以复习库仑定律为例。

• 第一步：出示公式

$$F = k\frac{Q_1 Q_2}{r^2}$$

在先期的学习中，可以由教师出示公式，在经过一段时间的训练后，由学生自己出示。

• 第二步：画图

此步是关键步骤，由学生在老师的提示之下完成。个别学习较好的学生也能够自己独立完成，但有时画得不准，需要教师给予帮助。多数同学会被难住，不敢动笔，需要教师多加鼓励。

• 第三步：标物理量

在画出的图上正确的位置标出 Q_1、Q_2、r 和 F

此步较前一步容易，可以由成绩较差的学生完成。照顾到不同类别的学生，给以全班同学同等的参与机会。

• 第四步：说明物理量，指出物理量间的关系

由学生说出各个字母所代表的实际含义，不同的学生会在此表现出不同的水平，一般的学生会说 Q 表示电量、r 表示距离、F 表示力。语言贫乏不够丰富。在此需要教师多给提示，帮助学生以完整的句子形式表述物理量，如表述 F，则说成"F 表示点电荷 2 对点电荷 1 的作用力，当 Q_1 和 Q_2 同号时，F 表示斥力，当 Q_1 和 Q_2 异号时，F 表示引力。F 的方向在 Q_1 和 Q_2 的连线上"。学习较好的学生，能够说得多点儿，不论学生说得怎样，教师在此一定要做个好的倾听者。不要把学生说得准不准作为评价的唯一标准，关键是要让学生充分表达，所以教师要以鼓励为主，肯定学生

表述中的合理成分，消除学生惧怕说错的心理。

● 第五步：说出公式所代表的定义、定理或定律

以上公式表达的是库仑定律：真空中两个静止点电荷的相互作用力，跟它们所带电荷量的乘积成正比，跟它们之间距离的二次方成反比，作用力的方向在它们的连线上。电荷间的这种力叫作静电力，又叫库仑力。公式中 k 是一个常量，叫作静电力常量（配话）。

此步是最关键的一步，也是最难的一步，学生对定律的记忆，有时并非是因理解而记住，而是机械记忆。所以，表述过程中，常常会有学生陷入沉思状态，一字一字说，这既影响了表述的流畅性，也阻碍了学生的意义建构。因此，要求学生按自己所理解的内容表述，并不一定按照定律中所出示的文字顺序说。

教师在训练中也要注意公式的选取和图的出现方式，如复习电磁感应定律的推导公式：

$$\varepsilon = BLv$$

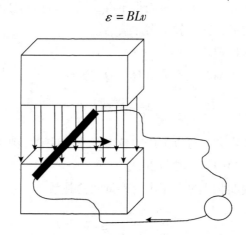

其配图相当复杂，学生不易自己画出，则可由教师画出部分内容，让学生对不够完整的地方进行填补。

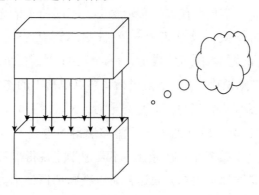

而对于较易的图 ，如向心力公式 $F = m\dfrac{v^2}{R} = m\omega^2 R$

可以由学习较好的学生画出，学生能画的都要尽可能让学生去画。画得不好，教师可以帮助其"完形"。

二、在问题解决中运用"试题—配图—配话"培养聋生语言表达能力

以解一道简单的应用题为例。

➢ 步骤一：读题

一个闭合电路的外电路为两个同为 18 欧姆的电阻并联，电源的电动势为 10V，内电阻为 1 欧姆，求通过电源的电流。

因为聋生语言能力较差，看到这样的文字描述题，如果没有图的支持，许多同学都无从下手。读题的时候，要求学生读出声音来，最好能读两遍，这样有助于理解。

➢ 步骤二：写出已知、求解

已知：$R_1 = 18\Omega$，$R_2 = 18\Omega$，$\varepsilon = 10V$，$r = 1\Omega$。求：通过电源的电流 I。

此步中要求学生把所有的已知条件都找齐，不能有遗漏。遗漏会给以下的解题过程造成很大的困难。

➢ 步骤三：配图

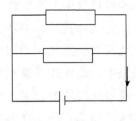

此步是解题的关键，学生能否正确画出图来，依赖于对题目中文字的理解。许多同学会在此被难住，需要教师给予更多提示。

➢ 步骤四：列出公式，指出公式中各个物理量所代表的意义

并联电路的特点：$\dfrac{1}{R} = \dfrac{1}{R_1} + \dfrac{1}{R_2}$

配话：电路总电阻的倒数等于各个并联电阻的倒数之和。

闭合电路的欧姆定律：$I = \dfrac{\varepsilon}{R + r}$

配话：闭合电路的电流与电源的电动势成正比，与内外电路的电阻和成反比。

➢ 步骤五：写出解题步骤，分步配以文字说明

解：因为 R_1 和 R_2 并联，

所以外电路的总电阻 $R = \dfrac{R_1 R_2}{R_1 + R_2} = \dfrac{18 \times 18}{18 + 18} = 9$（$\Omega$）

根据闭合电路的欧姆定律，通过电源的电流

$$I = \frac{\varepsilon}{R + r} = \frac{10}{9 + 1} = 1 \ （A）$$

答：通过电源的电流是 1A。

在解题过程中，要求学生写出完整的步骤，并配以充分的文字说明。聋生不擅长书面语言表达，所以，给各个步骤配上文字说明很困难。正是因为这是他们的弱项，所以更要严格要求。

在整个过程中，图起连接的作用，一边是聋生难以理解的公式和问题，另一边是难以表达的语言文字，通过图这个桥梁，把二者结合起来。抽象的内容变得具体而直观，这样，既便于聋生理解公式和解决问题，也发展了他们的语言表达能力。同时，图还起支撑作用，它让语言表达有了实际的依靠，不至于形成"空对空"的局面。在实施中，教师要扮演优秀的倾听者的角色，把表达的时间和空间让位于学习的主体。聋生在充分的表述中不断提高自己的语言表达能力。

美国著名认知心理学家和教育改革家杰罗姆·S. 布鲁纳认为：儿童的智力发展主要通过动作式、图像式和符号式再现表象反映出来。在高级的符号式再现表象阶段，学生能够把经验转化为词语，借助语言符号进行抽象逻辑思维。聋生的三种表象中，动作式表象和图像式表象几乎可以达到同龄健听学生的水平，然而符号式表象的发展却非常落后，因此，在教学中通过前两项表象帮助提高落后的第三项，这也是本教学方法最初设计的根据之一。

多元智能理论也提示我们，以一种智能去表达另一种智能，这就是理解。在聋校教学中，学生的语言智能是弱项，空间智能是学生的优势，运用他们优势的智能去表达弱势的智能，既做到了扬长避短之功效，发展了语言，提高了言语表达能力，也促进了学生对知识的理解，提高了

思维能力。同时，这样做也符合语言的习得规律，人的语言习得要经过咕咕声到咿呀语再到单字词表答和双字词表达，最后到有结构的句子。在本实践中，在让学生表达一个完整的规律的时候，并不直接让他们做到完整无误的表达，而是分步骤，有过程地逐级达到。先让学生准确表示公式中的各个物理量或试题中的各个已知条件，类似于语言习得过程中的单字词表达和双字词表达，再把公式或试题变成图，进而使用句子表达定义、定理或定律。这样，既可以照顾学习较差的学生，也可以满足学习较好的学生的需要，便于发展各个层次学生的语言能力。

参考文献

［1］黄希庭. 心理学导论［M］. 北京：人民教育出版社，1991.

［2］［美］Robert J. Sternberg. 认知心理学［M］. 3 版. 杨炳钧，译. 北京：中国轻工业出版社，2006.

［3］刘克兰. 现代教学论［M］. 重庆：西南师范大学出版，1993.

［4］潘险峰. 聋校班主任工作的语言信息传递［J］. 现代特殊教育，2006（11）.

职高聋生在信息技术学科中的
汉语言问题及能力培养

张　磊

一、问题的提出

由于我国耳聋学生获取知识大多以汉语言文字为依托，如果汉语言文字的理解存在困难，必然会阻碍其对学科知识的学习。而耳聋学生由于听力障碍，其语言发展具有"依文学语"的特殊性。也就是说，他们对于汉语言的学习，不像健听人那样始于听、说，而是直接通过书面文字材料开始学习汉语言。这导致耳聋学生在汉语言应用上的一系列问题。

（一）不能准确理解词义、正确切词

所谓切词，就是以词或词汇为单位进行断句。耳聋学生"依文学语"，其词汇量远远低于同龄健听人，以至于职高三的很多聋生还不理解"对象""并非"等很多词。再加上他们只见标点符号所标示的句子之间的停顿，难以体会健听人说话时的停顿、换气（自然地"切词"）。切词测试时，他们往往是把很多词连成一体，或是把最小的义项单位——词——又进行了切分，甚至无意义地重组（见表1）。

表1

原　句	职高聋生切词结果
在因特网上发送和接收的信件称为电子邮件	在因特网上发送 | 和 | 接收的信件称为 | 电子邮件
单击常用工具栏上的"新建"按钮	单击常用工具栏上| 的 | "新建"按钮
Caps Lock 键为大小写转换键	Caps Lock| 键 | 为大 | 小写 | 转换 | 键
回收站用来临时存放被删除的文件	回收 | 站用 | 来临 | 时存 | 放被删除的文件

词是语义结构中最小的语义单位。无法切词，更谈不上对词义的正确理解，也就失去了正确理解词义乃至句意的基础。

（二）难以理解词句间的联系

由于接收信息途径受限，聋生没能通过听、说、看等方式建立事物间的内在联系。"依文学语"使他们难以理解词与词、句与句的关系，难以

从判断词义到理解句意，从而领会文章意图。由此，导致他们阅读理解、认知思考等方面的诸多问题。

例如，很多职高聋生不理解代词的指代功能，不知道有意识地寻找联系。而对于用不同方式表达的相同意思，也往往被职高聋生认为是完全独立的不同部分（见表2）。

表 2

书面文字材料	职高聋生的理解
Windows 是目前较为流行的操作系统	认为陈述了 Windows 的两个完全不同的特点："较为流行""应用广泛"（不理解这两者之间具有一定联系）
Windows 是当前应用非常广泛的操作系统	
7 位 ASCII 码表如表所示，该表共 128 个字符，包括……是国际通用的标准 ASCII 码字符集	师问："国际通用的标准 ASCII 码字符集是?"
	生答："该表!"
运算器是……它的主要功能是对二进制数码进行算数运算或逻辑运算	师问："负责进行算数运算或逻辑运算的部分是?"
	生答："它!"

由此可见，要想帮助聋生准确地掌握学科知识，首先要充分考虑他们在语言文字理解上存在的困难，帮助他们铺设一条从理解必要的汉语言文字到掌握学科知识的阶梯。因此，在信息技术教学中，教师以关注聋生汉语言应用特点为前提，开展教学活动。力求首先帮助聋生生突破语言理解上的难点，进而掌握本学科相关知识。

二、教学策略

（一）增加教学辅助资料，帮助聋生搭建自主阅读的阶梯

由于我们所使用的普通学校的教材无法顾及聋生自身特点，特别是汉语言应用能力较为薄弱的职高聋生，更是难以自主阅读。因此，教学中，教师本人编写了一些教学辅助材料，帮助聋生搭建自主阅读的阶梯。

1. 利用图示

聋生直观感性思维突出，借助图示更容易帮助他们搭建实物、实际操作与语言文字之间的阶梯。除了有意识地引导他们关注图例，建立图例与文字材料之间的联系外，教师还依据教材增加大量配图，尽力把文字转化为直观的图解，让学生有图可依。并引导学生总结图示主要的两种分类：内容标示类和操作提示类。面对内容标示类的图，可以打开相应界面，一

一对照识记。面对操作提示类的图，照指示一步步地做几遍，也就掌握了相应的操作方法。这样，在有图可依的基础上，培养聋生逐步学会看图、用图，促使他们能够借助直观的图示认知各部分的组成，明确操作步骤，由此把实际运用与汉语言文字联系起来，帮助学生理解运用信息技术学科的专用名词，提高他们学习信息技术的兴趣。

2. 运用切词

聋生不能准确切词。编写教材辅助学习资料的时候，我就借鉴英文书写的特点，在每个词汇之间插入空格，使其不但能通过标点符号区分句子，还能够直观地识别词汇。这样，促使他们由掌握最小的语义单位——词——到灵活地掌握句意。

如，把"五笔字型输入法"用"五笔 字型 输入法"的形式表示。

有了经过切词改编的辅助学习资料，首先就要指导学生应用切词。让他们明白，语义的最小单位是词。要读懂一句话，首先要明白其中每一个词的意思。当自己对一句话所表达的意思感到困惑时，先对词进行定位，弄清楚是哪个词影响了自己的判断。这样，找到症结所在，问题就容易得多了。

切词是化整为零（按照义群，把整句话依次切分成耳聋学生所能理解的词汇）的方式，能够帮助学生清晰地划分词。以明确基本词的概念及其意义为前提，帮助他们理解词句，但却未做到整体识记。因此，我们还要指导学生聚零为整，把已掌握的词连成词组，乃至句子，使学生一步步完善整体认知。

（二）进行具体的阅读方法指导

有了自主阅读材料，还要有方法的跟进，才能把教学活动落到实处。因此，教师应该通过具体细致的阅读指导，教给学生一些必要的阅读技巧。引导他们应用技巧，理解文字所表述的知识内容。也就是说，帮助聋生用好的方法突破认读、理解汉语言文字的障碍。

1. 引导学生理解"同位语"的表达方式

由于职业高中的聋生没有英语课，他们无法理解书中的英文。这也造成了他们阅读的困难。教师要引导他们关注同位语，让学生明确英文缩写与它前面的词汇，往往表达的是同一个意思。如，看到"中央处理器CPU"，就要明白"中央处理器 = CPU"；看到"域名服务器 DNS"就要知道"域名服务器 = DNS"。

2. 组织学生在对比提炼中巩固重点

由于聋生阅读理解汉语言文字的能力有限，因此，在阅读过程中，他们往往难以提炼重点。而信息技术教材中，很多语句涉及分类等问题。如"计算机系统由硬件系统和软件系统两大部分组成"，"打印机分为针式打印机、喷墨打印机和激光打印机等"这样的句子，运用对比提炼的方法阅读，更容易理解记忆。如第一句话对比"硬件系统"和"软件系统"，提炼出"硬"和"软"两个关键词；第二句话则对比"针式打印机""喷墨打印机""激光打印机"，提炼出"针式""喷墨""激光"三个关键词。

为避免学生理解出现偏差，教师还可以设计反馈题，帮助学生理解阅读技巧，识记知识点。例如"计算机系统由硬件系统和软件系统两大部分组成"这句话，就可以设计成下面的选择题进行即时反馈：

计算机系统由＿＿＿＿和＿＿＿＿两大部分组成。

A. 硬、软　　　　　　　　　B. 硬件、软件

C. 系统硬件、系统软件　　　D. 硬件系统、软件系统

3. 培养学生阅读中自主联想迁移的习惯

针对职高聋生在学习上联系的能力和知识迁移的能力欠缺的特点，在教学过程中，教师要着重告诉学生，阅读过程中，要懂得"寻根"，养成联想迁移的习惯，有意识地培养学生这方面的能力。

例如，看到"计算机系统由硬件系统和软件系统两大部分组成"这句话，再对比阅读之后，就应该想到"'硬件系统'指什么？'软件系统'都包括哪些内容？"由此，联系到介绍计算机系统的结构图表，进行学习的迁移。

再比如，看到"打印机分为针式打印机、喷墨打印机和激光打印机等"这句话之后，就应该联想三种打印机的不同外观，考虑它们各自的不同特点……从而实现知识的迁移，更深入理解这句话的内涵与外延。

4. 强化图标与提示文字之间的联系

耳聋学生视觉捕捉力强，对图标的记忆存在优势，但对于与图标相关联的提示文字，往往是视而不见。他们能够自觉模拟图标外观，创造新手势，但对于图标的功能以及提示文字的内涵却很难对应上并加以理解。在教学中，我通过反复提示、提问，强调图标与提示文字的对应关系，促使学生在实践中养成关注与图标对应的提示语言的习惯。对于外观近似的图标，还要引导学生在理解其提示语的过程中提炼、对比重点。再通过上机操作帮助学生进一步理解图标的功能以及提示语的含义，从而促进学生的实际应用。如引导学生辨析 Word 与 Excel 常用工具栏中的图标，对比分析其提示文字的表述与含义，再通过实际操作，对比其功能等。

这样，学生在掌握应用图标进行操作的方法的同时，加深了对信息技

术相关语言的理解，从感性认知自然过渡到理性认知阶段。也就是说，以关注本学科语言为根本，学生通过理解提示语，进行信息技术学科语言的积累，为其今后自主学习其他应用软件打下基础，从而提高学生主动获取信息、应用工具加工信息的素养。

（三）在教学设计过程中体现语言教学

这里所说的语言教学，也就是要培养学生应用语言的能力。方法的传授、能力的培养，不仅仅是通过特定的渠道进行，也可以在教学过程中逐渐渗透。

1. "切词"讲授

在设计教学过程时，我同样运用了"切词"的思路。也就是，在讲解知识的过程中，以词为基本单位，在各个突破的基础上，再整体讲解。例如，在五笔字型输入法教学的起始课中，我就避免让"五笔字型输入法"这几个字同时呈现在学生面前。而是首先板书"输入法"，介绍了音型输入法之后，用"卞""姬""亳"这几个来源于学生姓名、籍贯的生僻字作引，提出疑问："有没有一种输入法，在我不知道其读音的情况下能够准确录入？"由此引出"字型输入法"，然后再导出"五笔字型输入法"。并依次详解"五笔""字型"。这样，倒推顺讲，使学生明晰概念、深入理解。

2. 避轻就重

所谓"避轻就重"，就是说教学中虽然要关注聋生汉语言理解上的困难，但更不能忽略本学科知识的传授。因此，教学过程中，和本学科知识联系密切的汉语言要讲，关系不大的要尽量淡化。也就是说，聋校各学科都要教语言，并不是把所有的学科都上成语文课，而是要在教师讲授本学科知识的过程中，潜移默化地把汉语言问题渗透给聋生。

例如，对于五笔字型输入法中字根的识记，有人早已总结出一套琅琅上口的记忆口诀，但是，这并不适合听力障碍、汉语言理解能力薄弱的职高聋生。如果将口诀呈现给他们，教师还要费大力讲解口诀中每句话的意思。如果让聋生背"王旁青头戈五一"。那么，教师就要解释"王旁"指"王字旁"，"青头"，指"青"字上面的那部分，"戈五一"分别就是这三个字……这样，助记词反倒成了累赘。根据聋生形象思维发达的特点，我在授课过程中从分析形象引导联想记忆入手。尽量联系学生生活，帮助其理解。在学生已经具备区位划分的知识后，就可以引导学生从区位特点及字根外形相似度的角度靠直观形象的记忆去分批识记字根。

（四）借助习题进行阅读引导与反馈

为了引导学生自主阅读，使他们在阅读的过程中带有明确的目的性，配合改编的教材，我专门设计了一套阅读引导题。这套题，以填空的形式，引导学生为了答题而在阅读过程中去寻找每一课的重点句、重要知识点。此外，我还专门设计了一套综合题（以选择、判断、连线的形式出示），这套题，是对学生学习每一课之后的反馈与综合评价。

有了习题，还要教会学生恰当的答题方法。下面以指导学生做阅读引导题（填空题）为例，加以说明。

例：CPU 的性能和＿＿＿＿、＿＿＿＿、＿＿＿＿有关。

第一步：判断重点（关键词）

　　　　——CPU、性能

第二步：在教材中寻找关键词所在语句

　　　　——1. CPU 一个重要的性能指标是主频

　　　　——2. 计算机的字长也是衡量计算机性能的重要指标

　　　　——3. CPU 的性能还和其所配置的高速缓存（Cache）等有关

第三步：归纳、提炼重点

第四步：得出结论，笔答

　　　　——CPU 的性能和主频、字长 、高速缓存有关。

进行答题技巧方面的训练，实际上也是在教给学生一定的阅读方法。如，找关键句，主要是培养其确定重点的能力；明确代词的具体指示对象，是在帮助聋生明确字、词、句之间的内在联系。这样，通过方法的渗透，帮助学生养成"用方法读书"的习惯，由此扫除语言理解上的障碍。

三、教学反思

通过几年的教学实践可以看出，意识决定行为，行为决定结果。耳聋学生语言习得的特殊性，造成了他们在学习各科知识上的特殊障碍。但是，只要聋校教师切实关注这一问题，在学科教学中，积极创设本学科的语言环境，不断渗透语言教学，聋生一样可以突破汉语言障碍，自主学习。相信学科教学中，针对聋生汉语言应用特点所能够采取的教学策略还有很多。例如，课堂教学的即时书面反馈……这些，还要在以后的教学活动中进一步研究，并形成系统。相信"书山有路勤为径"，也是"教海无涯勤做舟"！

参考文献

［1］奕乾，何存道，梁宁建．普通心理学［M］．上海：华东师范大学出版社，1997.

［2］陈琦，刘儒德．当代教育心理学［M］．北京：北京师范大学出版社，1997.

［3］李伯黍，燕国材．教育心理学［M］．上海：华东大学出版社，2001.

［4］张宁生．听力残疾儿童心理与教育（第1版）［M］．大连：辽宁师范大学出版社，2002.

［5］杨容．人力资源管理（第1版）［M］．大连：东北财经大学出版社，2002.

［6］李艺，李冬梅．信息技术教学方法：继承与创新［M］．北京：高等教育出版社，2003.

［7］何国华．陶行知教育学（第4版）［M］．广州：广东高等教育出版社，2004.

［8］哈平安．聋人的语言及其运用与习得［M］．长春：吉林文史出版社，2005.

［9］沈玉林，吴安安，褚朝禹．双语聋教育的理论与实践（第1版）［M］．北京：华夏出版社，2005.

结合信息技术学科特点发展聋生
汉语能力的实践研究

刘　洋

在聋校的教育教学中有一项重要的内容就是培养和发展聋生的语言。聋校的每一门学科都必须担负起培养和发展语言的重任。聋校每一位教师，都必须建立首先要教给聋生回归主流社会所必需的汉语言的意识。以此为先导，再教科学文化知识。当然，各学科都要培养和发展语言，并不是把所有的学科都上成语文课，而是要在教师讲授本学科知识的过程中，潜移默化地把汉语言教授给聋生。

对聋校高中的信息技术教学来说，由于聋生应用汉语言的水平普遍较低，再加上信息技术专业的一些术语离聋生生活较远，他们学习信息技术知识时所面对的语言问题就更为突出。而信息技术专业课时有限，如何实现以语言先导以促进教学呢？现将我的一些做法梳理与总结如下。

一、口语、书面语、专业术语转换，加强聋生的语言能力

信息技术课堂形式多样，有理论讲解，有上机实践，有作品评价，有小组讨论，有合作学习，有操作示范。为此，教师要尽量创设一个良好的语言环境，尽可能地多给学生语言表达的实践机会。

例如，在学习 Excel 软件中的 IF 函数时，IF 函数在教材中的表述如下：

IF（logical_ test, value_ if_ true, value_ if_ false）

Logical_ test 表示计算结果为 TRUE 或 FALSE 的任意值或表达式。

对于教材中这样的描述，就是普通的高中生也需要仔细研究一下其中的含义，别说是聋校高中学生了。为了让聋生理解这样的专业语言，并兼顾聋生语言的发展，我创设了一个任务：在 Excel "低碳之星" 的工作表中把需种植少于等于 3 棵树的家庭用 "☆☆" 标出，其他用 "☆" 标出。对于这样的任务，聋生可能不会想到使用函数。为此，我创设语言环境为学生搭建脚手架，请聋生使用中文 "如果……那么……否则……" 这样的书

面语描述这个任务。聋生经过思考后尝试得出：如果种树少于等于 3 棵，那么用"☆☆"标出，否则用"☆"标出。这时，我又使用图形化的方式（见图 1）把聋生描述的书面语与信息技术专业术语建立联系。

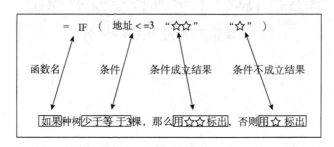

图1

本例中引导学生将口语转换为用"如果……那么……否则……"连词的书面语言，而后将书面语言转化为专业术语，实现了口语、书面语、计算机术语的转化，加强了聋生的语言表达能力。

二、电子、纸质信息兼用，提高聋生专业术语阅读能力

1. 有效利用电子"帮助"信息，提高聋生对有效语言的甄别能力

在实践操作时，聋生常常会出现各种各样的问题。这时我不是马上进行解答，而是引导学生通过软件的"帮助"信息加以学习。

在使用"帮助"信息时也会遇到问题。聋生打开"帮助"信息时，有关这个操作所有的信息都迎面而来，这样大量的文字信息，对于正常的学生来说读起来都有些困难，况且是聋学生，所以老师在此要引导学生甄别有效的信息，摒弃那些啰唆、叙述性的文字，寻找适合聋生看的实例。聋生在有范例的情况下，对于操作的理解更能透彻，而且，聋生的模仿能力都很强，由此及彼，在理解的基础上，能很快根据"帮助"信息的范例把知识迁移到本课的实际任务当中去。

2. 发放纸质学习材料，图形与语言结合，提高聋生对语言的理解能力

聋生的抽象思维能力弱，而形象思维能力强，对于图形信息有很强的捕捉能力。所以，在信息技术教学中我常常发放纸质的图形与语言结合的学习材料，利用聋生图形能力强的优势，帮助聋生对书面语言的理解（见图2）。

发放纸质学习材料，图形化的操作界面及操作步骤，更适合聋生课后复习和记忆，同时对聋生提高语言能力很有帮助。

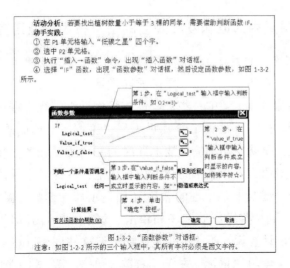

图2

三、口语交际专题，训练聋生口语表达

1. 激情辩论，训练聋生分析、判断、应变的口语交际能力

在学习有关网络的内容时，结合学习内容在高一两个学期分别举办了《网络的利与弊》《网络的实用性与娱乐性》的辩论赛。在辩论的过程中聋生不仅对网络的作用、如何才能有效利用网络有了更深刻的认识，同时在辩论的过程中还启发聋生愉快自主地理解语言。激情的角色辩论，促进了对语言的深刻感悟，又培养了聋生的语言，有效地训练了聋生分析、判断、应变和口语交际能力。

2. 自评与互评电子作品，提高聋生语言的表达艺术

在学习制作网页、Photoshop 软件、音视频制作软件的过程中，会产生大量的学生作品。而对这些作品的评价是信息技术课程中的一个重要环节。让聋生对别人的作品进行评议、补充，这是口语交际训练中最常见的形式和良好的机会。因此，在课堂教学中充分利用"评价"这一环节，把它贯穿在整个教学中。引导聋生评价要注意以下几点：评价语言是否准确、规范、用语是否恰当；说话的内容是否清楚，是否有逻辑性与条理性；评价别人的作品时是否能做到神情端庄、表情自然。

评价的目的让学生得到富有建设性的反馈信息，对自己的口语交际水平有一个真实的认识，并对自身存在的问题及时进行调整。作为教师要不断地用积极、宽容的态度肯定聋生取得的成绩，从而增强聋生的自信心。评价的语言要中肯，多鼓励、少批评，让聋生养成交际的意识和行为。

四、在课堂中形成和发展聋生的信息技术专业语言

1. 从无到有，积累专业词汇，为聋生逐步习得专业用语打好基础

词是语言基本的组成单位。要形成和发展语言，必须要先积累一定数量的词汇。而信息技术课中一些专业性较强的词汇，聋生在日常生活中接触的机会较少，这方面的词汇量几乎为零，更谈不上形成语言了。因此，积累专业词汇，是聋生初学信息技术课时的一项重要任务。有了词汇的积累才有可能形成语言。为了帮助聋生积累词汇，在课堂中从认识计算机的基本组成部分、键盘上各个键的名称（如显示器、键盘、鼠标、回车键、空格键……），到一些操作动作（如单击、双击……）我都要制作成词语卡片让聋生读、认、说、听，使聋生能够熟记这些词语。在学习鼠标操作时，先要让学生学习"鼠标、左键、右键、单击、双击、移动、拖动"这些词语。在此基础上，再把词语按照动作或事物出现的顺序连接起来，聋生就能把"用鼠标指向图标，双击鼠标左键"这样简短的操作步骤较完整地表达出来。经过一段时间的练习，聋生们慢慢地认识了诸如显示器、鼠标、回车键……这些简单的词语，能说出单击、双击表示动作的词语，聋生的专业词汇渐渐丰富起来，并形成简单的语句。

2. 复述操作步骤，训练聋生语言表达的条理性，强化聋生对操作步骤的记忆

复述是把已发生过的事情经过在大脑中的重现，再用语言表达出来的一种思维过程。复述操作步骤就是先由老师按步骤给聋生讲解操作过程，然后聋生按照操作步骤进行实践，在实践的基础上聋生按照自己实践的过程，对操作步骤有顺序地进行叙述。例如，讲解"移动图块"，首先，老师出示此操作的文字说明"①用拾取器选定图块；②在编辑菜单中选择'剪切'；③把鼠标移到合适的位置；④在编辑菜单中选择'粘贴'。"让聋生读一读这些步骤，进行初步的了解；然后，老师按顺序对操作步骤进行讲解和演示；接着，让聋生按步骤进行操作；最后，在完成操作的基础上，老师请聋生对自己的操作过程用语言进行有顺序的复述。聋生在复述操作过程时，首先要对所完成的操作过程及步骤进行回忆，并且要把每个动作与相应的语言对应起来，通过整理，才能有条理地复述出来。任何一个环节都不能缺少。这样，不仅加深了聋生对所学技能的记忆，也锻炼了聋生对专业用语的记忆能力，而且训练了聋生语言表达的条理性，在此过程中，聋生对信息技术专业术语有了进一步的理解和体会，为其今后学习复杂的操作打下了基础。

3. 指导聋生阅读操作步骤，训练聋生自学计算机操作技术，检验其对信息技术课中专业术语的理解力

聋生学习语言的最终目的不是单纯的鹦鹉学舌式的模仿语言。一方面聋生能够通过语言与他人进行交流，表达自己的思想；另一方面利用语言促进聋生思维、技能等多方面进一步的发展。聋生有了一定的专业语言积累后，就要训练聋生利用所学的专业用语学习信息技术课中新的操作技能。这样，才达到学习语言的最终目的。

首先，从操作相近的技能入手。例如，在学习"图块复制"和"图块移动"两种操作时，我先带领学生学习"图块移动"的操作。要完成此操作需要四个步骤：①用拾取器选定图块；②在编辑菜单中选择"剪切"；③把鼠标移到合适的位置；④在编辑菜单中选择"粘贴"。而"图块复制"的操作步骤是：①用拾取器选定图块；②在编辑菜单中选择"复制"；③把鼠标移到合适的位置；④在编辑菜单种选择"粘贴"。通过与上面所学过的"图块移动"的操作步骤相比较不难发现，这两个操作大体相同。在学习完"图块移动"的基础上，老师用板书的形式出示"图块复制"的操作步骤，让聋生对这两个操作步骤进行比较，找出相同点与不同点。其次，让聋生按照自己对文字的理解进行操作。最后，老师对聋生的操作进行检查，发现问题后再做重点指导。如果聋生对"图块移动"中所学的知识（操作步骤）完全理解，他就能正确地完成"图块复制"这一操作。如果对文字的内容不理解，也就不可能完成操作。类似这样的学习形式，不仅检验了聋生对书面语言所表述的操作步骤的理解，也训练了学生在脱离老师指导的情况下，利用旧知识自学新的操作技能的能力。也训练了学生独立思考、独立解决问题的能力。爱因斯坦曾说过："发展独立思考和独立判断的一般能力，应当始终放在思维发展的首位。"

从教育的实施活动来看，我们认为，作为一名聋校教师，不论所教学科如何，都该把发展聋生的语言（特别是汉语言）作为主导思想。因为主流社会的语言是聋生学习其他一切文化知识的基础，而特殊教育的最终目标也在于使聋生回归主流，纳入正常社会的交往与沟通。所以，我们应当自觉地把形成和发展语言的任务落实到各个学科的教学中去。作为聋校信息技术教师要结合信息技术学科特点在课堂教学中给聋生提供发展语言的空间。这些活动为聋生将来走向社会进行实践的交际活动打下了良好的基础。作为聋校的信息技术教师要充分利用这一平台，提高高中聋生的语言表达能力。

参考文献

［1］朴永馨. 特殊教育学 ［M］. 福州：福建教育出版社，1995.

［2］哈平安. 聋人的语言及其运用与习得 ［M］. 长春：吉林文史出版社，2005.

［3］沈玉林，吴安安. 双语聋教育的理论与实践 ［M］. 北京：华夏出版社，2005.

聋校美术教学的汉语言"环境创设"研究

陈　蕾　高向昱

作为聋校美术教师，我们认为可以联系本学科教学内容给聋生创设一个良好的汉语言环境，有意识地联系专业教学内容，重点发展聋生的书面语水平，提高美术专业理论知识和技能学习能力，从而达到美术学科与聋生汉语言学习相互促进的目的。

一、强调文字与直观信息的联系

聋生因听力导致信息渠道狭窄，汉语积累严重不足。在美术课中配以相应书面汉语的方式可说是一举两得，让学生在学习美术的同时，能够扩大汉语积累，既不会影响美术教学时间，又可为学生的语言学习创造条件。

（一）实物图片与文字相对应

美术教学课程主要是建立在视觉基础上，但在学生学习过程中如果缺少汉语言的组织，则难以对直观形象进行综合和概括，影响记忆和理解。因此，我们授课出示的每个图片都配上相应文字，强调图片信息与文字信息的对应。特别是学生日常中未接触过的物品形象，例如做布贴画时所需材料"凤尾纱""膨胶棉"，学生既没见过这种物品也没有学过这个字词，同时出现图片实物与文字，促使学生同时记住凤尾纱的物品形象和文字形象，从而能更顺利地理解它的材质特点和制作用途。

另外，运用图片解释文字也是美术教学中比较实用的教学方式。例如讲解美术形象的三种表现方法具象、抽象和意象，它们的含义不一样，由于手语都用同一个动作近似表达，聋生仅仅从字面对它们的意思无法理解，怀疑它们的意思差不多，很容易混淆。这时，出示图片大卫的《马拉之死》介绍"具象"表现的是具体存在的一种形状；出示雷曼的《走索演员以自己的影子为伴》引导学生从中感受"抽象"是一些冷静、规则的几何构成；出示林菁菁的代表作《物语》使学生理解"意象"表现的是只存在于人的心里不会真正展现在人们眼前的一种艺术形象。通过这种图文并茂的讲解，顺利突破了这一教学难点。

（二）示范录像添加字幕说明

在美术教学中录像多用于绘画和制作动作的直观演示，这时应注意语言的简洁，以防止因语言障碍影响字幕效果，可以更清晰地描述清楚动作的操作过程。例如，在写意花鸟画步骤过程的录像中，画鸟头部的时候字幕开头是"第一步是画头部，先用墨汁点一个圆点，再勾线画出嘴和眼睛"；这些字幕说明有利于聋生通过书面语严谨、规范、有逻辑的语法特点提高对绘制过程的理解和临摹。

二、强调书面语与手语之间联系

手语是聋生主要运用的交流方式，聋人使用手表达语言，通过手的形状、位置、运动传递信息。手语在性质上分为自然手语与文法手语。自然手语是打"意"，其特点是不受汉语言语法规则的制约；文法手语是打"字"，依照汉语的语法规则，按照手势与词的对应关系打出来的，它的语法和构词规则是从属于汉语的。但是现代汉语可组词五万九千多个，而《中国手语》仅有约三千个。手语和现代汉语的悬殊在一定程度上制约了聋生专业学习水平。为提高聋生汉语言水平，要在美术教学中合理运用两种手语并恰当建立与书面语的联系。

（一）运用文法手语规范聋生书面语

由于大多数听障人习惯使用手语交流，为了简便，往往喜欢打自然手语，自然手语与汉语语法相差很多，受自然手语影响学生书面汉语也多有语病。例如在要求学生作品互评时，有学生对同学评价到："你画空。"这是什么意思？通过教师与学生的沟通才明白原来是说绘画内容不够丰富，画面构图太简单。而学生平时自然手语就是"你/画/空"。可见，需要引导听障生认识到自然手语和汉语是不同的语言，不能直接模仿自然手语表达汉语。

同时，文法手语的使用也不能过于生搬硬套。记得一次上课，老师对学生用文法手语说道"让我们一起看图"，结果有学生看到"起"这个手势时，条件反射地站了起来（因为在上课前老师有喊"起立"组织学生的课堂常规，"起立"与"起"手势相同）。所以"让我们一起看图"可以（用"合"这个打法代替"一＋起"）用手势打成"我们合＋看图"就可以避免误会。

（二）运用自然手语突破书面语理解的障碍

自然手语在教学中的运用也是必不可少的，虽然自然手语有表现片面、范围狭窄的不足。但具备直观简洁、易于理解、有极强形象性的特点。例如只打出手语：L、X（鲁迅 LUXUN 的指语），可能大家都不知道是什么意思，但是如果将手在嘴边比一下胡子的样子，那全体学生都会明白说的是鲁迅。因此，教学中有时会碰到一些用文法手语表述不清的语言可以运用自然手势解释，便于聋生对知识的理解与分析。如在解释"创意就是与众不同"这一知识点时，"与众不同"是书面语，而用自然手语只需一个动作：双手伸食指，指尖超前，先互碰一下，再分开向两侧移动。也就是直接打出"不一样"这个手语动作即可。这样的表达既简洁易懂，又容易通过动作的幅度和表情增强感染力。

总之，我们认为自然手语和文法手语都是聋校教学手语的组成部分，但需要注意二者的合理运用。我们认为在讲授理论知识、建立概念的时候应该多采用文法手语，以规范学生的语言。在解释知识点时，适当结合运用自然手语，以提高课堂效率。

三、强调文字与理解阅读建立联系

注意聋生美术中语言理解的困难是"备学生"的重要一环，是教学的重要目的，如果不解决聋生存在的语言理解障碍，美术专业的教学难以深入。

（一）美术专业用语使用文字词汇形式解释

美术学习中会接触到许多专业用语，聋生理解专业用语的概念有时很困难。造成其原因是这些用语大多属于比较抽象的词汇，相对于汉语手语的词汇比较贫乏，专业用语有时手语无法表达，针对这一难点，我们认为除了利用图片形象协助理解以外，还必须运用多种语言描述形式做出多层次、多侧面的讲解。例如在学习什么是"创意"时，结合图片运用"创造、独一无二，出其不意、具有新意"等丰富的文字词汇形式使学生理解创意的词义和定义。

（二）强调关键词的理解和掌握

聋生由于主要是从视觉得到的信息，易产生视觉疲劳；并由于阅读水平的局限，在看到一整段文字时，不清楚重点在哪里，往往囫囵吞枣地看一遍，可能根本没有理解文字的含义。因此，要注意缩小观察目的范围，让聋生注意这些关键词语，鼓励聋生思考，并加深对关键词的理解。例如学习沙燕风筝图案时原教材有以下文字介绍："人们把一个原来是黑色的燕子，变成了五彩缤纷，生动活泼，充满了人的精神的燕子。它就是经过了这样一个由拟形到拟神，由拟神到拟人，又由拟人到超人的发展过程，而形成了现在的程式。"教师将整段文字标出关键词："拟形—拟神—拟人—超人"，并且根据聋生视觉敏感的特点，将关键词放大并和颜色相结合，将复杂的书面语用简短的方式概括成板书，能有效提高聋生语言学习效率。

（三）利用文字阅读创设情景加深理解

对美术作品欣赏理解的完整性需要感性材料的丰富性，而文字作为感性材料之一可以有效协助学生对于作品更深刻的理解。例如欣赏齐白石的一幅作品，如果没有文字说明，学生在赏析时只能看到画面中表现的 6 尾简单的蝌蚪形象，体会不出齐白石其深邃的意境。引导学生阅读这段文字："这幅画是老舍请齐白石，以诗句'蛙声十里出山泉'为题作画，但齐白石并没有直接画出青蛙，更没有用十里长的纸描绘山泉，而是以淋漓的水墨画出了清泉潺潺，使人联想到流水将至十里之外；由 6 尾活泼的蝌蚪自然地联想到在山涧里生活着无数的青蛙；由山泉和蝌蚪联想起青蛙和蛙声，蛙声中又伴随着山泉的水流声组成动人的交响曲。"学生通过文字的描述欣赏体会理解其以虚写实，富含优美意境的作品内涵，从而提高学生的审美能力。

又如讲解花卉变形时，先阅读毛泽东的《咏梅》：

风雨送春归，

飞雪迎春到。

已是悬崖百丈冰，

犹有花枝俏。

俏也不争春，

只把春来报。

待到山花烂漫时，

她在丛中笑。

使学生从优美的诗句中体会到梅花是传春报喜和坚强的象征，从而协助学生理解美化梅花的艺术手法并激发学习描绘梅花的兴趣。

四、强调思维与书面语表达建立联系

加强对聋生汉语言表达能力和思维能力的培养是影响聋生持续发展、深入发展的一个重要的问题。

（一）做语言练习题，培养学生运用汉语言思维的能力

手语的形象性极强，导致一部分对汉语言掌握不好的聋生喜欢用这种方式思维、交流和学习。但是，在语词概念学习、抽象逻辑思维和概括方面，汉语更为严谨。如果不加强汉语学习，聋生的思维发展水平会较长时间处在运用手语或具体形象思维的阶段。

有时教师将课余绘画作业直接写在黑板上，一些学生会对文字视而不见，仍然需要老师用手语强调解释一番。虽然手语是听障人进行思维的工具之一，但是不应是唯一的主要工具，否则会局限聋生思维的全面发展。为了培养聋生文字思维能力和文字表达能力，可以运用灵活的教学形式锻炼学生。如导入课程时采用猜谜式，先出示一首古诗作为谜面：

> 灯已阑珊月色寒，
>
> 舞儿往往深夜还，
>
> 只因不尽婆婆意，
>
> 更向街头弄影看。

告诉学生今天学习的内容就藏在古诗中。引出课题使学生产生悬念，通过认真阅读古诗，解释字面意思后，学生猜出原来是学习皮影剪纸。

在讲授课程时可以结合文字描述和描图连线练习，如讲解工笔绘画时，把将绘制步骤的说明文字与相配的演示图分开并把它们混合，让聋生安排它们做连线题，聋生分析文字描述的步骤过程该和哪张图片联系起来，并排列出正确的顺序。又如开展由此及彼的联想训练，在讲授色彩心理时，先让学生感知红色，并引导学生回答："看到红色你能想到什么？"结果学生们写出的主要是"太阳""火焰""鲜血"等具体事物的名语。老师再次启发引导，当看到这些事物你又能想到什么？学生们又相继根据"太阳"写出了"温暖"，根据"火焰"写出了"热情"，根据"鲜血"写出了"危险"这样的抽象词语。促使学生对色彩的感受更加深刻，同时培养聋生的发散性思维。

（二）强化汉语言表达能力的培养

"他们要我用手说出所有的情绪，我的双手举在空中却不能言语，当我开口声音就会消失空气里……"这首孟庭苇的歌曲《手语》中的歌词是聋人在与健听人沟通时的真实写照，娴熟的手语对健听人来说是如同天书，流利的口语对于大多聋生来说是天方夜谭。聋生与正常孩子一样渴望与别人的交流，渴望在交流中获得知识，只有书面语，更方便与正常人交往，了解别人和得到别人的理解，才能真正让聋人融入社会。为此，我们在教学中重视将汉语书面语与表达建立联系。

对话是聋生以汉语言为主交往的开始，师生对话是聋生汉语言实践十分重要的一个方面。上课时要多鼓励聋生提问和回答，发展他们的对话语言。由于聋生运用汉语语言能力较差，教师要特别注意引导聋生通过动口、动手、动脑，把亲身感受归纳概括成汉语言表达出来，充分调动聋生说写的积极性。如可以让学生根据自己绘制的作品写出构思并参与评价，在这一过程中老师既可以知道这个学生的想法，又能够对于书面语表达出现的问题并及时进行沟通。

学生在写作品构思时最常见的问题是"语法混乱"，比如写出"树学会好心地球""我们地球飞外星"这样颠三倒四或不完整的句子，需要老师指导帮助他们修改通顺。有时还会出现"文不对图"的问题，也就是文字描述与自己绘画的画面没有联系，明明画的人物是在树旁，却写"位置墙面上边"。这需要老师引导他再次认真观察画面，明确问题自己修改。还有时出现"描述简单"的问题，也就是构思想法只有短短一句话"人在会场里歌舞"。老师要引导学生将内容写得丰富，画面表现的是什么样的人物？运用了什么色彩？表现人物什么样的心情？这样的练习和指导日积月累，学生运用书面语的表达能力自然得到提高。

另外，注意创设更多的语言交流环境和自主实践的学习机会，如课堂重点要记笔记，平时留一些关于美术理论的文字作业，学期末开设理论课的考试，又如安排部分知识内容指导学生自己上网收集文字和图片资料，整理制作 PPT 在课堂上交流学习，等等。比如绘制沙燕风筝，由学生重点准备图案部分，教师将整段介绍文字布置给学生，引导学生自己先分出层次。根据分的层次确定 PPT 页数，再从中分别挑出关键词，通过关键词网上搜寻图片搭配说明，最后再美化整理。这样的安排，提高了学生学习的积极性，交流时课堂学习气氛活跃，学习的信息量增大，更促进了聋生运用汉语言学习和表达的能力。

总之，培养学生运用文字学习的习惯，提高聋生汉语言的能力是一项艰巨的任务。聋生作为特殊的群体，为了生活，为了更好地适应社会，为了素质的提高，发展汉语言能力是必须的。正如台湾地区著名特教专家林宝贵先生所指出的那样："要解决听障者的问题，最根本的方法就是要为他们解决语言沟通问题。语言沟通问题解决了，其他的教育问题、学习问题、情绪问题、社会适应问题、就业问题等自然迎刃而解。"

参考文献

[1] 张宁生. 听力残疾儿童心理与教育 [M]. 大连：辽宁师范大学出版社，2002.

[2] 朴永馨. 特殊教育辞典 [M]. 北京：华夏出版社，1996.

[3] 梅次开. 梅次开聋教育文集 [M]. 上海：学林出版社，2002.

高中听力障碍学生美术作品说明的写作教学策略

赵锦艳

一、问题的提出

高中听障学生已经能画出很好的美术作品了，但是其中大部分听障学生不会写美术作品说明。一方面由于知识面不够广、接收信息量少等原因，他们不会表达自己作品的内涵；另一方面由于听力障碍，容易出现词语搭配不当、句子成分残缺等语言表达问题。

有些听障学生如果没有老师的指导就什么内容都写不出来；有些听障学生确实是不会写，即使写出来也与作品内容不符；有些听障学生写的让人看不懂，意思含糊；还有，他们往往东拼西凑，内容空洞无力，甚至千凑万凑还凑不够字数。

"聋校的各科教师应该具有为聋学生学好汉语而尽责的强烈意识"❶，美术学科也不例外。指导听障学生写好美术作品说明，既有利于培养学生读画的能力，提高美术欣赏能力；又能让听障学生学会用汉语自如表达自己的想法和内涵。听障学生的绘画水平并不低，但就业情况不是很理想，除了语言沟通问题之外，不善于用汉语表达自己的创意也是制约其进一步发展的重要原因。

二、聋校高中美术作品说明的写作教学策略

想要写好一篇美术作品说明，就要准确表达美术作品创作思路和含义。美术作品都是作画者对自然、人生和社会的理解，是作画者心灵的表露。但是听障学生的表达往往毫无章法，并且有的语病百出，让人看了觉得莫其名妙。所以，引导听障生写好美术作品，除了写作思路的指导外，还需要语言的修改与优化。从听障生一开始不知道从何下笔，到最后写出较好的美术作品说明，有如下一些教学策略值得借鉴。

---

❶ 叶立言. 聋校语言教学［M］. 北京：光明日报出版社，1990：98.

（一）意图启发

每次美术竞赛活动，教师组织学生创作美术作品参赛，美术作品都要求写主题、写说明。一开始学生不知道怎样写美术作品说明。教师就要从作品创作意图着手，基于创作思路给予具体指导。

在一次训练写作品说明活动中，教师先让学生创作作品。教师对学生说："没有作品，教师也没办法指导写作品说明。希望你们先将你们的想法画出来，好吗？"他们说好。有的学生画房子，有的学生画蝴蝶，有的学生画花园，还有的学生画星星，等等。他们画出了自己想要的作品，教师让他们先说说为什么要画出这样的内容，然后给自己的作品出题目，写说明。他们每个人的创意是不同的，想法也不同。有些学生虽然有自己的作品但是不会介绍，教师鼓励他们将所想所创作的内容说出来：你们创作的作品是不是有含义？作品里的东西，是不是有什么寓意？作品主题是什么？如果学生觉得无从回答，可降低难度：说说你自己的想法，你想表达什么？你为什么画它？经过这样启发引导，他们都能说出自己的想法来。

说出来容易，但是写出作品说明就有难度，有点写不下去。教师采用问答方式指导他们怎样写作品说明。这幅画的名字叫什么？作品故事是什么？你为什么想画成这样？可以写创作灵感，你从哪里得到启发的？新颖出众之处是什么？从创作作品背景或创作过程中发生的故事、创作感受等，都可以写下来，最好写出有意思的内容。正如一位教育家说的"教育的艺术全在于如何恰当地提出问题和巧妙地引导学生作答"。

（二）写作示范

虽然听障学生能把想法写出来，但经常是东一句西一句，缺乏完整的结构和严谨的逻辑。为此，一旦有美术活动，教师就会选取相关的优秀美术作品，然后上网查询资料，收集有关的美术史、历史等相关知识，加以整理进行讲授，备足功课。

让学生看油画家罗中立的著名美术作品《父亲》，问学生感受，然后让学生总结"你应该怎样赏析它？"或者"它的创作意图是什么？"谈谈对这幅作品的理解。在学生充分发言之后，教师给出一段完整的作品写作说明——油画家罗中立画的《父亲》曾获"中国青年美展"一等奖（见图1），其画面具有一种悲剧性的震撼力，表现了生活在贫困中的老农形象：古铜色的老脸，艰辛岁月耕耘出的那一条条车辙似的皱纹；犁耙似的手，

图1

曾创造了多少大米、白面？那缺了牙的嘴，又扒进多少粗粮糠菜？他身后是经过辛勤劳动换来的一片金色的丰收景象，他的手中端着的却是一个破旧的茶碗。

如果没有文字说明，听障学生看到的只能是老农头像，体会不到画家的感情。就这样，让听障学生可以根据这个思路仿写自己美术作品的说明。

学生受好的美术作品说明的启发，逐渐能写出自己像样的说明来。有一个学生写得很不错，感情较细腻："《猫的向往》（见图2）这幅画当中的猫，是只带着神秘色彩的黑猫，而作者就是那只黑猫，而且是只流浪的'独行侠'。看似悠闲自在，但却带着一点点的寂寞孤独。而背景是各种各样的画面组成，分别表达了对梦想的向往、憧憬；对高尚生活的追求，以及精神上、心灵上的追求。画面上的冷与暖的鲜明对比也充分表现了作者的心灵世界。"

图2

还有一个听障学生做得很好，能从阿格里巴石膏像作品上分析，再进行细节描述，甚至对阿格里巴的历史背景很感兴趣，主动利用网络进行检索与搜集，了解作者的美术作品意图。

（三）结构启发

虽然听障学生看到示范，觉得好，但大多数听障生还是很难直接模仿，需要教师将写作内容进行分解，让学生模仿其写作结构（见图3）。

图3

从这两位听障学生写的作品说明来看，他们是不太会表达自己的想法。句子写得不好，就让人看不懂。有的学生缺少对对象的特点描写，仅说自己的感觉。比如张某同学写的原话："我选它是因为我画过，需要再提高抓形去练习，对比的能力，可以算是说练练手罢了。它的特点是头不宽，不长，而且鼻子有特点，就是很大，嘴巴有点小……"和他交流后，他又改写："我常画这幅石膏像素描，是因为他是我最喜欢的雕像，他是古罗马的一位身经百战的将军，深凹的眼眶，深邃的眼神，厚宽的鼻梁，坚毅的嘴角，还有充满智慧的额头等，都总令我激动不已。我拿起铅笔把这些画出来，以表达我对这位英雄的敬仰之心。"

还有一位同学原来这样写："它给我一种安稳感觉，他们（石膏像）背后有丰富多彩文化背景，有时会看到想起它们的故事。"这句话太简单又有病句。教师出了几个问题，比如你画的是什么？它的特点是什么？你为什么要画它？你对它有什么感情？为什么？等等，启发她先根据这些问题写出来。后来，她很努力写出来，内容不错，改为："我画的石膏像是塞内卡，他是古罗马最重要的悲剧作家，他一生共写过9部悲剧和一部讽刺剧。这尊石膏像的形象十分生动，凹陷的面颊，脸上的皱纹，脖子上的大筋，散乱的头发等都表现了老年人的突出特征，还通过深邃的眼神，抬着头，张着嘴唇等的神态，深刻表达到了他的内在精神世界对智慧的追求。我试尝用素描手法把这些表现在画面上，力求真实，准确生动。"

经过教师的指导，借鉴欣赏作品的方法，作品说明丰富了，基本达到了说明作品的目的。

（四）语言指导

有的听障学生写的说明句子不通顺，语病较多，用词错误，需要教师详细指导，细心分析语句问题。例如，听障学生的作品《幸福的树》（见图4），说明原话是："在晚上的时候，树上有五彩缤纷的灯光，下面有一间房子，让人民心情平静看看在天空闪烁的星星，有很多雾，像人民在飞在天空上，幸福的树。"

图4

"在"字应该删除，"晚上的时候"有重复内容，应把"的时候"删除，"人民"与"房子里的幸福的人们"比较，还是"房子里的幸福的人们"与听障学生画的作品内容符合，"人民"含义很大，用词不适。还掉了动词，比如"看着"，等等。

经过分析指导，最后优化成这样："晚上，树上有五彩缤纷的灯光，树下有灯火通明的房子，房子里的幸福的人们心情平静地看着闪烁星星的天空。天空中有很多雾，就像人飞在天空上，看着下面幸福的树。"

也有的听障学生的作品说明句子虽然通顺，但不能说明作品的特点，句子不够优美等。除将说明语句写通顺外，最好掺杂一些优美的语句在里面，让人阅读起来有美的享受（见图5）。

图5

例如听障学生的作品《月光下的男孩》的原说明："我心中有喜欢的人，不在这个城市，是在很远很远的地方，一直也不回来！我默默地坐在房顶上看一轮月亮，心里思念你那样温柔而善良的微笑，如一轮柔和而美丽的月亮，想象你站在海边上看望月亮，心灵相连。我希望你早点来到我的身边……"

点评：听障学生的语言表达能力较强，句子基本通顺，但人称不统一，前面是第三人称"他"，后面是"你"。另外画中的那一对小猫是一个亮点，它和男孩的形单影只产生了鲜明的对比。于是，主要修改了这两点。"我心中有喜欢的人，那就是你，你不在我的这个城市，在很远很远的地方，一直也不回来！我默默地坐在房顶上看这一轮圆月，心里思念你那样温柔而善良的微笑，如一轮柔和而美丽的月亮，想象你站在海边上和我一样在看着同一轮圆月，你我心灵相连。多希望你我能像画中的那一对望月的小猫，相依相偎在一起……"

通过以上两个例子说明，美术教师要像语文老师讲解作文一样，细致耐心地指出说明中的问题，指导如何修改，而不是代替写说明。要做出积极性的点评，要注意尽量尊重听障学生的原意和语言风格。这样通过多次练习后，听障学生写作作品说明会得到很大的提高。

三、教学反思与启发

在平时的美术教学活动中，要经常组织听障学生欣赏中外名画和优秀美术作品，让听障学生通过作品欣赏能够说出内容，提高听障学生的审美评价能力；要提高学生的写作能力，先拟写大提纲，分出层次，然后根据提纲再扩充详写；要引导听障学生用通顺的、优美的语句表达自己的创作思路和作品含义。

毕竟美术教师主要是指导学生进行美术基础训练，听障学生写作能力的提高主要还在于语言文字能力的训练。想要提高语言文字能力的办法就是阅读。阅读能使视野开阔；阅读可以促进听障学生的语言发展；阅读有益于培养文字的理解能力及运用语言能力。尤其是阅读一些优秀的写作说明。美国富兰克林说的"读书使人充实，思考使人深邃，交流使人清醒"。书读多了，就会自然积累许多优美的语言，使作文像自来水般流淌，一气呵成，更不用说一张美术作品说明了。

参考文献

[1] 叶立言. 聋校语言教学［M］. 北京：光明日报出版社，1990.
[2] 国家教委基础教育司. 高中美术选修课（试验本）——美术欣赏教学参考用书
　　［M］. 北京：人民美术出版社，1992.

职高聋生专业课学习中汉语言问题的
现状、原因及对策

孙立亚

一、研究背景

我校是一所兼具职高和普高的纯高中聋校，在我校组织的 LHSK（聋生汉语言水平考试）中，我校高中聋生平均成绩为 54.30 分，而普校二龙路初一学生平均分为 76.88 分。而职高聋生的汉语水平又远逊于普高聋生，在第十五届 LHSK 竞赛中，我校普高聋生平均分为 65.2 分，职高聋生平均分为40.2 分。

汉语言是各学科知识的载体，也是聋生进行思维的工具。聋生汉语言水平一定程度上决定了其专业课的学习水平。但很多聋生因为专业课学习中的汉语言障碍而学不好专业理论，不能通过社会上的取证考试，因此对专业课学习失去兴趣，产生消极情绪。

现实的问题是，在聋校的专业课教学中，并不能像语文学科一样单纯教语言，如烹饪、茶艺课中的汉语言问题，即使遇到了，常常是一带而过，教师和聋生并没有花足够多的精力注意和处理学习过程中的汉语言问题。这可能就形成一种恶性循环：因为专业课不注重语言问题，学生弄不懂汉语的含义；进而其专业课学习受到影响。

职高学生将来多数都要从事服务业，与消费者的沟通交流也非常重要。而职高学生的汉语素质却偏低。这制约了他们的就业。所以，在聋校的专业教学中必须重视聋生所面对的汉语言问题。

二、研究的对象和方法

（一）研究对象

研究对象为北京启喑实验学校职高部学生，共 5 个教学班级，47 名学生，听力损失程度不同，有几名学生听力较好，其他学生没有听力。学生学习所涉及的专业主要有：烹饪、面点、咖啡、调酒、茶艺、服装。

所涉及的老师主要是与以上专业相关的任课教师，每位老师都任两门以上的课程，同时是班主任。使用教材有老师自编教材和劳动部提供的考级教材。

（二）研究方法及过程

（1）运用文献法广泛收集资料，展开理论上的初步研究，以厘清高中专业课学中汉语言问题的相关概念。

（2）运用访谈法、调查法和测试法等方法，了解高中聋生在专业课学习中对汉语言的态度、能力等情况，了解聋校高中专业课教师对这一问题的认识和相应策略。

（3）在理论学习，调查研究，实例积累的基础上，运用调查法、访谈法，分析聋校高中专业课教学中汉语言问题产生的原因。

简言之，即现状调研—原因分析—提出建议—实践检验。

三、职高聋生专业课学习中的汉语言问题现状

（一）职高聋生专业课汉语言理解现状

对于职高聋生专业课中汉语言理解能力现状的调查，我们是让学生通过看配料自己独立制作进行的。

老师发放制作菜品的主料与配料，让学生根据文字版的菜品制作流程进行配菜。其中的文字是这样的"猪肉切丝，用水洗净，控去水。用盐、料酒、鸡蛋清、淀粉调匀浆好，再放香油抓拌均匀。冬笋顺长切丝，用开水汆透。要求：原料加工整齐均匀，粗细长短一致，肉丝长度为 5 厘米左右，粗细为 0.3 厘米左右，肉丝上浆处理均匀适度。"学生进行切配，时间没有限制，自己认为达到要求为止。老师主要测试是肉丝的长度与粗细，整齐情况，冬笋是否顺长切丝（见表1）。

表 1

学生	长度 5 厘米	粗细 0.3 厘米	冬笋顺长切	整齐
1	5 ~ 10	0.5	是	否
2	7 以上	0.5 ~ 1	否	否
3	6 ~ 10	0.5	是	是
4	7	0.3	是	是
5	7 ~ 10	0.2 ~ 0.5	否	否
6	6 ~ 7	0.3 ~ 0.5	否	是
7	7 ~ 12	0.3 ~ 0.6	否	否
8	7 ~ 10	0.3 ~ 0.5	否	否

从表 1 可以看出，没有一个学生是按老师的要求进行切配的，在这其中学生对于长度没有概念，"顺长"部分学生没有理解。这只是烹饪课教学中的一小部分，如果让学生单独把整道菜制作出来，完全是不可想象的。这个班是学习烹饪制作近一年半的学生。

又如，让一名职高高三的学生根据一本书上的配料进行蛋糕制作，学生对其中的一些专业术语不理解，完全没有把自己常常使用的技术与文字相结合，简单的"打发鸡蛋"不理解，不能制作出成品。但如果老师把自己的配料给学生，并不给学生出示制作流程，学生就会按老师教过的制作方法，制作出完美的点心。

（二）职高聋生专业课汉语言表达现状

汉语言的理解能力对聋人来说很重要，汉语言的表达能力同样重要，只有表达出来别人才能够理解你、认识你，同时，表达也是对理解能力的一个检验。通过对职高聋生进行汉语言表达能力测试，发现其存在的问题也是相当大的。

我们是这样做的，先通过文字给学生介绍一个品种的制作过程，让学生有一个感性的认识，再带学生进行品种的制作，让学生掌握某个品种的制作过程，确保学生能够单独制作。之后给学生留作业，让学生完全脱离老师帮助，自己写出所学品种的制作流程，句子可多可少，只要表达清楚就可以。通过测试，结果如表 2 所示。

表 2

学生	句子总数	正确	语法错误	意思错误	正确率（%）	平均正确率
1	5	0	5	4	0	
2	9	0	7	3	0	
3	9	3	5	5	33	25%
4	3	1	2	1	33	
5	10	5	3	4	50	

在这 5 名学生的总结中，有的句子多一些，有的句子少一些，但没有 1 名学生能够完全把家常饼的制作过程表达清楚（见表 3）。

表 3

类型	数量	例句
完全正确的句子	0	
意思表达错误的句子	3	用盐放面片，有孜然放面片
语法有误的句子	9	过几分钟面片翻再用油锅，过几分钟就完了

这位学生是这么写的:"把热水与冷水一起倒中筋粉一起抒着变成弹性,然后擀平的面片。有盐放面片,再用孜然放面片。把面片卷成圆圆的再擀平。把面片放电平锅,用油刷面片上。过几分钟面片翻再用油锅,过几分钟就完了。"

经过与学生座谈,发现学生是这样完成作业的。学生在教室中完成作业的时候,把制作过程想了一遍,能够先想起来老师反复强调的重点动作,然后把重点动作写出来,至于每个环节之间连接的地方学生基本是忽略的。然而就这些重点,学生往往也想不出来一个合适的词来与之相对应。还有的时候,老师打的手语所表达的意思不是唯一的,学生把手势转化成文字的时候,就从其中的几个意思中选择一个写出来。下面是学生对老师所打手语的记录:"盐太多了,切不好,肉不够丝,青椒也不够丝,肉不散。"这里学生写得"不够丝"就是不够细的意思,因为手语中"丝"和"细"是一个手势。

四、职高聋生专业课学习中的汉语言问题产生的原因分析

(一) 教师对职高学生的汉语学情了解不足

高中聋生汉语言学习困难,聋生不能在自然的环境中自发地学习语言,所以,自然地,聋校语言教学成了"聋学生获得语言能力的主要途径"。而高中聋生"虽然在低年级学习了一定量的词汇和句子,但这远不能满足学生运用语言的要求"。而职高教师常常会认为学生已经到了高中阶段,一些简单的句子学生一定会理解,不可能出现理解上的错误。对于职高聋生对汉语言的理解能力低,很多老师都没有意识到,而恰恰是这种情况时刻都在课堂上发生,很多时候连老师自己也不知道。对学生的情况掌握不够,是造成聋校专业课出现语言问题的一个重要原因。如:(1)食品添加剂的小苏打为(膨松剂)。(2)小苏打学名又叫(碳酸氢钠),俗称食粉。学生理解为小苏打还叫膨松剂、碳酸氢钠、食粉。实际上,小苏打有膨松的作用,属于膨松剂的一种,化学名为碳酸氢钠。虽然,学生没有正确理解"为"的意思。

(二) 教师对职高学生专业课汉语言问题干预不足

职高的学生学习职业技术,以达到学生毕业后能够适应工作岗位的要求。然而在职业技术的学习过程中,学生要接触大量的、以前没有见过的专业术语,需要学生去理解与运用。在教学中,专业课老师用大量的时间对学生进行职业培训,忽视了学生对语言的学习与理解。认为学生会做,

掌握技术就完成了教学任务。主要表现为：（1）不注重术语理解问题，不认真地运用直观的方法帮助学生理解专业术语，只是简单地我怎么做，你就怎么做，能模仿操作就可以了。（2）未形成相应教学策略，即使有的老师较为关注术语问题，常常也是想尽办法解释，但没找到适合职高专业课上使用的方法。在职高专业教室的环境中，如何为聋生创设良好的汉语学习环境，使文字与操作融为一体，同时还要注意卫生与安全等问题，这还需要进一步的探索。

（三）师生之间的沟通障碍和教学语言的转换障碍

为了进一步搞清楚职高聋生汉语言问题的原因，本人随机选了一个班，对其班里的 15 名学生进行测试。从咖啡课教材中，选取 10 个长短不一的句子，考查学生对老师的手语、口语的接收能力。老师边打手语边说话，每个句子重复 3 遍（见表 4）。

表 4

学生编号	1	2	3	4	5	6	7	8	9	10	11	12	13	14	15
正确率	70%	0%	30%	20%	100%	0%	40%	30%	100%	10%	10%	40%	30%	10%	20%
平均	34%														

通过表 4，可以看到有 2 名学生能够完全的接收老师的信息，有的学生只能写对一个句子。能够完全接收老师信息的学生有听力，而且听力损失特别小，几乎完全可以和老师口语对话。只写对一个句子的学生，写的基本上是几个字的短句（见表 5）。

表 5

正确句子	学生的句子
1. 服务员准备好托盘	准备好服务员托盘
2. 这些羊群是吃了某种红色果实才会兴奋不已	几群羊吃了锅实
3. 咖啡正在被越来越多的中国人所接受	咖啡那边越来越多外国人收
4. 从咖啡传入法国那一天开始	从咖啡感染外国人那一天
5. 据说在咖啡还没有被广为接受的时候	基础咖啡被人忽然收一下
6. 报纸的这种招待作用在今天已不复存在	报纸一种咖啡
7. 美国是个年轻而充满活力的国家	美国从一种活的满国家
8. 咖啡液较苦，有较浓的咖啡香味	咖啡业一和苦味
9. 蓝山咖啡适合做单品	蓝山咖啡豆适 she 咖啡工作

之所以出现大部分学生不能正常接收老师传达的信息，分析其原因如下。

其一，现行手语词汇量不能够满足课堂的需要。比如老师所表达的句子是"咖啡传入法国的那一天"，学生们写成"咖啡传统回法国开始""咖啡传输法国的那一天""咖啡传过法国的那天""咖啡感染外国人那一天"等。"传入""传回""传染""传输"，这些词存在细微的差别，在汉语书面语中一般是不可以相互替代的，但是，手语的表达是相同的或者类似的，这就给学生在接收手语信息的时候带来了不确定因素。

其二，师生缺乏在手语和汉语之间进行正确语法转换的意识和能力。老师常常和学生们在一起，自己的语言表达已经出现问题，但往往自己意识不到。例如："你吃完饭了吗?"，这是一个正常的语序，但为了便于手语理解，老师常常是打成"你吃饭完了吗?"而学生缺少汉语和手语之间进行语法转换的训练，当学生经常性地接收这样的信号，就把它当成书面语的顺序了，所以学生会把老师在课上讲的内容按手语的顺序记录下来。又如，学生写的"今天我们做了宫保鸡丁，发现上浆还不如上次的好，不过吃起来感觉还可以，就是有酸辣，没有咸"。学生写成这样的句子，一定是按老师上课打的手语记录下来的。其实，很多老师已经意识到了自己打手语的问题，但往往会想反正学生能够明白就行了，或者有的老师在积极地改变自己打手语的习惯，但这需要一个过程。

五、消除职高聋生专业课学习中的汉语言问题的相关建议

（一）加强对所教学生汉语言能力的了解

学生间存在一定差异，他们的差异体现在各个方面，聋生在语言掌握方面存在的差异更大。首先，新生自身的汉语言发展水平不同；其次，学生对于专业知识的接受能力也不尽相同。这样就要求专业课老师对学生进行细致入微的观察、测评，掌握好所教班级学生的基本情况，定下切实可行的教学计划，处处注意对学生汉语言发展的培养。对于所教内容进行及时的反馈，尽快检查学生的学习接收情况，同时检查自己在教学中存在的问题，以便及时纠正自己、发现学生不懂或误解的地方。

（二）加强对自然手语的了解以及手语的规范性

人们的沟通是通过语言实现的。因为语言是规范性较高的符号系统，在同一语言背景下，人们对于语言符号的物质形式能建立起高度接近的理解。因为语言具有较高的规范性，所以能成为信息传播的媒介。缺乏规范性的现行手语必然引起人们理解的差异。

我们已经承认手语是一种语言，那么，首先要做的第一件事，就是加强对自然手语的了解，同时加强手语规范性。

比较可行的做法是，通过教研活动把职业课组老师的手势进行统一，把学生从各个地方带来的手势统一规范，把专业课中涉及的同一词语统一成一个手势，这样更利于聋生在专业课方面对汉语言的掌握与记忆，从而促进学生自学及再学习。

（三）加强书面语与手语之间的转换练习

操作性强是专业课自身的特点，然而老师在示范的时候是不能进行板书书写的，这是一个现实的问题，产生的后果就是动作不能与文字结合。在理论课时，老师可以充分利用文字对学生传授知识，而专业课的理论中常常又夹杂很多对动作的理解，老师只能用手语对动作进行描述，有时手语与操作时的动作并不能完全吻合，引起学生的误会或不解也是常有的事情。在教学中，老师要努力探索让"动作—手语—书面语"有机结合的方法，这样能够让学生更加有效地学习专业知识。各位专业课老师可以联合制作一套课件，把文字与相应的动作（图片或视频）、物品或专业术语的描述对应起来，让学生在视觉上把各部分建立起联系，在大脑中通过表象形成记忆，促进学生自学与再学习的能力。

（四）关注职高学生的可持续发展，有意识地引导学生多写多练

在日常的教学与管理中，老师要做到多动手、多动口。在黑板上写出作业要求及建议，让聋生看看这些文字是什么意思，还让学生讲出老师的说话内容。课后让聋生写出上课内容和老师的讲课内容。教会学生用书面语记录，表达专业课方面的知识及操作过程。老师指导，从中发现问题、纠正问题，从而使聋生汉语言水平有所提高。

让职高学生不仅能模仿教师习得技能，更能借助汉语终身学习。

对聋生职业课 "实操反思" 的问题分析

李志英

一、研究背景

（一）聋生的汉语言问题需要各个学科的关注

聋生由于听力受损，语言文字能力的发展受到限制，即使"有话想说"，但是却"有话难说"，说不通，说不清。与健听学生不同，聋生的汉语言学习更类似第二语言的学习，需要进行有针对性的语言教学。

聋教育专家叶立言老师提出："聋校语言教学不等同于语文教学，各科教学中都有语言教学的任务，如忽视对聋学生的语言教学，各科教学也是难以顺利进行的。"❶ 在聋校进行专业知识教学的同时，对聋生汉语言能力的培养成为各个学科必须承担的责任。

（二）聋生的汉语言能力已经影响职业课的学习

因为聋生汉语言的汉语言问题，直接影响其对职业课专业术语的理解。好多浅显易懂的词语，要进行不断的讲解，有时就会打断教学，从而影响教学进度。同时也影响学生对更多知识的积累。另外，聋生汉语言问题也不利于其可持续发展。他们同样需要阅读专业书籍，需要把操作简单加以记录，而这些都是聋生自然状态下很难完成的。

为在职业课中培养聋生的汉语言能力，笔者尝试让学生写作实操反思。本人以烹饪课加以说明。烹"就是煮的意思，"饪"是指熟的意思，广义地说，烹饪是对食物原料进行热加工，将生的食物原料加工成熟食品；现代人认为，烹饪是指对食物原料进行合理选择、治净、加工、配伍、制熟、调味，使之成为色、香、味、形、质、养兼备的、无害的、利于吸收、益人健康的饮食菜点。❷ 菜品包括调味熟食，也包括调制生食。

在烹饪实训课堂上，学生模仿教师，在观察中学习。因听力损失，长

---

❶　叶立言. 聋校语言教学 ［M］. 北京：光明日报出版社，1990：24.
❷　戴桂宝. 烹饪学 ［M］. 杭州：浙江大学出版社，2011：3.

时间的观察，眼睛容易疲劳，有些问题一晃就过去了，再翻过来回忆时会有一定的偏差。为了解决这个问题，在实训时，增加了课上学生自评总结，课后写实训反思，逐步提升学生文字的表达能力，通过自己找不足，提升专业技术能力（见表1）。

表1

项目	主要内容	评价要素	单项分值	得分（分）	项目得分（分）
色	色泽	过油的色泽	3分		
香	调料的香味	综合香味	5分		
		火候的掌握	5分		
味	综合的味道	各种调料的综合味道	5分		
形	菜肴整体的形状	菜肴整体的形状	5分		
刀工		切配菜品的均匀度	10分		
卫生	菜肴、个人卫生	操作过程中的卫生、手、着装、动作娴熟等	7分		

职高二年级15人，写反思的有12人，未完成3人（见表2）。

表2

人数	完成	未完成
比例	72.6%	27.4%
效果	较好	无

二、聋生职业课"实操反思"存在的问题

"反思"一词的意思是指反省、回顾或带总结性的思考。聋生在烹饪课实操反思中的主要问题如下。

（一）聋生职业课的反思角度问题

中国菜肴很注重色香味形的总体配合，具有外形美观、滋味调和、色泽和谐的特点。中国菜肴十分重视味的作用，以味为本，充分利用烹调技术，使菜肴适口、五味调和。菜肴的形态美与精湛的刀工技艺是分不开的，原料切配讲究大小、粗细、薄厚一致，并通过不同刀法将原料切配各种形态。[1]

日常实训教学根据中国菜的色、香、味、形、质、器，全面衡量菜肴

---

[1]　孙玉民，朱炳元．烹调技术 [M]．北京：中国商业出版社，1995：6.

质量的综合指标，制定了实训课评价表。

职高二年级 15 人，写反思的有 12 人，未完成 3 人。对评价表中内容涉及的人数比例（见表 3）。

表 3

角度	备料	切配	上浆	滑油	口味	勺工	装盘	顺序
提及人数（人）	4	5	2	3	9	2	1	4
百分比	33.2%	41.5%	16.7%	24.9%	74.9%	16.7%	8.3%	33.2%

从反思角度来看，主要存在以下三类问题。

第一，不是反思，只是感受。

在此次菜肴写反思时有 4 人写的不是反思而是菜肴制作的感受。

比如"感受是第一次学鱼香肉丝，我怕做菜很难，觉得不行了，不行，我必须勇敢，炒来炒去，结果很好吃，我愿以后给爸爸妈妈做菜"。

第二，过于关注口味，忽略其他方面。

菜肴的味是由调味品和原料中许许多多的呈味物质，通过加热融合而成。味觉是一种生理感受，把食物送入口腔，经咀嚼进入消化道后所引起的感觉过程，❶ 学生对这方面的反思是最多，占 74.9%。在整个菜肴的制作加工过程中过多地注重了味觉，而忽略了人们对菜肴形状、色泽、原料等因素的印象心理味觉。只是注重了菜肴咸味、甜味、酸味等成分的化学味觉。

第三，考虑不全面。

考虑问题太单一没有整体想问题。实操反思应该从主客观的角度，与自身条件、实际情况相结合，不能只凭感觉或是凭空想象。学生往往注重最后的结果，在评价时直接记住品尝结果，而忽略了整体的操作过程。

考虑全面的有 1 个人。如"我们今天做了鱼香肉丝，虽然记得主料和配料还有调料、切菜方法，但是制作方法的过程忘了，有点糊涂的，还好武××和张××先做，我在旁边看着，也尝到了味道，知道怎么做了，轮到我做的时候心里有点紧张，因为我怕炒不好会让老师生气，所以才会这样，开始油炸的时候，发现肉丝不是特别容易散开的，而是有一点点的黏紧，原因就是我上浆得不够好，还有时间有点过长，肉丝有点老了，当炒好倒在盘子上的时候，尝了尝感觉味道还不错，有酸、甜、辣"。

---

❶ 孙玉民，朱炳元. 烹调技术 ［M］. 北京：中国商业出版社，1995：44.

（二）聋生职业课反思的语言表达问题

聋生在语言表达上虽然有颠倒，可基本叙述清楚。但是一落在笔头上，文章就会颠三倒四，一件事情会重复叙述多遍，也不一定可以捋出头绪，这就给聋生与正常人交往带来了很大麻烦，因此，在专业课的学习中必须强调文字的表达能力（见表4）。

表4

类型	数量	百分比	例子
完全正确（语意语法）	2	16.7%	"今天做的菜是鱼香肉丝，轮到我做了，先热锅，倒油，锅太热了，加点凉油。"
语意正确语法有误	8	66.5%	"口感是酸味有点儿较差了。"
完全不对（语意语法）	2	16.7%	"今天上午，打肉中，怎么味。"

具体问题如下。

（1）绝大部分学生存在语言表达问题，约占全班人数的16.7%。

（2）书面语语言表达与反思能力有较大的关系，两个语言最好的学生反思最好，反思最差的语言最差。

（3）口语水平、书面语水平和实操能力之间并不存在简单的对应关系。有的学生存在口语好但书面语表达有困难的情况。

三、聋生职业课"实操反思"的问题之原因分析

影响职高聋生汉语言学习的影响因素包括聋生自身的生理心理等因素和家庭、社会、教学等外部因素，还有其自身的智力水平等内部因素。教师的手语简略会影响聋生对信息的接收，专业术语的偏僻等都有较大的影响。

除了汉语表达方面的问题，聋生思维特点也是其中一个重要原因。聋生由于听力缺陷，接收外来信息受限，他们的知识储备相对少得多，任何一点，都可能成为他们学习路上的阻碍，每一课的学习，直观、透彻的展示都是非常重要的。但是，聋生往往容易关注学习的结果也就是菜品的味道，对制作流程并不重视，只是停留在我会了，不考虑我所制作的菜品色香味形的具体表现。只是把自己停留在学生的阶段，没有投入到厨师的角色中去。

四、反思与建议

为了提高学生文字表达及课后反思的能力，基本上每道菜品都有反

思，职高二学生应写 135 篇，实际积累 91 篇，约为 61%。从这些实操反思中，可以看出，聋生单纯的模仿能力强。但是如果缺少思考，没有精雕细琢，没有创新，缺乏主观能动性，不能从厨师的角度评价客观事物……这些都为将来的职业生涯埋下后患，因此，本人对职业课有所反思。

（一）职业课要注重反思能力的培养，这样学生才会可持续发展

以往教学单纯的教授方式已然不适合现代的教学模式，随着新课程的改革，需要思考职高聋生如何能够更好地学习知识技能。如何把聋生领进知识的海洋是我们发展的目标。充分利用实训课对聋生职业意识和能力的培养，不分时间、地点、随时根据聋生情况进行指导并及时发现问题、解决问题，在实训课上监督学生改掉懒散的毛病。在学习技能的同时着重专业理论知识的传播。为每个学生建立学生实训反思档案，通过教学反思让学生了解自己、正确地认识自己。在学习和生活中教育培养学生多进行换位思考，做到常反省自己存在的不足，取长补短，为将来的毕业奠定基础。

（二）职业课教技能也要练表达

沟通、表达是职业交往中的重要技能。没有沟通，世界将成为一片荒凉的"沙漠"。当人们置身在社会中，每天都不可避免地与他人交往，每天也有可能遇到社交的难题。交往给人带来幸福和欢乐，正如一位著名的心理学家所言：一个人成功的因素 85% 来自良好的社交和处世。❶ 因此，我们聋生也应该学会交往。培养聋生大胆与正常人交流，与人为善，建立和谐的人际关系，聋生手势语正常人有时候看不懂，这时候就需要口语或书面语沟通交流。在职业课技能演示时，教师为方便教学与锻炼学生看口能力，时时与学生进行口语交流，以便提高学生的看口能力，为今后与健听人交往提供便利。在职业课教学中让聋生用语言表达，正确地引导纠正聋生的表达。培养专业技能时，让聋生了解自己所从事职业的技能特点，在此基础上引导他们树立正确的人生观、价值观。培养他们吃苦耐劳和乐于奉献的精神。

参考文献

[1] 叶立言. 聋校语言教学 [M]. 北京：光明日报出版社，1990.

[2] 戴桂宝. 烹饪学 [M]. 杭州：浙江大学出版社，2011.

[3] 孙玉民，朱炳元. 烹调技术 [M]. 北京：中国商业出版社，1995.

[4] 马银春. 沟通的艺术 [M]. 北京：金城出版社，2012.

---

❶ 马银春. 沟通的艺术 [M]. 北京：金城出版社，2012：20.

聋校体育学科中的汉语言问题及
能力提升途径研究

房　彪

一、问题的提出

体育与健康课程是一门以身体练习为主要手段、以增进中小学生健康为主要目的的必修课程，是学校课程体系的重要组成部分，是实施素质教育和培养德智体美全面发展人才不可缺少的重要途径。新《体育与健康课程标准》中明确指出：体育活动对于发展学生的社会适应能力具有独特的作用。经常参与体育活动的学生，合作和竞争意识、交往能力、对集体和社会的关心程度都会得到提高。而且，学生在体育活动中所获得的合作与交往等能力会迁移到日常的学习和生活中去。

社会适应能力是一种特殊能力，它是观察能力、语言能力、模仿能力等几种能力所组成的有机结构。而其中的语言能力，则是聋生最欠缺的能力。"聋校语言教学不等同于语文教学，各科教学中都有语言教学的任务。"❶ 然而在聋校实际教学中，往往着眼于技能的习得、身体的发展，并未关注到聋生的语言能力。因此，在聋校体育中，重视聋生语言能力的提升，进行相应的实践探索，意义重大。

二、聋生体育领域语言能力现状及原因分析

（一）体育知识竞赛表现及分析

2015 年，北京启喑实验学校开展了首届体育知识竞赛，分为两个学段进行，小学段25 题，中学段50 题。其中，小学段以图题为主，主要考测聋生对于认知体育器材或动作的名称；中学段以文字题为主，主要考测聋生的体育常识和体育健康知识。然而结果却令人大跌眼镜（见表1）。

---

❶ 叶立言. 聋校语言教学 ［M］. 北京：光明日报出版社，1990：24 – 25.

表1

学段	题量	人数	错题区间及人数				
小学	25 题	54 人	0~5 题	6~10 题	11~15 题	16~20 题	21 题以上
			8 人	6 人	17 人	18 人	5 人
中学	50 题	102 人	0~10 题	11~20 题	21~30 题	31~40 题	41 题以上
			6 人	19 人	42 人	31 人	4 人

（二）聋生体育学科中语言能力现状分析

小学的及格率仅为25%，中学的及格率为24.5%；而中小学达到优秀的14名学生中，能直接说话交流的10人。从题目来分析，小学失分率最高的为看图写名称，中学失分率最高的是奥运知识填空题。

（三）聋生体育学科中语言问题产生的原因

通过对数据分析和组内研讨，笔者总结聋生在体育学科中语言问题产生的三个原因如下。

1. 日常生活缺少语言习得的环境

由于听力原因，造成聋生获取知识的途径主要是观察，看动作、学着做相对容易，然而听不到，致使知道动作名称、要点比较难。达到优秀率的聋生中，70%以上的学生能够说话直接交流，他们的听力相对较好，使其便于获取更多的知识；加上半数学生住宿，他们通过电视、网络等核心途径了解体育知识、体育语言的机会较少。

2. 体育课堂上缺乏汉语言学习的机会

以前体育教师对身体素质、技能习得更为重视，而忽视聋生的语言形成，未能利用体育课及活动对聋生语言进行缺陷补偿。学生在无准备的情况下进行知识竞赛，考验的是学生真实的体育知识、语言能力。全校及格率25%左右，足以暴露聋生体育专业知识、语言匮乏的问题。在日常教学后，学生会做动作，但不能准确地用汉语描述动作过程、重点、难点，根源就在于课上聋生缺乏语言习得的机会。

3. 手语与汉语差异问题

聋生体育课上用手语交流较多，一般手语和实物是统一的，看到手语能够知道所表达的事物或动作。但看到汉语却常不理解其所对应的是什么。而手语和汉语之间也并非容易对应，所以掌握手语并不能直接帮助聋生习得汉语。

三、聋校体育中提升聋生语言能力的方法

针对我校聋生体育领域中语言的主要问题，在实践中，笔者本着更多

地创造语言环境的原则，思想上更加重视聋生在体育中的语言发展，在教学及活动中将书面语、物、手语紧密联系，以下是四种尝试的途径，仅供参考。

（一）目标指引

"聋校各科教师应该具有为聋学生学好汉语而尽责的强烈意识。"❶ 在实际教学中，笔者高度重视聋生语言的发展，在三维目标的基础上，笔者将语言目标作为每节课的缺陷补偿目标，从而指引每堂课的教学，在日积月累下，在体育教学中发展聋生的语言。比如新《体育与健康课程标准》中，学习领域二——运动技能中的第一个目标，就是获得运动基础知识，其中包括"说出所做简单运动动作的术语"等，笔者严格落实。

（二）营造语言环境

早在 1984 年，我国教育部就拟定了《全日制聋哑学校教学计划》，做出如下意见："要注重语言的规范和创造语言环境，聋哑学校各课教学都有培养和发展学生语言能力的任务。"❷《聋童教育概论》中也提出"教学过程和形成、发展语言相统一的原则"。❸ 然而，我校聋生在体育语言方面一大问题就是体育课堂上聋生缺乏语言习得的机会，因此，利用理论课、活动课的机会，笔者努力为其搭建获取语言的平台。

1. 理论课中，提供语言学习机会

理论课是体育教学的一个主要组成部分。现代体育教学其内涵早已突破原有的老概念，体育教学不仅需要解决身体锻炼问题，而且要培养和教育学生具有相应的体育文化知识以及健康知识，改变长久以来把体育只看成是学点运动技术、练练身体，甚至"玩玩"的过时概念。以前的理论课，更多的是教师讲，聋生看，他们积极性并不高，而且收获局限于看到的内容。现在的理论课，更重视学生的主体地位，给予聋生更多的自主权、更多的说话机会、更多的实践机会，让他们敞开心扉，积极踊跃地发表自己的看法和见解，使其在平等愉悦的气氛中进行语言训练。

2. 活动课中，提供体育语言获取途径

由于雾霾、雨雪等天气原因，全校活动课无法在室外正常进行，笔者则安排聋生在室内观看北京冬奥宣传片、跳绳技巧详解等视频，一方面，丰富了体育知识；另一方面，对视频进行处理，加上字幕，对重点体育专

---

❶ 叶立言. 聋校语言教学［M］. 北京：光明日报出版社，1990：97.

❷ 瞿秋霞. 关于加强聋生书面语教学的思考［D］. 华中师范大学硕士学位论文，2005.

❸ 朴永馨. 聋童教育概论［M］. 合肥：安徽省教育出版社，1992：46.

业词汇等进行突出显示,为我校聋生提供更多的接触和丰富其体育语言的机会。

(三) 语言融入教学

"聋校各个学科都要联系本科特点教给学生语言,把教学过程与发展聋学生语言过程统一起来。"● 语言补偿作为聋生体育课缺陷补偿目标,就是要将语言训练自然地融入教学环节,与技能教学、身体训练融为一体。

1. 体育教学中,语言是常规

知道体育器材、动作名称,描述动作过程,这些最简单、基础的内容,对聋生而言却很难,难在名称会打手语不会写、会做动作不会描述。在实际教学中,笔者将语言训练作为课堂教学的常规进行,效果明显。一方面,根据聋生视觉智能强的特点,运用书面语言与教师讲解示范或聋生自学相结合的方法,学习动作,既丰富了聋生的书面语言,又给予了他们理解语言的机会。如运用小黑板或现代信息技术,将器材或动作名称、动作过程、方法、重难点、动作口诀等直观呈现。聋生在读、自学中体会理解、合作感悟,学技能的同时,也发展了体育语言;另一方面,书面语与器材、运动名称、手语同步习得,达到三者的统一。

2. 游戏拓展中,语言是亮点

除了常规教学,可以将语言融入其中,游戏环节也是很好的语言拓展时机,可以使聋生在玩的同时,习得体育专业之外的语言,可以说,是体育教学中的一个亮点。比如在游戏环节中,笔者设计了组成语接力:将"众志成城""勠力同心"两个成语的 8 个字贴在方墩儿上,顺序打乱,比赛中聋生将方墩儿抱回,依次接力;返回的同学将自己的方墩儿放在合适的位置,最终 4 人完成后,以正确的顺序组成成语。虽然成语很难,最终组合起来不一定正确,但通过游戏竞赛的过程,最终公布的正确答案必然印象深刻,而两个词的意义又是教学情感态度价值观中的一个德育点,一举多得。

(四) 培养评价能力

评价不是简单的"好"与"不好",而体现的是一种语言能力,在教学中,笔者注重聋生的自评和互评,提升动作认知的同时,发展聋生的语言能力。

1. 课上互评

课上互评的目的是促进合作,共同发展,学会用欣赏的眼光看待伙

● 叶立言. 聋校语言教学 [M]. 北京:光明日报出版社,1990:9.

伴，从伙伴的优点中找到自己的不足，从而激励学生共同进步。笔者认为课上互评对于聋生而言至关重要，不仅可以达到共进的目的，还能使聋生拥有阳光的心态和公正的品格，同时也是很好的语言补偿的契机。在教学中，笔者充分发挥聋生的自主学习能力，在小组合作体验中，根据给出的动作要点，及时互相评价，既帮助伙伴改进动作，又使自己在一次次评价中，准确理解动作要点，发展语言。此外，对别人进行评价也是组织语言的锻炼过程，量变到质变的过程中，聋生开始能够较为准确地抓住评价的点，比如动作质量、动作节奏、练习态度等，语言评价能力明显提升。

2. 课后自评

课后自评是对自我准备认知，也是书面语言很好的锻炼过程。经过指导和练习，笔者教授的聋生大部分能够运用书面语言，对于自己体能、知识与技能、态度与参与、情意与合作等多领域，通过简单的语言进行较为准确的自我评价，语言得到了发展。

四、反思与建议

观念上，重视体育学科的语言补偿，聋生语言的发展是个漫长的过程，需要日积月累。作为教师，应耐心地坚持。

方法上，探索语言补偿与学科教学的有机结合。体育与健康课程是一门以身体练习为主要手段、以增进中小学生健康为主要目的的课程，聋生语言发展作为其中一个内容和目标，不能取代身体练习的地位，应将其融入体育练习和学习之中。

参考文献

［1］叶立言. 聋校语言教学［M］. 北京：光明日报出版社，1990.

［2］朴永馨. 聋童教育概论［M］. 合肥：安徽省教育出版社，1992.

［3］瞿秋霞. 关于加强聋生书面语教学的思考［D］. 华中师范大学硕士学位论文，2005.

［4］中华人民共和国教育部. 体育与健康课程标准［S］. 2011.

班主任对高中聋生的汉语言补偿实践

任 鑫

一、问题的提出

（一）聋生存在的语言问题

没有语音的辅助，聋生常常无法及时、准确地把握词汇。比如，聋生会在看完电影《美丽的大脚》后在日记中写道"美丽的大鞋"。再如，学生手语能够讲述清楚的事情，变成书面语却面目全非。A 学生借给 B 学生 100 元钱，B 学生两周后仍没归还，老师在了解情况时两个学生竟把事实写反了。

（二）汉语言对聋生的重大意义

"盲隔断了人与物，聋则隔断了人与人。"聋人最大的问题就是因听力造成的语言沟通上的障碍。语言阻碍聋人真正地融入主流社会。书面语作为一种通用的表达方式成为聋生与健听人首选的交流方式，但聋生的书面语表达存在很大困难，并不能实现聋生与健听人的无障碍沟通。诚如台湾地区学者林宝贵所言："世界的聋教育，事实上就是一部语言沟通与语文教育的发展史。"❶

（三）聋校班主任工作的内在要求

在聋校，班主任的工作更加繁杂而琐碎，与普通学校的班主任相比，聋校班主任工作中与聋生的交流和沟通问题最为突出。班主任工作的开展离不开聋生的教育，如何有效地进行交流和沟通自然成了教育的中心问题，因此，对聋生进行汉语言补偿是聋校班主任工作的内在要求，也只有解决了语言沟通问题才会使班主任的工作更加行之有效。

二、班主任为聋生营造汉语言学习环境的措施

（一）鼓励学生勤写

大多数聋生不喜欢用书面语，主要依赖他们的母语——手语表情达

---

❶ 赵锡安. 聋人双语双文化教学研究 [M]. 北京：华夏出版社，2004：1.

意。因为缺少天然的语言习得环境，聋生大多错过了最佳语言发展期，他们的汉语书面语掌握要比健听孩子艰难得多，必须有意识地反复练习才能掌握语言，所以"勤写"是非常重要的。但是，不少聋生对书面汉语存在抵触情绪。面对这种现状，班主任首先要帮助聋生克服心理障碍，协助语文教师的工作，同时也可以借助班主任的日常工作加强对聋生的语言补偿。

1. 重视写日记，开展语言训练

聋校班主任每周都要批改学生的 3 则日记，日记自然成了班主任与学生交流的一种方式，但这种看似简单的交流方式，班主任却要跨越常人所不能想象的障碍。聋生自尊心十分强，而书面语写作无疑充分暴露了他们语言上的弱点，强烈的自尊心使得他们知难而退，最终造成他们懒于拿笔、难于拿笔。聋校班主任首先要做的就是鼓励学生多写、多练。

（1）尊重学生。大部分聋生所谓的日记就是一天简单的记录，或是写出一些简单想法，其中病句和费解语句层出不穷。班主任一定要尊重聋生的这种稚嫩的表达，帮助他们迈出艰难的第一步。对待聋生的日记要有善于发现优点的眼睛，同时在尊重、保护聋生自尊心的同时也要给他们以适当的指导并提出要求。"当我们对一个人提出更多要求的时候，在这种要求里就包含着我们对这个人的尊重。"❶要善于做好"鼓励"和"要求"这二者的结合，比如允许聋生刚开始只写一句话，但一定要表达清楚；允许聋生的日记中有错误，但一定要及时修改等。

（2）热情相待。记得有一次评阅学生的日记，评语的最后给每个学生画了个笑脸☺，就是这个笑脸，引起了"笑脸热"，之后很长一段时间里学生在自己的日记后面也都画了个笑脸。班主任的笑脸画得很随意，而学生反馈的笑脸蕴含的却是真诚、友善、亲师。苏霍姆林斯基说过："教育是人与人心灵的最微妙的相互接触。作为教师，也许你不经意地对学生轻描淡写的一句鼓励，简单的一个爱抚，随意的一个暗示，都会给学生留下难忘的印记。"❷的确，热情不是多么高深的学问，但却是开启聋生兴趣与智慧的第一把钥匙。

（3）个别辅导。聋校小班教学，但几乎每一个学生就是一个层次，个别化辅导尤为重要。下面是一篇学生的日记摘抄："早上我在看电视有兴趣。"这个学生同时存在语病和日记内容空泛两个问题。班主任对这篇日

❶ 孙建军. 语文对话教学［M］. 上海：复旦大学出版社，2008：77.
❷ 孟繁华. 赏识你的学生［M］. 海口：海南出版社，2003：142.

记的评语是："你是想告诉老师早上你在看有趣的电视节目吗？如果是的话，'兴趣'改为'有趣'作为定语放在'电视'前，而你所说的'电视'指的是'电视节目'，那你能告诉老师你喜欢看的节目是什么吗？这是老师给你的建议，你读懂后将句子重新调整一下，将修改后的句子写在下面，如果你没有读懂老师的话，那就麻烦你到办公室来找我，好吗？"这样一来，他不但知道了错误所在，明白了如何修改，又明确了如何进一步补写。

（4）个性化评语。在日记中班主任要和学生有深入交流，不能一个"阅"字了事。针对性别差异，女生评语要多以鼓励为主，即使批评也要委婉；对于顽皮的男生，评语则要中肯，多以希望为主，比如："你的日记大有进步，但其中有 3 个错别字，希望你找到并改正，老师相信你一定能改正马虎的毛病，小男子汉，加油！"

2. 强化沟通意识，学写应用文

在学习生活中，聋生有很多情况都需要以书面语的形式与他人沟通，而聋生恰恰是"沟通"意识与能力比较欠缺。班主任要善于抓住这样的机会，比如学写请假条、病假条、外出事假条等应用文，从生活实际出发，从学生的需要出发，增强沟通意识，使写作练习更有实效。

起初，学生写的请假条一点儿也不规范，开头没有称呼，后面没有署名，例如："肚子疼，不能跑步。"以往都是班主任代笔补充完整，为了强化聋生的沟通意识，班主任可以利用晨会时间向聋生讲解应用文写作的基本格式：首行写明称呼，向谁请假；第二段写明原因，需要得到什么样的照顾；最后一段靠右署名，签好日期等。经过训练，学生有很大进步。

3. 拓展沟通途径，加强书面交流

在聋校，班主任与学生的交谈中手语、口语比较多，其实，利用笔谈方式，不但能够提高聋生的书面语表达能力，还能将思想工作借助书面语进行得更加深入。

这里所说的"笔谈"包括一切书面形式的沟通，随着时代的发展进步，通信已不仅仅指传统意义上的书信往来，它还包括更快捷、更安全的电子邮件、QQ、MSN 等现代化的通信工具。这些通信工具提供给师生的不仅是新奇的通信手段，更为师生提供了一个交流的平台，在这个平台上师生间更平等、更自由、更缺少束缚，更愿意敞开心扉。

（二）启发学生多读

我国现代著名教育家叶圣陶先生在《语文教育书简》中早就明确指

出，语文学科"'听'、'说'、'读'、'写'宜并重。"❶鼓励聋生大量阅读，积累词汇，增强聋生对书面语的理解、分析能力，建立良好的书面语语感。我校图书室为聋生提供了很好的阅读环境，但实际的借阅情况却是只有极少的小部分聋生阅读过有大量图片、内容比较浅显的书目，因为阅读水平使聋生对众多的书目望而却步。

1. 有选择地为聋生推荐阅读书目

针对聋生的阅读状况，班主任要有选择地为聋生推荐书目，由浅入深，逐渐深入地指导学生开展阅读实践。比如，《蓝色诱惑——海洋之谜》《发明家的少年时代》这类书文字浅显，并配有插图，每一部分都是相对独立、完整的故事，聋生很容易理解。积累了一定阅读量后，聋生可以进一步扩大读书范围。聋生的阅读重在培养阅读兴趣、阅读习惯，提高书面语语感，为书面语表达奠定基础。

2. 开展读书交流，激发读书热情

班主任以身作则带头阅读课外作品，并利用晨会和班会时间与学生交流读书体会，分享自己在阅读中的一些人生感悟，为写读后感做准备，丰富聋生写作练习内容。

读了《相约星期二》这本书做了一次主题班会"当你生命还剩 5 分钟……"老师首先以读者的身份向学生谈自己的想法："我刚刚 24 岁，我还想继续深造，还想到各地旅游，还想……可我还剩 5 分钟了。如果我还活着，我会投入 100% 的激情享受生活，投入 200% 的热情勤奋工作，投入 300% 的情感回报父母……"

在这个情境中，聋生们被感动了，说出了内心深处最最真挚、最最真诚的话，学生将这次读书交流写到了日记本上。其中有一个学生写道："我从没想到过'死'，自然也没珍惜过时间，现在我要好好学习。"另一个学生写道："我要感谢父母。"

从此，无话可说的日记又多了一个新的写作内容，那就是——读后感，自此学生真正喜欢上了读书，读书成了师生间别样的一种沟通、别样的一种交流，在相互学习过程中师生间享受彼此带给对方的愉悦。因知识的不断充实、情感的不断丰富、写作能力的点滴提高使聋生品尝到了读书的乐趣、学习的快感。

（三）引导学生巧练

在班主任工作中，我发现聋生手语意思表达很清楚，但将手语转化成

---

❶ 叶圣陶. 叶圣陶语文教育论集下册［M］. 北京：教育科学出版社，1980：730.

书面语却时常南辕北辙、误会连连。此外，聋生的语言颠三倒四，不符合语法规范。通过理论学习和教学实践，发现比较适合的方法是从手语与书面语之间的转化和书面语语法这两个问题入手，引导学生巧练收效较好。

1. 注重手语与汉语之间的转化

有不少特教工作者认为手语对聋生的汉语学习造成很多负面影响。聋人手语与汉语的确是两种既相互联系又有本质区别的语言，手语偏重于直观形象表达，虚词很少，一般通过表情、肢体语言以及手语的幅度、力度等综合表达；词汇量只有 3000 个左右，一词多用的现象更是屡见不鲜，比如"经验""研究""商量"用一个手语表达；语序和汉语差别也很大，比如"我看电影"在自然手语里会打成"电影我看"。

仔细分析这种问题的症结在于聋生不懂得两种语言之间的转化，这需要掌握一定的规律，更重要的是有意识的练习。为此，可以利用每天晨会时间安排一名学生到讲台用手语打出 2~3 句话，其他学生将手语转写为汉语。在练习中，聋生不但逐渐体会不同的语言环境选词的重要性，还懂得两种语言之间需要转化的道理。

2. 注重切合实际的语法补偿，培养聋生语感

健听学生有天然的语言学习环境，他们可以不需要特意学习汉语的语法知识，就能够说出、写出流畅的书面语。但在聋校，由于聋生不同程度地丧失了学习汉语言的天然环境，难以自然形成语感，急需语法教学的支持。和语文教师相比，班主任在对聋生进行语法补偿上的优势在于和学生更贴近，教育的机会更多，教育资源也就相应地更生活化，教育方式更灵活多样。

除了日常的个别接触外，可以充分利用晨会时间。需要注意三点，第一，简明易懂；第二，练习为主；第三，注重互动。

班主任不同于语文教师，晨会不同语文课堂，这种语法练习要相当简明，以练"带"讲，甚至以练"代"讲。比如告诉学生句子的基本结构"主//谓＋宾"再做相关练习，语句越生活化越好，甚至可以自然地融入班主任的思想教育，用教育学生的语句进行分析。例如："老师期待学生的进步""同学们要注意安全"等，既达到语言补偿的目的，又帮助学生深刻认识了教育的内容，一举多得。

3. 关注差异进行个别生辅导

在个别辅导中，可以灵活应用班主任教给学生的手语与书面语间的转化方法和书面语语法知识。例如，针对完全没有残余听力的学生 C"我床躺身上睡不好"可以如下引导。

首先，从语法角度进行初步调整。辅导学生 C 复习基本句子结构：主//谓 + 宾，主语指"谁"，谓语一般是动词，宾语是谓语的施受对象；再针对"我床躺身上睡不好"这个句子请学生 C 画下主、谓、宾。结果如下："昨晚我//床躺身上睡不好。"划完，学生 C 马上发现"床"应该作为宾语在"躺"的后面，他对句子做了如下调整："昨晚我躺床身上睡不好。"

其次，继续从手语、书面语转化的角度帮助学生纠正错误。在这句话中学生 C 表现出的另一个问题是，他将手语与书面语进行了硬译，没有"排除汉语手势语言的手势词语和手势句型的影响"。❶ 经过仔细推敲"身上"这一手语指的是"我"，最终这句话改为："［昨晚］我//躺［在］床〈上〉睡得〈不好〉。"

三、反思与设想

认为班主任负责思想与管理，语言补偿是语文老师的事，这种想法是错误的。如果不了解聋生的语言状况，不关心他们的语言补偿，班主任平时做的沟通工作实际上无用功居多。应该说，聋校班主任关注学生的语言补偿既是聋生自身发展的需要，同时也是班主任工作顺利有效开展的需要。

班主任的语言补偿工作不同于语文教学，要注意因"事"制宜。首先，课时的限制，班主任不可能做到语文教师那样系统深入地进行语言补偿；其次，如果和语文教师一样，也就失去了班主任语言补偿的特殊功效。班主任平时对学生的教育工作中会涉及大量的语言沟通，这些都是活生生的范例，学生在接受思想教育的同时接触这些语言会记忆深刻。所以，班主任要注意通过具体的"事"帮助聋生进行语言补偿。

班主任同时还肩负凝聚团体力量，创设班级汉语言学习环境的重任。班主任在任课教师与学生之间起到的作用是不可替代的。一个具有语言补偿意识的班主任，还应该注意发挥教师团体的作用，与语文教师及其他学科教师进行联系，共同为聋生营造一个良好的汉语言学习环境。

参考文献

[1] 叶立言. 聋校语言教学［M］. 北京：光明日报出版社，1990.

[2] 叶圣陶. 叶圣陶语文教育论集［M］. 北京：教育科学出版社，1980.

---

❶ 叶立言. 聋校语言教学［M］. 北京：光明日报出版社，1990：144.

［3］庄静肃，等．语文教育学［M］．北京：教育科学出版社，1998.

［4］教育部师范教育司组．聋童心理学［M］．北京：人民教育出版社，2003.

［5］孟繁华．赏识你的学生［M］．海南：海南出版社，2003.

［6］赵锡安．聋人双语双文化教学研究［M］．北京：华夏出版社，2004.

［7］［美］米奇·阿尔博姆．相约星期二［M］．吴洪，译．上海：上海译文出版社，2005.

后　记

北京启喑实验学校，由原北京市第二聋人学校、第四聋人学校合并而成。是一所拥有近百年聋人教育历史的，兼有学前康复、小学、初中、普高、职高所有学段的纯聋校。今天问世的这本书，是前后两个课题组历经十余年的教学实践和研究共同撰写完成的。

看着累累的硕果内心充满了幸福感。又是一个收获的季节：成长的学生、成长的老师！

对一个尽心竭力的聋校教师来讲，每天的工作用繁重来形容一点儿也不过分，然而，大家乐此不疲，这就是特殊学校的特殊精神吧。我们基于实践的需要迈开了研究的步履，我们在研究中找到了方法，明确了方向，坚定了信心，补充了能量。我们切身体会到，要给教育者一个成长的机会，虽然这不是一条坦途，但它是一个共同成长的空间。在这里，学生、教师需要共同成长。只有教师不断地成熟起来，我们的学生才有可能更好地成长。

以往，我们更多地、单纯地从汉语言学习的视角来看聋生学习汉语言的困难，近些年，我们开始探索第二语言的学习对聋生学习汉语言的规律和方法。与此同时，还开展了大量的阅读研究和训练，试图通过更多途径提升聋生汉语言学习的能力，同时介入更多的手语语言学的知识，帮助我们开拓眼界和思路。

在出版本书的欣喜中，我们也深深感到：当时我们为之兴奋的很多成果其实还有不足；我们曾经执着的理念其实还有修正的需要；我们那些得心应手的做法其实还有提升的空间；我们那时所写出的观点今天看来还很不完善，甚至存在偏颇。尽管如此，我们还是原汁原味地奉献给大家，既希望得到读者的悉心指教，也对我们教师的成长做一个见证。因为我们今天能看到这些不足，证明我们的认识在发生变化，提醒我们不可懈怠，告诫我们需要继续前行。

我们要特别感谢我们的学生，感谢他们对我们的信任，是他们给了我们无限的学习和研究的信心；我们要特别感谢一起走过这些年的同伴，是彼此的碰撞和坚守，使我们有了今天的进步；我们要感谢学校的领导一直以来的大力支持和引领，使我们的研究能顺利进行十余年；感谢专家们，让我们站在巨人的肩膀上前行！感谢所有帮助、指导我们的朋友，让我们有机会见证课题研究的成果。

今天的结点将是下一个征程的起点。相信明天更美好！

王晨华

2017 年 7 月 28 日